捣固车自动引导与智能故障诊断技术

王海瑞　杨宏伟　潘晟旻　著

科 学 出 版 社
北 京

内 容 简 介

本书系统地介绍了大型铁路养护设备——捣固车的自动引导系统的实现原理和实现方法；通过信号降噪和特征提取、SVM、KPCA-RVM 等技术，实现了对捣固车核心系统及设备的在线故障智能特征提取、故障的智能诊断，为捣固车的高效、健康工作提供了国产技术方案和软硬件配套的系统。

本书对近年来在捣固车自动引导及智能故障诊断方面的国内外研究成果进行了较为全面的综述，对从事工程车辆自动引导、铁路机车设备管控一体化、智能故障诊断领域的学习者和研究者提供了可供借鉴的技术方案和实现方法。

图书在版编目（CIP）数据

捣固车自动引导与智能故障诊断技术 / 王海瑞，杨宏伟，潘晟旻著. 一北京：科学出版社，2021.3

ISBN 978-7-03-068128-7

Ⅰ. ①捣… Ⅱ. ①王… ②杨… ③潘… Ⅲ. ①捣固机－车辆线路引导系统 ②捣固机－智能系统－故障诊断 Ⅳ. ①U216.63

中国版本图书馆 CIP 数据核字（2021）第 033263 号

责任编辑：刘 琳 黄 桥 / 责任校对：王 瑞
责任印制：罗 科 / 封面设计：墨创文化

科 学 出 版 社 出版
北京东黄城根北街 16 号
邮政编码：100717
http://www.sciencep.com
成都锦瑞印刷有限责任公司印刷
科学出版社发行 各地新华书店经销
*
2021 年 3 月第 一 版 开本：787×1092 1/16
2021 年 3 月第一次印刷 印张：14 1/4
字数：340 000

定价：128.00 元

（如有印装质量问题，我社负责调换）

前　言

当工程机械步入工业 4.0 时代之后，智能化的工程机械将会得到应用和普及。智能工程机械是典型的“互联网+”产品，它运用工业 4.0 的创新技术，是将智能硬件、嵌入式软件，以及大数据、机器学习、通信等移动互联技术有机结合的产物。智能作业工程机器人适合在特殊环境下作业，替代人对工程机械的直接操作，可以超视距遥控工程机械或让其自主或半自主作业，从而提升工作的精确度和安全性。

我国铁路运输业及其相关产业取得了举世瞩目的成绩，目前仍然处于高速发展中。根据国家发展改革委员会批准的《中长期铁路网规划（2008 年调整）》，到目前为止全国铁路运营里程已超过 13 万公里，高速铁路里程已达到 5 万公里，其中尚未计入以地铁为代表的城市轨道交通和地方性铁路。我国作为世界铁路交通第一大国，对铁路建设和维修的自动化需求十分强烈，而捣固车是铁路建设及维修中重要的机械设备。捣固车的自动引导和故障诊断技术是铁路高效、健康运行的重要保障。这两项技术的国产化研发及深度应用是我国在吸收引进国外先进铁路建设及维修设备的过程中取得的重要成果，为推动铁路建设及维修设备的国产化和智能化进程起到了重要的作用。

我国开展捣固车自动引导系统研究及故障诊断技术研究始于 20 世纪 90 年代，经近 30 年的持续研究，取得了相对系统的研究成果，但目前尚缺乏系统反映捣固车自动引导及智能故障诊断的专著。为此，著者在多年研究的基础上，结合国内外研究者的研究成果，将与自动引导系统与故障诊断相关技术结合在一起著就此书，以利于从事相关技术工作的工程人员和研究者比较系统地了解捣固车的自动引导与故障的智能诊断技术及其应用。

本书共分为 8 章。第 1 章介绍近 30 年来捣固车的发展状况、结构和主要性能；第 2 章介绍捣固车的自动引导技术理论基础；第 3 章阐述铁路线路作业参数计算的数学模型创建；第 4 章介绍捣固车自动引导控制系统的实现；第 5 章介绍捣固车远程故障诊断系统技术实现；第 6 章介绍捣固车滚动轴承故障诊断的实现；第 7 章阐述捣固车液压系统；第 8 章讲解基于核函数的主成分分析-相关向量机（kernel principal component analysis-relevance vectormachine，KPCA-RVM）的故障诊断模型在捣固车捣固装置上的应用。

本书的研究和出版工作得到了国家自然科学基金项目“轨道工程机械远程在线监控与智能故障诊断系统关键技术研究（编号：61863016）”“捣固车计算机自动引导一体化控制系统关键技术研究（编号：61263023）”的支持和资助。除著者本人及研究团队的集体成果外，本书还参考了国内外专家学者的研究资料及成果，并以参考文献的形式予以引用，在此对他们一并表示感谢。著者衷心感谢国家自然科学基金委员会、云南省科学技术厅、云南省教育厅、昆明中铁大型养路机械集团有限公司多年来对本人及所在团队从事捣固车自动引导及智能故障诊断研究的支持。特别感谢云南民族大学沈勇教授、西南林业大学李玮教授、昆明中铁赵学玉高工以及昆明理工大学管控一体化学科团队的全体同仁对本书的支持与指导。本书的形成与研究团队同仁的努力是分不开的，同时感谢相关研究生对本书编辑工作的贡献。

远程故障诊断技术已经引起了越来越多的研究和应用人员的关注，其相关理论、方法、应用和工具还处在不断的发展之中，由于掌握的相关资料和作者水平有限，书中的缺点和错误在所难免，欢迎广大读者批评指正。

著　者

2021年2月于昆明

目　录

第 1 章　捣固车概述

1.1　捣固车的用途

捣固车用在铁路线路的新线建设、旧线大修清筛和运营线路维修作业中，对轨道进行起拨道抄平、石碴捣固及道床肩部石碴的夯实作业，使轨道方向、左右水平和前后高低均达到线路设计标准或《铁路线路维修规则》的要求，提高道床石碴的密实度，增加轨道的稳定性，保证列车安全运行。

捣固车可以单独进行起拨道抄平作业或捣固作业，但是为了提高作业质量，一般情况都是起拨道抄平、捣固作业同时进行，即综合作业。

捣固车与石碴回填整形车、动力稳定车或者枕间夯实车配套作业，组成大型机械化整道作业车组。使用大型机械化整道作业车组进行线路维修作业，可以较大程度地提高线路质量，作业后线路的容许行车速度可以达到 80km/h 以上，同时可减少列车慢行次数。捣固车必须封闭线路进行作业。捣固车在运行状态下与其他机械连挂进入封闭区间，到达作业地点后，机组解体，捣固车由运行状态转换为作业状态后开始工作。作业中捣固车需要操纵及辅助人员共 5～7 人，若线路封闭 3h，捣固车可以完成 2km 左右的线路综合维修作业。

捣固车运行时在一端司机室由 1 人驾驶，最高运行速度达 80km/h。长途运行时捣固车可以连挂在货运列车的尾部。

1.2　国内外捣固车发展状况

现在生产捣固车的世界著名公司有奥地利的普拉塞•陶依尔（Plasser&Theurer）公司、瑞士的马蒂沙（Matisa）公司、美国的坦博公司（TamPer）等，它们生产的捣固车类型较多。按同时捣固轨枕数，分为单枕捣固车（如 08-16 型捣固车）、双枕捣固车（如 D08-32 型捣固车）、四枕捣固车。按作业对象，分为线路捣固车、道岔捣固车（如 08-275 型捣固车）。按作业走行方式，分为步进式捣固车（如 D08-32 型捣固车）、连续式走行捣固车（如 D09-32 型捣固车）。按作业功能，分为多功能捣固车（如 D08-32 型捣固车）、单功能捣固车（如 YD-3 型捣固车）。另外，还有具有防尘、防噪声等特殊功能的捣固车。

我国于 1984 年引进普拉塞•陶依尔公司的 D08-32 型捣固车，1990 年又引进了 D08-32 型捣固车的生产制造技术，在昆明机械厂（现称昆明中铁大型养路机械集团有限公司）开始批量生产 D08-32 型捣固车，逐步装备线路大修段、线路机械化维修段。目前国内有昆明中铁大型养路机械集团有限公司、襄樊金鹰轨道车辆有限责任公司以及陕西西铁工业机械有限公司生产捣固车，其中昆明中铁大型养路机械集团有限公司处于行业主导地位。

1.3　D08-32 型捣固车的结构及主要性能

D08-32 型捣固车是目前应用最广泛的一种捣固车。由于它结构先进、功能齐全，近年来在世界各国铁路工务部门得到广泛的使用。D08-32 型捣固车有 32 个捣固镐头，同时可以捣固两根轨枕，作业走行是步进式，为多功能的线路捣固车。D08-32 型捣固车是机、电、液、气为一体的机械，采用大量的先进技术，如电液伺服控制技术、自动检测技术、微机控制技术、激光准直技术等。

D08-32 型捣固车主机由两轴转向架、专用车体和前后司机室、捣固装置、夯实装置、起拨道装置、检测装置、液压系统、电气系统、气动系统、动力及动力传动系统、制动系统、操纵装置等组成，附属设备有材料车、激光准直设备、线路测量设备等。

D08-32 型捣固车作业条件见表 1-1。

表 1-1　D08-32 型捣固车作业条件

项目	作业条件	项目	作业条件
侧轨	50kg/m、60kg/m、75kg/m	线路最大坡度	33%
轨枕	木枕或混凝土轨枕	作业最小曲线半径	120m
道床	碎石道床	运行最小曲线半径	100m
作业线路	单线或线间距 4m 及以上的复线与多线	最大海拔	1000m
特殊环境	可在雨天和夜间及风沙、灰尘严重的情况下作业	环境温度	−10～40℃
轨距	1435mm	环境湿度	平均 70%
线路最大超高	150mm	—	—

D08-32 型捣固车主要结构参数见表 1-2。

表 1-2　D08-32 型捣固车的主要结构参数

项目	参数	项目	参数
总长	约 24180mm	空载总重	46t
总宽	3050mm	空载前转向架轴重	10t
总高	约 3285mm	空载后转向架轴重	10.25t
心盘距	11000mm	空载材料车轴重	5.5t
转向架轴距	1500mm	负载后总重	60t
材料车轴至后转向架中心	5800mm	负载后前转向架轴重	10t
轮径	840mm	负载后后转向架轴重	14t
车构中心高	距轨面 880mm±10mm	负载后材料车轴重	12t
车轮内侧距	1353mm±2mm	—	—

D08-32 型捣固车主要技术性能见表 1-3。

表 1-3　D08-32 型捣固车的主要技术性能

项目	性能及参数	项目	性能及参数
自行最高速度	80km/h（双面）	横向水平作业精度	±2mm
最大允许挂运速度	100km/h	纵向高低作业精度	4mm（直线 10mm 距离两侧点间高差）
空气制动形式	排风制动，一次充风缓解时间＜10s	拨道作业精度	±2mm（16m 弦 4m 距离两点正矢最大差值）
单机紧急制动距离	≤400m（以 80km/h 运行）	起道顺坡率	≤0.1%
作业效率	1000～1300m/h	测量系统测量精度	1mm
作业时最大起道量	150mm	柴油机型号	F12L413F
作业时最大拨道量	150mm	柴油机功率	235kW
捣固深度	570mm（由轨顶向下）	—	—

1.3.1　F12L413F 型柴油机

D08-32 型捣固车采用一台功率为 235kW（转速为 2300r/min）的 F12L413F 型柴油机为动力，分别驱动液力变矩器和液压泵、制冷压缩机、空气压缩机。

捣固车的高速走行采用液力机械传动，工作装置和作业走行机构采用液压传动；检测装置和锁定机构以及高速运行时的制动采用气动。F12L413F 型柴油机是德国道依茨（KHD）公司生产的风冷 V 型 12 缸柴油发动机，它广泛地应用在工程机械和铁路线路机械上。FL413 系列柴油机已由中国北方工业公司引进技术，现已批量生产。

F12L413F 型柴油机是 FL413 系列柴油机中的 12 缸柴油机，最早引进的 D08-32 型捣固车采用该系列中的 10 缸柴油机。F12L413F 型柴油机由曲轴连杆机构、配气机构、冷却系统、润滑系统、燃油供给系统、电气系统等组成。F12L413F 型柴油机采用风冷，结构较先进，与一般水冷柴油机比较在结构上有较大的不同。

F12L413F 型柴油机为高速四冲程，V 型结构，气缸排列夹角是 90°；直接喷射式斜筒型燃烧室，采用龙门式曲轴箱及每缸一盖结构，曲轴连杆机构为多支承三层合金滑动轴承；并列连杆和带有三道密封环的油冷活塞；自动调风量的前置静叶压风式水平轴流风扇；带旋转装置的顶置气门及适应高速运转的配气机构；有喷油自动提前器的燃油供给系统；装有火焰加热器并可辅助加温装置的冷启动系统；后置式斜齿驱动机构；由压油泵、回油泵两组机油泵组成的可以在倾斜路面上工作的湿式油底壳强制循环润滑系统。本节仅对该柴油机日常保养中接触较多的润滑系统、燃油供给系统进行简要介绍。

F12L413F 型柴油机的主要技术性能见表 1-4。

表 1-4　F12L413F 型柴油机的主要技术性能

项目	参数	项目	参数
气缸数	12	缸径×行程	125mm×130mm
气缸总体积	19144cm^3	压缩比	18∶1
输出功率	235kW	转速（运行工况）	2300r/min
转速（作业工况）	2000r/min	转速（怠速工况）	900r/min
最大扭矩	1226N·m（2500r/min）	—	—

1. 润滑系统

润滑系统由机油泵（含压油泵和回油泵）、机油散热器、机油精滤器、机油粗滤器、各种阀门以及管道等组成。机油泵的作用是升高机油压力，强制地将机油压送到柴油机各摩擦表面，使机油在润滑系统中循环。机油泵为齿轮式，它工作可靠、结构简单。机油散热器用铝合金管制成，冷却空气从水平方向从里向外吹过机油散热器，使工作过的机油带来的热量部分在空气中散掉，保证机油温度不超过 130℃。机油粗滤器为全流式并联结构、可更换滤芯的纸质滤清器，能除去机油中较大颗粒的机械杂质，流通阻力较小。机油精滤器被设计成风扇液力耦合器的罩盖，采取分流式结构，能够较彻底地除去机油中的机械杂质和氧化生成的胶化物。机油限压阀的作用是限制润滑系统的最高油压，防止润滑系统产生过高压力造成机油泵以及系统密封损坏。（机油散热器）旁通阀的功用是保证柴油机在冷启动或在高寒低温情况下正常工作。设置旁通阀后，当环境温度低、机油黏度大时，强制冷却下利于机油升高到正常温度，此时旁通阀打开，机油不经机油散热器而直接经旁通阀到机油粗滤器，使机油升温加速。F12L413F 型柴油机采用压力、飞溅、间歇的综合润滑方式。曲轴连杆机构的零件（特别是主轴承和连杆轴承）承受较大的载荷，相对运动速度很大，因此采用压力润滑。为避免过多的润滑油从活塞与气缸壁之间进入燃烧室，采用飞溅润滑。配气机构采用间歇润滑。

F12L413F 型柴油机的润滑系统有以下特点。

（1）机油压力比较稳定。在柴油机工作转速范围内，机油压力比较平稳，一般为 0.2～0.4MPa。机油压力比较稳定的原因是柴油机的主油道内设有限压阀。机油泵的流量较大，限压阀的压力设定较低。主油道限压阀安装在曲轴箱第一横隔板靠飞轮端的主油道上，机油泵调压阀装在压油泵的出口处。

（2）采用高速机油泵。当柴油机转速为 2500r/min 时，回油泵转速为 3500r/min，压油泵转速为 328r/min，相应的机油流量为 140L/min。

（3）采用全流式机油粗滤器和分流式机油精滤器。两个机油粗滤器并联装在机油散热器和主油道之间，其过滤精度为 5～15μm。机油精滤器就是风扇液力耦合器罩盖，净化后的机油由此进入液力耦合器泵轮，经涡轮再流回油底壳。

（4）广泛采用耐油、耐温性能好的橡胶密封件，拆装简单、密封可靠。

（5）对机油油质要求较高。柴油机用机油在高温（一般为 120～130℃）、大负荷、高速度的条件下工作，因此机油质量对柴油机使用寿命影响极大。

选择机油的原则如下：一是黏度适当；二是冬季和夏季不同，南方和北方不同。冬季、北方用黏度较小的机油；夏季、南方选择黏度较大的机油。只有按规定选用适当牌号、黏度的机油，才能保证良好的润滑、减少机油消耗。

2. 燃油供给系统

燃油供给系统的功用如下：按照柴油机工作过程的要求，定时、定量地依次向各缸燃烧室内供油，并使燃油良好雾化，与空气形成均匀的可燃性混合物，以实现柴油机在功率、扭矩、排污、启动及怠速等方面的要求。

F12L413F 型柴油机的燃油供给系统由燃油箱、输油泵（包括高压泵和低压泵）、机油粗滤器、喷油泵、喷油提前器、调速器、喷油器等组成。喷油泵采用德国博世（Bosch）公司的 PE-A 型泵。该泵为直列柱塞泵，由高压泵凸轮轴直接驱动。PE-A 型泵主要由 12 个单元柱塞泵、油量调节机构、传动机构及泵体组成。当柱塞位于下死点时，柱塞套筒进油孔与喷油泵体的油腔相通，在输油泵的作用下柱塞顶部充满柴油；当柱塞上行时，进油孔关闭，柴油压力升高，当压力超过输油阀弹簧压力时，输油阀打开，柴油经高压油管流向喷油器。柱塞和柱塞套是单元柱塞泵的一对精密偶件，供油量由柱塞的有效行程来决定。柱塞的圆柱表面上有斜槽，斜槽与柱塞套油孔相通，若转动柱塞，改变斜槽与柱塞套油孔的相对位置，便可改变柱塞的有效行程，也就改变了喷油泵的供油量。低压泵供油压力为 0.2MPa，高压泵供油压力为 17.5MPa。喷油器为长型喷油器。为了保证柴油机在各种转速下都有最佳供油提前角，在喷油泵传动系统中设置了喷油提前器。喷油泵由曲轴后端斜齿轮驱动，传动平稳、供油准时正确。喷油泵配有博世公司生产的 RQV 型调速器。机油粗滤器为全流式并联结构、可更换滤芯的纸质滤清器，能除去机油中较大颗粒的机械杂质，流通阻力较小。风冷柴油属高速柴油机，推荐用表 1-5 中牌号和等级的机油。

表 1-5 不同季节使用的机油

季节	环境温度	F12L413F（增压机型）	F12L413F（非增压机型）
夏季	≤25℃	11 号中增压机油	11 号中增压机油
	≥25℃	14 号中增压机油	14 号中增压机油
冬季	≥−30℃	11 号中增压机油 30CD 寒区中增压机油	11 号中增压机油 30CD 寒区中增压机油
	≤−30℃	严寒区中增压机油	严寒区中增压机油

注：30CD 是美国石油协会（American Petroleum Institute，API）分类标准的 CD 级柴油机油；11 号、14 号中增压机油是中国石油兰州石化公司炼油厂生产的机油牌号

柴油机工作时，负荷往往发生很大变化。例如，捣固车运行到上坡道，负荷增加，此时若不及时增加柴油机的供油量，则会造成转速下降；反之，当负荷减小时，若供油量不及时减小，则转速急剧上升，很容易造成飞车事故。柴油机在工作过程中，在负荷变化的

情况下，只依靠操作者调节供油量来保持稳定运转是不可能的。为此，必须安装调速器。当负荷发生变化时，能够自动调节供油量，以保持柴油机在一定转速内运转。RQV 型调速器是机械离心式全程调速器。它可以控制柴油机在规定转速范围内任意转速下稳定运转。喷油提前器是按照柴油机转速变化自动调节喷油时间的装置。在泵轮与涡轮之间注机油，机油是从主油道流入泵轮与涡轮之间的。当泵轮旋转时，充注在泵轮内的机油顺泵轮内腔做旋转运动，同时随泵轮一起做圆周运动，从泵轮中出来的机油进入涡轮，并顺着涡轮的内腔继续做旋转运动，从而带动涡轮一起旋转并传递力矩。涡轮的转速根据充注油量的改变而改变，但其转速总是小于泵轮转速。

1.3.2　高速走行传动系统

大型捣固车占用封闭区间进行线路维修作业。为了缩短线路封闭后的辅助作业时间，要求捣固车能迅速到达或离开作业地段，所以捣固车必须具有高速行驶的功能。D08-32 型捣固车的捣固作业为步进式，作业过程中要频繁启动和停车，这就要求作业走行速度低，改变走行方向容易、操纵简单。单一传动系统很难满足高、低速走行两种工况的要求。因此，捣固车具有高、低速走行两套传动系统。现代的大型捣固车高速走行采用机械传动或液力机械传动，低速走行采用静液压传动。

由于机械传动系统附加冲击力和动载荷大，发动机和传动零件的使用寿命降低。另外，机械传动的扭矩储备系数较小，为 1.05～1.20，随着转速的下降，功率降低较大，但扭矩增加并不显著，外载荷超过柴油机的最大扭矩时，若不及时换入低速挡或减小载荷，则柴油机将熄火。机械传动要求驾驶员技术熟练，而且容易引起驾驶员紧张、劳累，操纵机构也复杂。为了克服机械传动的这些缺点，20 世纪 80 年代以后生产的捣固车大多数采用液力机械传动，即在机械传动系统中加入液力变矩器，使发动机输出的功率通过液力变矩器再传入机械传动系统，大大改善了机械传动的性能。

D08-32 型捣固车的高速走行采用液力机械传动，由液力机械变速器、分动箱、传动轴、车轴减速箱、轮对等组成。当传动系统转换为高速走行工况时，通过操纵杆使液压油泵离合器和油马达离合器松开，操纵气缸使作业走行油马达的小齿轮与车轴齿轮分离，通过操纵杆使动力输出离合器接合，此时柴油机的动力经传动轴到液力机械变速器，再经分动箱分为两路，通过传动轴分别传到前转向架的车轴减速箱，驱动车轮前进。

液力机械变速器是传动系统中的重要部件。D08-32 型捣固车选用德国采埃孚（ZF）公司生产的 4WG-65 型液力机械变速器，它有非闭锁式（标准型）和闭锁式两种。以前生产的捣固车选用标准型液力机械变速器；现在生产的捣固车改用闭锁式液力机械变速器。

为了增加捣固车的黏着牵引力，高速走行采用两轴驱动。两轴驱动容易产生寄生功率，为此大多数 D08-32 型捣固车采用差速分动箱来消除寄生功率。有些捣固车为了简化结构，装有无差速机构的分动箱，如引进技术生产的捣固车就无差速机构。

长距离转移工地时，一般情况下把捣固车挂在列车尾部。在机车牵引下，捣固车拖挂高速运行。这时捣固车必须可靠地处在施挂运行工况。操纵手柄使输出传动轴与变速器的连接离合器（机械式离合器）脱开，必要时离合器手柄加锁固定，从车轮反传来的扭矩被截止。捣固车在列车后部拖挂运行时，最大允许挂运速度为100km/h。自行最高速度为80km/h。前后司机室均有制动操纵机构，互换不用调头转向，只要改变司机室即可。

与机械传动相比较，液力机械传动具有以下特点。

（1）能在一定范围内根据走行阻力的变化，自动进行无级变速，低速时大扭矩，高速时小扭矩。因此，能使发动机经常在选定的工况下工作，防止发动机过载熄火。这不仅提高了发动机的功率利用率，而且减少了换挡次数。

（2）变矩器利用液体作为传递动力的介质，输出轴和输入轴之间没有刚性的机械联系，大大降低了动力传动系统的冲击载荷，提高了机件的使用寿命。据统计，和机械传动相比，液力机械传动的发动机寿命提高47%，变速器寿命提高400%。

（3）由于变矩器具有一定的变速能力，对同样的变速范围，可以减少变速器的挡位数。

（4）起步平稳，并可得到任意小的行驶速度，加速迅速、均匀。

（5）在任何挡位都可以进行制动，操纵简单，可以实现远程操纵，减轻了驾驶员的疲劳，有利于行车安全。

和机械传动相比，液力机械传动的缺点是结构复杂、传动效率低。因此，采用液力机械传动的捣固车选用F12L413F型柴油机，采用机械传动的捣固车选用F10L413F型柴油机。液力机械传动比机械传动功率增加了20%。

捣固车自行高速走行时前转向架为动力转向架，自行高速走行时的最大轮周牵引力不会大于前转向架的黏着牵引力。捣固车在高速工况下的使用条件（如线路坡度、线路质量、牵引重量）变化较大，这就要求捣固车的轮周牵引力和车速能有较大的变化范围，且能保证及时地适应不同的运行情况。车辆的牵引力和速度的关系曲线称为牵引特性曲线。以牵引力为纵坐标、速度为横坐标绘制出来的理想的牵引特性曲线呈双曲线形。

ZF4WG-62型动力换挡变速器有四挡，而在捣固车上只用二、三、四挡。对应于不同的挡位，有不同的牵引力和速度。

根据牵引特性曲线，可以确定出不同速度时的牵引力，如果考虑变矩器的变短和变速作用，牵引特性曲线就很接近双曲线形。根据牵引特性曲线，可以计算出在不同线路坡度上以不同速度行驶时的牵引重量，表1-6是普拉塞·陶依尔公司提供的在不同线路坡度上不同牵引重量时的速度。

表1-6　在不同牵引重量和线路坡度上的速度表

自重(53t)＋牵引重量	线路坡度/‰							
	0	5	10	15	20	25	30	35
	速度/(km/h)							
自重	90	74	52	47	44	30	26	25
20t	82	60	46	26	25	24	23	15
40t	76	58	45	25	24	22	12	10
60t	70	50	30	24	20	10	—	—
80t	63	57	25	23	10	—	—	—
100t	58	52	22	12	—	—	—	—

1.3.3 作业走行传动系统

D08-32 型捣固车为步进式捣固作业，每捣固完两个轨枕空间向前走行一步。有时为了使捣固镐头对准轨枕空间，捣固车需要向前或向后稍微移动。因此，捣固车在作业中要频繁起步、制动或换向，这就要求走行操作要简单、灵活。液压传动能够满足这些要求，所以现在的大型捣固车作业走行都采用液压传动。

液压传动与液力机械传动相比有以下特点。

（1）能实现无级变速，转速调节范围大，并能实现微动，而且在相当大的转速范围内保持较高的效率。

（2）能实现制动。

（3）体积小、重量轻、惯性小、动作灵敏，可以高速启动和快速换向。

（4）能在低速下稳定运转，能实现过载保护，操作和换向非常方便。

1.3.4 液力变矩器

液力变矩器是一种以液体作为工作介质的能量转换传递装置，即液力传动装置。它将发动机传来的机械能通过能量输入部件转变为液体的动能；再经能量输出部件把液体的动能转换为机械能输出，经过机械传动系统传递给车轮。

1. 液力变矩器的结构

根据不同的使用要求，液力变矩器有各种结构型式，从结构型式上可分为单级单相液力变矩器、单级双相综合式变矩器、闭锁式液力变矩器等。

早期引进的捣固车采用德国 ZF 公司生产的 W360 型单级单相液力变矩器，即标准型液力变矩器，后期引进的捣固车采用 ZF 公司生产的 W396 型闭锁式液力变矩器。这两种变矩器与 ZF 公司生产的 WG 型动力换挡变速器组装在一起，分别组成 4WG-65B 型和 4WG-65B2 型液力机械变速器。这两种液力机械变速器的安装尺寸和主要技术性能相同，因此可以互换使用。

单级单相液力变矩器的泵轮、涡轮和导轮之间没有机械联系，导轮固定、不能转动，只有一个涡轮和一种变矩工况。这种变矩器结构简单，应用广泛。一般国产工程机械和引进的其他大型线路机械多采用单级单相液力变矩器。

液力变矩器涡轮轴上输出功率与泵轮轴上输入功率之比称为传动效率。由于单级单相液力变矩器的传动效率特性曲线呈抛物线形，其最大传动效率只在变矩器以某一传动比工作时才能得到，而且高效区范围较小（对工程机械用液力变矩器而言，传动效率大于 0.75 称为高效区），发动机油耗大、经济性差。当液力变矩器传动比小时，随着传动比的降低，传动效率也降低，这是允许的，因为此时变矩系数增大，可以改善机械的牵引性能；但是当传动比大时，传动效率降低，则是不希望的。

为了扩大液力变矩器在大传动比工况时的高效区范围，提高捣固车在高速运行时的经济性，后期引进的捣固车采用 W396 型闭锁式液力变矩器。液力变矩器在低转速比工作时，导轮被固定、不能转动，这时闭锁离合器也处在松开状态，液力变矩器的工作与单级单相液力变矩器相同。当涡轮转速接近泵轮转速时，由装在变速器内的转速传感器发出电信号，闭锁阀动作，使闭锁离合器接合，涡轮与泵轮被机械地连接在一起。导轮反转使连接导轮的单向联轴器松开，导轮自由转动，以减小液流阻力。此时，液力变矩器失去作用，变成结合状态下工作的摩擦离合器，其传动效率接近 1、但低于 1。这就明显扩大了液力变矩器的高效区范围，提高了捣固车高速运行时的经济性。液力变矩器闭锁后，传动效率提高，但是使液力机械传动变为纯机械传动，失去了液力变矩器所赋予传动的各种优良性能。当液力变矩器的转速比降到 0.65 时，闭锁阀复位，使闭锁离合器松开，液力变矩器恢复变矩器工况。液力变矩器的闭锁动作是通过电液控制系统自动进行的，无需驾驶员操纵。

1）工作叶轮

液力变矩器的工作叶轮采用整体铝合金铸造，叶片角度误差要求小于±1°，叶片是不等厚度的空间曲面形。涡轮为向心式。液力变矩器在涡轮空载的情况下工作时由于流量接近零，泵轮轴上的扭矩也接近零，所以对发动机的功率消耗小。

2）单向联轴器

闭锁式液力变矩器的导轮通过单向联轴器（超越式离合器）与固定花键轴连接。W396 型闭锁式液力变矩器的单向联轴器采用双排圆柱滚子式。

为使单向联轴器的内外环同心，保证单向联轴器工作可靠，在内环与外环之间装有滚珠轴承，滚柱与外环之间装有弹簧。当内外环的旋转方向相反时，滚柱压缩弹簧向斜槽的较宽处移动，使内外环脱离接触，单向联轴器处于分离状态。当内外环的旋转方向相同时，滚柱在弹簧作用下向斜槽较窄处移动，滚柱与内外环同时接触并且楔紧，单向联轴器处于接合状态。单向联轴器从分离状态转入接合状态是随作用力方向改变而自动进行的，不需操纵。

3）涡轮转速传感器

涡轮转速传感器装在变速器上，它由齿轮、磁铁芯和线圈组成。当齿转动时，由于通过线圈的磁通量变化，在线圈内产生感应电动势，此电动势的变化频率与齿轮的齿数和转速成正比，经频压转换器电路放大，限幅成为脉冲波形，其频率保持不变；再经鉴频整流电路转变为与频率成正比的信号电压，经逻辑电路控制电磁阀的动作。

2. 液力变矩器的工作原理

单级单相液力变矩器和闭锁式液力变矩器都有泵轮、涡轮、导轮，它们的工作原理可以简单地理解为离心水泵和水涡轮的组合，所不同的是：取消了两者之间的连接管道，增加了一个导轮。

液力变矩器内充满工作油液。液力变矩器不工作时，工作油液处于静止状态，不能传递任何能量。液力变矩器工作时，发动机经传动轴带动泵轮旋转，并将发动机的力矩施加于泵轮，泵轮转动时，泵轮内的叶片带动油液一起做圆周运动，并迫使油液沿叶片间通道由小半径向大半径方向流动。液体在泵轮中受到叶片给予的作用力，便产生加速运动，而泵轮又受到液流的反作用力，使泵轮产生扭矩 M_b，这个泵轮扭矩与柴油机驱动扭矩保持平衡。工作油液经泵轮叶片的作用在离开泵轮时获得一定的动能和压力能，从而将发动机的机械能转变为油液的液能。

由泵轮流出的高速油流经过由罩轮形成的无叶片区段射向涡轮叶片，对涡轮叶片产生冲击力和推动力，使涡轮旋转，其旋转方向与泵轮的旋转方向相同。液体推动力产生涡轮扭矩 M_t，即将液能转变为机械能输出。

液流从涡轮出口流出后，便进入导轮，如果导轮固定不动，则导轮转速为零，故在导轮中没有液能与机械能的转换。液流通过导轮叶片时进、出口处速度的大小和方向发生变化，引起液流动量矩的变化，动量矩的变化使液流对导轮产生一个作用力矩，而导轮对液流产生一个反作用力矩 M_d，导轮改变液流的动量矩的同时，还改变液能的形式，即将液流的压力能变为动能。

如果单向联轴器把导轮松开，导轮随液流一起空转，则导轮的反作用力矩 M_d 等于 0，导轮的上述作用也不存在。液流从导轮流出后，重新流入泵轮。重复上述液体的能量变换过程，液力变矩器即可持续地运转工作。在液力变矩器中，泵轮、涡轮和导轮的工作过程彼此互相联系，前一轮子的出口液流状态决定后一工作轮的入口液流状态。液流与工作轮叶片间的相互作用完成能量和扭矩的变化与传递。

分析液力变矩器的工作过程后，可以较方便地分析液力变矩器的变矩原理及自动适应性的问题。从能量观点来看，液流在液力变矩器中的运动也遵守能量守恒定律，整个循环运动过程中保持能量平衡。

作用于液体的外力矩有：泵轮的主动力矩 M_b，它通过叶片作用于液体；涡轮的阻力矩 M_t，它也通过叶片作用于液体；导轮的反作用力矩 M_d，它也通过叶片作用于液体。根据力学原理，这三个工作轮的力矩总和等于零，即

$$M_b + M_t + M_d = 0 \tag{1-1}$$

对液流来说，使其动量矩增大的扭矩为正，反之为负。在正常工作情况下，泵轮扭矩 M_b 为正，涡轮扭矩 M_t 为负，导轮扭矩在大部分工况下为正，有时也为负。

将式（1-1）移项，得

$$-M_t = M_b + M_d \tag{1-2}$$

由式（1-2）可说明：液流作用于涡轮上的力矩 M_t 等于泵轮作用于液流的力矩 M_b 与导轮作用于液流的力矩 M_d 之和。

由此可见，在液力变矩器中，涡轮轴上的力矩与泵轮轴上的力矩不等，这是由于在液力变矩器中装有固定的导轮。当液流经过导轮叶片时，因导轮固定不转，它给予液流一定的反作用力矩 M_d，这个力矩和泵轮作用于液流的力矩 M_b 加在一起，通过液流传给涡轮。当导轮给予液体的反作用力矩 M_d 与泵轮力矩 M_b 方向相同时，涡轮轴上的力矩就大于泵轮轴上的力矩。反之，当导轮给予液体的反作用力矩 M_d 与泵轮力矩 M_b 方向相反时，涡轮轴上的力矩就小于泵轮轴上的力矩。

捣固车在牵引运行中，当运行阻力较大时，涡轮转速 n_t 减小，甚至接近零，这时液力变矩器的转速比 i 为 0～0.8，涡轮出口的液流冲向导轮的正面。对闭锁式液力变矩器，液流对导轮的作用力矩使导轮在单向联轴器上被楔紧，而导轮对液流的反作用力矩 M_d 和

泵轮力矩 M_b 的方向相同，故 $M_t > M_b$。

通常把转速比 $i=0$ 时的涡轮力矩称为变矩器的最大输出扭矩，把这时的涡轮力矩 M_t 与泵轮力矩 M_b 之比称为启动变矩比，又称失速变矩比。W360 型单级单相液力变矩器的启动变矩比为 3.6，W396 型闭锁式液力变矩器的启动变矩比为 2.5。当运行阻力减小，涡轮扭矩等于泵轮扭矩，并且涡轮转速达到泵轮转速的 80%，即 $i=0.8$ 时，从涡轮流出的液流冲向导轮的背面。此时，液流对导轮的作用力矩反向，使单向联轴器松开，导轮能自由旋转，导轮的旋转方向与泵轮的旋转方向一致。由于液流在循环流动中没有固定的导轮叶片作用，液力变矩器失去变矩能力，而转变为液力耦合器工况，涡轮力矩等于泵轮力矩，即 $M_t = M_b$。

当液力变矩器转入耦合工况工作后，其传动效率提高到 0.95～0.97。但是，液力变矩器中存在随液流空转的导轮，要增加一部分能量损失，所以用摩擦离合器机械地把泵轮和涡轮连接在一起，使传动效率进一步提高到 0.99。这样，液力变矩器在高传动比（$i>0.8$）时的传动效率提高，扩大了液力变矩器的高效区范围。

液力变矩器在工作中，涡轮转速 n_t 是随涡轮轴上的阻力矩即随走行阻力的大小而变化的。若走行阻力增大，则涡轮转速减小，涡轮力矩也随之增大；若走行阻力减小，则涡轮转速增大，涡轮力矩随之减小，这时泵轮力矩变化不大，即发动机的负荷变化不大。这就是说：涡轮轴上的力矩能自动地适应走行阻力的需要，能在一定范围内自动地无级改变输出轴上的力矩，液力变矩器就成为一个在一定范围内实现自动变速的装置。在捣固车走行阻力变化时，可保证发动机基本稳定在选定的工况附近工作，甚至当遇到很大牵引阻力而使捣固车停止前进时，发动机可以做到不熄火，从而提高了生产率、改善了动力性。

3. 液力变矩器的外特性

液力变矩器的外特性是指泵轮转速 n_b 为常数时泵轮力矩 M_b、涡轮力矩 M_t 和传动效率 η 随涡轮转速 n_t 的变化关系。外特性曲线就是这些关系的曲线。

液力变矩器的涡轮力矩曲线由台架试验获得，涡轮力矩随涡轮转速的增加而减小，当涡轮力矩为零时，涡轮转速达到最大值，即涡轮空转的最大转速。

对于液力变矩器的效率曲线，在涡轮转速为零时，由于输出功率等于零，传动效率等于零。随着涡轮转速的增大，传动效率逐渐上升，达到最大传动效率后，传动效率又随着涡轮转速的增大而逐渐下降。在涡轮转速最大时，由于涡轮力矩为零，输出功率等于零，所以传动效率又等于零。可见液力变矩器的效率曲线呈抛物线形，传动效率高于 0.75 为高效区。高效区在中间一段，如果是闭锁式液力变矩器，泵轮与涡轮连接后，传动效率提高，并为一条直线。

捣固车上液力变矩器的泵轮轴由发动机经传动轴相连，泵轮力矩即发动机的负荷，其变化不大。液力变矩器外特性的基本参数——液力变矩器的传动比 i 为泵轮及涡轮的转速之比：

$$i = \frac{n_t}{n_b} \tag{1-3}$$

变矩系数 K 为涡轮力矩与泵轮力矩之比：

$$K = \frac{M_t}{M_b} \tag{1-4}$$

液力变矩器的传动效率η为涡轮轴上的输出功率与泵轮轴上的输入功率之比：

$$\eta = \frac{N_t}{N_b} = \frac{M_t \cdot n_r}{M_b \cdot n_b} = K \cdot i \tag{1-5}$$

W396 型闭锁式液力变矩器的驱动功率$N_b = 300\text{kW}$，最大输入转速$n_b = 2500\text{r/min}$，涡轮输出力矩$M_t = 2500\text{N·m}$。

在液力变矩器中，涡轮轴上阻力矩的变化不能透过变矩器而影响发动机，这种特性称为不可透特性，反之称为可透特性。涡轮因负荷增大而转速下降时，转速比也随之下降，使发动机的负荷增大，称为正透；反之，称为负透。

W396 型闭锁式液力变矩器具有正透性，因此，要求多台机械连挂运行时，各车换挡要同步进行，否则，在低挡位换高挡位时，若其中某台机械换挡滞后，将会被高速运行的车轮拖动，出现动力反传现象，使发动机转速突然升高，引起飞车事故。另外，在运行中，如果从高挡位换到低挡位，特别是跳挡时，液力变矩器的正透特性也会使发动机转速突然增大到危险的地步。因此，从高挡位换到低挡位时，要适当地施加制动，使车辆减速。

4. 液力变矩器工作油液的补偿及冷却系统

液力变矩器的工作油液不仅是传递动力的介质，而且是液力元件冷却、润滑和机械变速器的控制系统的工作油液。

在液力变矩器内工作油液压力较低时，会发生气蚀现象，产生大量气泡，影响叶轮的正常变化。为了避免气蚀造成不良后果，需要采用补偿油泵，使工作油液以一定的压力进入液力变矩器中，以防止循环腔内压力过低而产生气蚀。此外，在液力变矩器中有功率损失，因而油液被不断加热。补偿油泵的另一个作用是不断将工作液体从液力变矩器中引出，进行冷却。

5. 液力传动油

液力传动中工作油液的品质直接影响液力传动的性能和可靠性。一般液力变矩器的工作油液是矿物油，其主要理化性能和使用性能要求如下。

（1）密度：液力变矩器传动的功率与工作油液的密度成正比。因此，从提高传动功率来看，工作油液密度越大越好。工作油液密度随温度升高而减小。工作油液不同温度的密度可用液体密度计测定，目前常用液力传动工作油液（简称液力传动油）在正常工作温度时的密度为 800～900kg/m^3。

（2）黏度：黏度是工作油液黏稠程度的衡量标准。运动黏度是同一温度下的动力黏度与密度的比值。

黏度也是液力传动油的重要理化性能。工作油液不但要求黏度适当，而且要求黏度随温度的变化小。黏度随温度变化的黏温特性通常用 50℃的黏度与 100℃的黏度之比来表示，该比值越小越好。常用的液力传动油 50℃的黏度为$(16\sim23)\times10^{-4}\text{m}^2/\text{s}$，100℃的黏度为$(5\sim8)\times10^{-4}\text{m}^2/\text{s}$。

（3）闪点：闪点是工作油液加热蒸发与空气形成的混合气遇火燃烧的最低温度。闪点影响液力传动的防火安全性。闪点应比工作油液最高温度高 20～30℃。液力传动油的闪点一般不低于 150℃。

（4）酸值：酸值与金属的腐蚀作用关系极大。特别是水溶性酸对所有金属都有较强的腐蚀性，因此，工作油液中若发现存在水溶性酸，应立即更换工作油液。酸值用中和 1g 油所需氢氧化钾的毫克数表示（mgKOH/g）。一般工作油液的酸值应低于 0.15mgKOH/g。

（5）杂质：工作油液中的水分、灰分和机械杂质都应严格控制其含量。水分不仅使金属锈蚀，形成皂类，产生持续性泡沫，而且在冬天会结成冰粒，堵塞滤清器。灰分为工作油液燃烧后的残留物。机械杂质为不溶于溶剂的悬浮物质，如灰尘、金属屑、磨粒等。工作油中的水分、灰分和机械杂质含量应均小于 0.2%。

捣固车液力变矩器采用国产 8 号液力传动油，它是低黏度馏分润滑油经深度精制、脱蜡后制成的，具有较小的黏度比和较低的凝点，可以保证机械的低温启动性能。其主要理化性能如下：密度为 860kg/m^3；100℃的黏度为(7.5～9)×10^{-4}m^2/s；黏度比不大于 3.6；闪点不低于 150℃；呈红色透明状。在使用中禁止与国外内外液力传动油混合使用。

6. 工作油液的补偿及冷却系统

液力传动油的补偿系统是液力变矩器正常工作必不可少的重要组成部分，它具有以下功用。

（1）补偿液力变矩器的泄漏，保证液力变矩器内始终充满工作油液，并具有一定的压力，防止液力变矩器性能下降。

（2）带走液力变矩器因功率损失而产生的热量，使液力变矩器能持续运转。

7. 向控制系统和润滑系统供油

液力变矩器油液补偿系统和动力换挡变速器的换挡控制系统共用一台油泵，当发动机转速为 1000r/min 时，油泵流量为 40L/min。油泵的吸油口上装有磁性滤清器，从油泵出来的压力进入装有旁通阀的细滤器，过滤精度为 25～30μm，该细滤器装在液力机械变速器之外，用压力软管连接。从细滤器出来的油分别流向换挡控制油路、主油路、变矩器补偿油路和闭锁离合器控制油路。

液力变矩器补偿进油路上装有压力开关阀和安全阀。压力开关阀的设定压力为 1MPa，只有主油路压力超过 1MPa 时，压力开关阀才被打开，压力油向变矩器内补充，以保证换挡控制系统优先用油。安全阀的设定压力 1MPa，当变矩器内的油压力超过 1MPa 时，安全阀打开卸压；保证变矩器在不同工况，根据变矩器液流的变化，自动地调节通过变矩器的流量，以合理地控制变矩器的散热量。

为了使变矩器内完全充满油液，避免产生气蚀现象，在变矩器的出油路上装有分流保压阀，其设定压力为 0.25MPa。当变矩器内的压力超过 0.25MPa 时，分流保压阀开启，大量的油液进入散热器。散热器装在发动机上，利用发动机冷却风散热，油温为 110℃时，散热量为 1000kJ。压力表装在司机室的仪表盘上，监视变矩器的工作情况。从散热器出来的油液进入变速器的各润滑部位。为了防止润滑油路堵塞，油压升高，损坏散热器，在散热器与润滑系统之间装有润滑油压力阀，其设定压力为 0.35MPa。

当电磁阀得到闭锁电信号动作时，接通二位阀的控制油路，压力油推动二位阀动作，主压力油经过二位阀进入闭锁阀，再进入闭锁离合器。闭锁阀的作用是根据离合器的动作对油压力进行调整，使离合器动作平稳。

W360 型单级单相液力变矩器无闭锁离合器，因此，补偿油路简单，没有闭锁阀、二位阀及电磁阀。

液力变矩器在低转速比工作时，传动效率较低，工作油液温度升高快，因此，要求较多的油通过变矩器带走热量，此时，涡轮出口油压力较高，则分流保压阀的开度较大，流出变矩器的油就多。另外，转速比较低时，变矩器的入口油压力较低，则安全阀关闭或开度很小，由油泵出来的油可以大部分流过变矩器。反之，转速比增大时，涡轮出口油压力降低，分流保压阀开度较小或关闭，则只有很少的油液流出。

可见，安全阀在变矩器补偿油路中起到了根据油液发热情况而自动调节通过变矩器油量的作用。安全阀和分流保压阀的调整必须正确，这样才能实现自动调节变矩器工作油液的作用。

调整分流保压阀时，变矩器的转速比要达到最大，而分流保压阀刚打开为好。安全阀在转速比等于零时调整，使安全阀刚关闭即可。液力变矩器在工作中，工作油液温度应保持为 80～110℃，短时间内允许达到 120℃。在各油路的不同位置设有油压力检测点，接上压力表可以检查各点的压力，测试时油温以 80～95℃为宜。

1.3.5　动力换挡变速器的结构与原理

W360 型单级单相液力变矩器和 W396 型闭锁式液力变矩器所配的动力换挡变速器是一样的。变矩器和变速器连接成一体，变速器由变速机构和电液换挡控制系统组成。

1. 变速机构

4WG-65B2 型液力机械变速器提速和动力传动平稳、操作简单。由于该型变速器的换挡机构采用电液换挡控制系统，无需人力直接换挡，故称为动力换挡变速器。

变速器的变速齿轮系由六根固定轴上的常啮合齿轮和一套行星机构组成。除变速器的一轴外，其他五根固定轴上装有多片式摩擦液压离合器。同一挡位的液压离合器结合时，其相应的齿轮与轴连接，实现变速和功率传递。另外，行星机构的内齿圈上装有多片式液压制动器。当液压制动器结合时，把内齿圈固定，与箱体连接在一起，承受行星齿轮传递的反作用力。此时，行星机构工作，成为一级减速齿轮系。当液压制动器松开时，内齿圈能自由转动，即失去了行星机构减速的作用。

变速器在不同挡位时离合器及制动器的工作状态如表 1-7 所示。

表 1-7　不同挡位离合器及制动器工作状态

挡位离合器		结合的离合器					
		KV	KR	K1/3	K2/4	B	KIII
前进	1 挡	※		※		★	
	2 挡	※			※	★	
	3 挡	※		※			※
	4 挡	※			※		※

续表

挡位离合器		结合的离合器					
		KV	KR	K1/3	K2/4	B	KIII
后退	1 挡		※	※		★	
	2 挡		※		※	★	
	3 挡		※	※			※
	4 挡		※		※		※

注：KV 为前进离合器；KR 为后退离合器；B 为制动离合器；K1/3、K2/4、KIII为换挡离合器；※表示离合器之间的结合，★表示制动器 B 的制动

变速器在不同挡位的机械传动比如下：1 挡速比为 6.429；2 挡速比为 3.358；3 挡速比为 1.768，4 挡速比为 0.923。变速器有前进和后退各四挡，其对应挡的速比相同。在捣固车上前进和后退的 1 挡没有使用，把 2、3、4 挡改为 1、2、3 挡使用。这种动力换挡变速器工作可靠，结构紧凑，在各挡位都可以全功率换挡，工作寿命长、故障少。

2. 电液换挡控制系统

电液换挡控制系统的主要功用是实现对变速器的换挡控制。与机械换挡系统相比，电液换挡控制系统能进行远距离换挡操纵，换挡操纵省力、准确，换挡过程平稳、灵活。电液换挡控制系统由液压系统和电气控制系统两部分组成。

1）液压系统

动力换挡变速器的液压系统由调压阀、电磁阀、换挡阀等组成，与液力变矩器油液补偿系统共用一台油泵。电磁阀工作状态的不同组合使相应的换挡阀动作，不同挡位离合器和制动器的结合或松开实现变速器换挡。各挡位电磁阀和离合器的工作状态如表 1-8 所示。

表 1-8　各挡位电磁阀及离合器的工作状态

挡位阀		电磁阀					结合的离合器		
		M1	M2	M3	M4	M5			
前进	1 挡	※	※	※			KV	K1/3	B
	2 挡	※					KV	K2/4	B
	3 挡	※	※				KV	K1/3	KIII
	4 挡	※					KV	K2/4	KIII
后退	1 挡		※	※	※		KR	K1/3	B
	2 挡			※	※		KR	K2/4	B
	3 挡		※		※		KR	K1/3	KIII
	4 挡				※		KR	K2/4	KIII

液压系统的油压力为 1MPa，在换挡过程中油压会瞬时下降，换挡完成后油压才会恢复到 1MPa。如果油压低，要及时检查故障原因，否则，离合器的摩擦片在油压降低时会

造成接触压力不足，导致摩擦片处于滑动摩擦状态，产生摩擦热而烧损。为了便于检查各点的油压，在阀体的油道上设有压力检查接口。油温为80～90℃时进行压力检查。

电磁阀、换挡阀、调压阀以及液力变矩器补偿油路的安全阀、分流保压阀、压力开关阀等集中在一个阀体上，装在变速器的上部，其电信号通过电缆线与外部连接。

2）电气控制系统

动力换挡变速器的电气控制系统由挡位选择器、继电器、转速传感器、频压转换器、电子微型组件等组成，控制电压为24V。

电气控制系统对动力换挡变速器进行换挡控制和安全保护，具有以下控制保护功能。

（1）挡位选择器选择某挡位时，通过控制电路使相应的电磁阀通电，实现换挡操纵。

（2）根据涡轮转速自动地控制闭锁电磁阀的动作，实现液力变矩器闭锁离合器的闭锁和分离。

（3）运行中捣固车进行制动时，制动风压达到 0.25MPa 时，自动切断电磁阀控制电路，使换挡液压离合器分离。因此，变速器在任一挡位工作都无需退到空挡位就可以对车辆进行制动，简化了操纵过程。

1.3.6 分动箱、车轴齿轮箱及传动轴

捣固车高速运行时后转向架为主动转向架，故后转向架的两个轮对均为主动轮对。液力机械变速器至车轴齿轮箱之间装有分动箱。液力机械变速器输出的动力经过分动箱传递到两个车轴齿轮箱。

1. 分动箱

两根轴以上的多轴驱动的车辆又称为多桥传动的车辆。多桥传动的车辆在运行中两驱动轮对的距离不发生变化，直线运行时，某一时间内两个轮对通过的距离相等。这时各车轮之间的运动是协调的。而实际上，许多因素会破坏这种协调运动，如各车轮的直径不等，其结果是有的车轮被迫做一定量的滑移或空转，造成无益的功率损耗。

这种无益的功率损耗称为多桥传动的寄生功率。寄生功率要消耗发动机的功率，使传动机构承受很大的附加载荷，容易损坏变速器。为了消除寄生功率对变速器的作用，前期引进的捣固车采用差速分动箱。合作引进技术生产的捣固车采用无差速器的分动箱，用一对圆柱直齿轮将输入动力分两路输出，传递到前转向架的两个车轴齿轮箱，这种分动箱结构简单、造价低。

2. 车轴齿轮箱

车轴齿轮箱是走行传动系统的最后一环，它的作用是改变传动轴传来的动力状态，使其降低转速、增大扭矩，使轮对转动。捣固车前转向架的车轴齿轮箱在高低速走行时都通过它传递功率，高速走行时传递功率较大，故称为主传动车轴齿轮箱。后转向架的走行动力为液压马达，仅在低速走行时传递功率，故称为辅助传动车轴齿轮箱。

1）主传动车轴齿轮箱

主传动车轴齿轮箱为一级螺旋锥齿轮减速箱，其速比为4.11。主传动车轴齿轮箱传递

功率大，其小锥齿轮轴比辅助传动车轴齿轮箱的小锥齿轮轴长，轴承的安装位置也不同。

另外，小锥齿轮轴的前端轴承用飞溅润滑困难，故采用压力润滑。在车轴齿轮箱内装有润滑油泵，润滑油经外部油管送到前端轴承处进行润滑。润滑油泵由装在车轴上的凸轮驱动，车轴装一次，润滑油泵工作一次。

2）辅助传动车轴齿轮箱

先后引进捣固车的辅助传动车轴齿轮箱的结构不同。前期引进的捣固车辅助传动车轴齿轮箱装在后转向架的轴上，采用与主传动车轴齿轮箱相同的螺旋锥齿轮减速箱，液压马达装在车轴齿轮箱的支架上，通过气动齿轮式离合器与车轴齿轮箱连接，与主传动车轴齿轮箱相比，其小锥齿轮轴较短，故没有润滑油泵。后期引进捣固车的辅助传动车轴齿轮箱改为一级直齿轮减速箱，速比是 3.94。这种直齿轮减速的车轴齿轮箱结构简单、造价较低。大齿轮与车轴采用过盈配合，热装配。

3）传动轴

发动机、液力机械变速器、分动箱、车轴齿轮箱之间用传动轴连接，组成传动系统，实现功率传递。由于各传动部件所处的位置不同，在传动系统中使用的传动轴有三种结构型式。

发动机与液力机械变速器之间距离固定，故采用定长万向传动轴；动力经过前转向架的二轴处采用过桥传动轴；其他地方由于传动部件之间的位置和距离发生变化，故采用长度可伸缩的万向传动轴。长度可伸缩的万向传动轴由两端的万向节及中间轴组成。万向节为刚性异步式，它由连接盘、十字轴、轴承、叉型头等组成。这种万向节结构简单，传递扭矩大。

万向传动轴的主动轴做等角速度转动时，被动轴做周期性的不均匀转动。每转一周，被动轴两次超前和两次落后于主动轴，故称异步式万向轴。主动轴与被动轴的交角越大，则被动轴的转速越不均匀，引起的冲击振动和附加扭矩也越大，所以单个万向节的工作是不理想的，在两个万向节之间加一个中间轴。中间轴用无缝钢管焊接，并装有可伸缩的花键轴。中间轴采用无缝钢管，可以减轻质量，并且在直径相同的条件下，空心轴允许有较高的临界转速。

万向传动轴在高速重载下工作，所以要求新组装的万向传动轴必须经过动平衡试验，以提高转动平稳和可靠性。定长万向传动轴的中间轴无花键轴，两个叉型头焊在一根钢管上，结构更加简单。过桥传动轴装在筒形轴承箱内，两端有花键连接盘，筒形轴承箱通过弧形板与车轴齿轮箱连接。有的过桥传动轴上还装有运行速度传感器齿轮。

1.4　本章小结

本章从捣固车的用途、发展历史及其主要组成入手，着重介绍了由昆明机械厂生产的 D08-32 型捣固车，从其动力系统、走行系统及作业控制系统等各个方面分析了捣固车的运行原理，直观地认识到捣固车在铁路线路的新线建设、旧线大修清筛和运营线路维修作业等方面的应用。随着人工智能的发展，自动引导技术也日渐成熟，本书将在后续章节着重介绍捣固车自动引导系统。

第 2 章　捣固车自动引导技术理论基础

2.1　AGC 的概念

捣固车设计时，将控制系统分成两部分：一部分是指挥控制系统；另一部分是作业控制系统。捣固车进行作业时，指挥控制系统根据预先输入并存储的轨道线路理论几何数据、修正数据以及公里标的位置，利用捣固车上的测量系统实时测量系统所需的参数值，自动计算出作业控制系统所需的线路几何参数，并作为系统的给定量输出到作业控制系统，作业控制系统根据指挥控制系统的指令将轨道线路修整到指挥控制系统要求的形状、尺寸，以实现捣固车的自动作业。指挥控制系统又称为轨道参数自动引导计算机（automatic guiding computer，AGC）系统。

捣固车在轨道上作业时，无法直接测量轨道的几何参数。为满足设备必须连续作业的要求，捣固车上设计了一系列测量装置和传感器用于测量轨道的几何参数。由于受到捣固车上采用的测量方法的限制，在捣固车上测量的数据不是铁路设计的直接数据，而是与线路设计形状相关联的间接数据。铁路线路的几何尺寸都比较大，如线路转弯半径大都在几百米到几千米，直接测量和控制线路的转弯半径是很困难的。按照自动控制的基本原理，可测才能可控。要控制轨道线路的转弯半径，AGC 系统不能简单地将转弯半径“通知”作业控制系统，AGC 系统要将转弯半径换算成测量系统能够测量的相关参数，然后“通知”作业控制系统，才能完成相应的作业操作。也就是说作业控制系统只接收能够在捣固车上测量的参数作为控制参数。AGC 系统必须根据测量系统的结构，结合轨道线路的三维几何形状，将铁路线路几何形状解算为一组独立的作业参数作为指令并交给作业控制系统。捣固车上的测量系统大多采用三点法检测系统和四点法检测系统。

由于铁路线路形状的复杂性和测量系统的局限性，所测量的参数与铁路设计的形状不是简单的函数关系，而受空间位置相互耦合的影响，AGC 系统要解算作业控制系统需要的多个作业参数，是一件相对比较困难且复杂的工作。在捣固车作业过程中至少每隔 0.5m（大约间隔 0.5s）就必须计算一次作业参数，手工计算难以胜任。因此，捣固车在弯道、变坡等轨道线路作业时 AGC 系统是必不可少的关键部件，是捣固车的“大脑”。

2.2　AGC 的研究意义及现状

2.2.1　AGC 的研究意义

在捣固车控制系统中 AGC 系统处于重要的核心地位，是铁路工程机械特有的控制系统。它是整个控制系统的“大脑”，也是捣固车必不可少的组成部分。目前捣固车上所用的是从奥地利普拉塞·陶依尔公司引进的自动电平控制（auto level control，ALC）系统。该系统价格昂贵，并且存在不少缺点。在实际的作业过程中，捣固车剧烈振动引起 ALC 电路板接插松动，工作不稳定，容易造成机器重启、死机等现象，这加大了操作者的工作量，并且影响了捣固车的作业质量。同时基于捣固车的工况（振动大、灰尘多、可靠性要求高），这些都成为 ALC 系统国产化过程中需要解决的问题。掌握 AGC 技术是打开整个控制系统的“钥匙”。掌握 AGC 技术将对其他设备的选型、工作原理的改进和功能的增减掌握主动权，可根据不同车型的需要开发相应的控制系统。普拉塞·陶依尔公司一直对我国实施技术保密，在技术上采取了很多加密措施。目前国内还没有完全自主创新地开发出类似的设备或系统，因此，自主开发 AGC 技术意义非常重大，主要体现在以下几个方面。

（1）目前，国外厂商对 AGC 技术保密，国内各生产厂家或研究部门不了解和掌握现有 AGC 技术的内部工作原理，不能对其进行修正和改进。若完成 AGC 技术的开发，也就从原理上掌握了捣固车作业控制系统的内涵。在开发不同种类的捣固车时，由于作业控制系统和作业功能的不同，不同类别的捣固车必须配备不同的 AGC 算法，以满足生产中的需求。厂家不能自主开发 AGC 技术，就制约了相应大型维修设备的开发和运用。

（2）AGC 技术是捣固车设备的核心技术之一，是自主开发捣固、稳定系列新产品的关键技术。要开发具有完全自主知识产权的捣固车、稳定车、轨道检测车等，就必须突破这一技术瓶颈，否则很难克服国内外合作方的制约，更难完全自主开发新一代高性能、高精度捣固、稳定系列产品。中国拥有世界上最长的铁路线路，若国内企业不能深入地了解和运用 AGC 技术，就不能提升自主研发的技术水平，就无法完全摆脱国外产品供应商对这一技术的限制和垄断，我国该行业在国际上的地位将遭受很大影响。

（3）企业要在国内和国际上创立自己的品牌和开发具有完全自主知识产权的产品，就必须自主开发 AGC 技术，突破这一技术难题，为独立自主地参与国际竞争打好基础、备好条件。

（4）现有 AGC 技术都采用整套系统购买的方式，价格十分昂贵，增加了产品成本，降低了经济效益。较高的部件成本从总体上降低了产品的市场竞争力，并阻碍了产品获得更大的效益。

综上所述，AGC 系统的开发设计将对该行业的发展起到不可估量的作用，具有重要的理论和实际意义。

2.2.2　AGC 的国内外研究现状

我国的大型养路机械从 20 世纪 80 年代初的引进，到现在初具规模的国产化，取得了可喜的成绩，特别是在近年干线提速、新线开通整道中显示出了其他作业机械不可替代的重要作用。

早在 20 世纪 20 年代，发达国家就开始着手研制道碴捣固车，虽然第二次世界大战曾导致其一度中断，但随着战后经济的复兴，铁路运输事业蓬勃发展，线路作业化技术也在不断进步。由于捣固车在铁路新建、大修和维修机械化的整道作业中工作量最大，对轨道线路质量起着决定性的作用，各国都把捣固车的研制放在各种线路机械的首位，该类线路机械的发展经历了由简单到复杂、由单项功能到多功能综合作业、由机械化到半自动化和自动化的发展过程。发达国家养路机械也由此经历了小、中、大的完整的发展过程，20世纪80年代基本进入大型化时代。现在，较发达的国家都采用连续式捣固车进行线路维修和大修作业，以提高线路维护的精度和作业效率，特别是重载和繁忙干线，其经济效益是非常可观的。

维修是铁路工务部门面临的主要任务之一，它的水平与科技发展紧密相连，无论是轨道结构还是维修作业机械化都是铁道科学技术水平的具体体现。英国、美国、法国、德国等国家的铁路大部分未采用定期的维修方式，而是根据检测数据实施维修，即“铁轨状态维修”。英国铁路的研究开发项目是以设于德比的英国铁道研究所为中心进行的，最近的研究成果有采用风动垫碴进行轨道维修、采用长波用自动拨道装置等；日本铁路开展的维修所必不可少的研究开发项目主要围绕新的诊断方法所需的关键技术、通过强化结构延长寿命、针对故障现象开展相关机理的基础研究等；法国铁路设有研究机构，有效地开展维修方面的研究；美国铁路的研究开发项目以各铁路机构出资成立的美国铁道协会为中心进行，铁路养护机械为铁路部门与厂商共同开发，例如，更换能力为20万根轻枕的轨枕更新机械编组群已实用化，只有扣件及垫板的铺平尚需人工完成；德国正开展有关有道床轨道的最佳配置、板式轨道等的研究，德国在单独开展研究的同时，还与欧洲相关铁路技术研究所合作研究，考虑机车车辆条件、乘坐舒适度、部件安全性等条件，从轨道变形数据出发进行分析，以求取轨道变形界限数据。从捣固车的应用情况看，由于掌握了AGC核心技术，国外的科研人员正在进一步挖掘其更深层次的应用潜力。纵观发达国家，各国竞相采用大、中型养路机械，组成配套的大、中型养路机械维修机组和大修机组，对铁路线路进行综合修理作业。为全面实现铁路线路修理的现代化，各国在发展大型养路机械的同时，非常注意各品种的中型养路机械的发展，大、中型养路机械已经各自形成体系，成为铁路线路的主要维修手段，在不同等级的线路上广泛使用。

为适应铁路运输量的大幅度增长，以及铁路轨道结构不断强化的需要，我国批量引进高效养路机械，利用合理的“天窗”时间，对繁忙干线进行维修，取得了较好的进展。连续式捣固车能显著提高铁路线路的精度和维修效率，是我国不断提升铁路运行速度、对轨道进行高效维修养护的非常重要的设备。由于连续式捣固车价格非常昂贵，大量购买将消耗我国大量外汇储备，根据国内目前科技、工业的发展状况，我国是有能力生产国产的连续式捣固车的。

1999年9月，昆明铁路机械厂与奥地利普拉塞·陶依尔公司在北京签订了D09-32连续式起道、拨道、抄平捣固车，08-475-4S道岔及线路起道、拨道、抄平捣固车的技术转让合同。2001年4月，这两种机械设备整机性能指标已经达到进口设备的水平，国产化率达到50%，进一步提高了我国铁路线路维修装备能力。2003年3月，以中国铁道建筑集团有限公司为发起方，由昆明铁路机械厂、南车株洲电力机车研究所有限公司、中车戚墅堰机车车辆工艺研究所有限公司、中国铁道科学研究院、铁道部专业设计院共同参股组建了昆明中铁大型养路机械集团有限公司。这标志着我国大型养路机械制造联合体向企业集团化运作迈出了重要的一步，为我国铁路大型养路机械加速实现国产化创造了良好的条件。经过多年的努力，基于引进的国外技术，国内厂家已基本掌握 D08-32 型捣固车、RM80 型道碴清筛机的生产技术，国产化率达到 70%，完成了 SPZ-200 型双向配碴整形车、WD320 型动力稳定车的设计制造任务。近几年来，随着国外技术的不断引进，国内企业通过消化、吸收、创新，捣固车的国产化率越来越高。但是捣固车的电气控制系统的控制电路都是模拟电路，体积大、功耗较高，对于捣固车这种大型机电液一体化维修设备，国内外目前都还没有完整的相关数字电路控制技术用于实现设备的控制。

陈曦东和蒋大明为了适应数字化趋势和进行技术储备，对捣固车的拨道控制系统的模拟电路部分进行了数字化改造；陈帅提出了对捣固车的抄平起道控制系统进行数字化改造的理论和方法。这些研究虽对我国捣固车的技术升级和推广有一定的意义，但他们所研制的系统正处于实验阶段，未能在捣固车上实际应用。王建宏就 D09-32 型捣固车电气控制系统进行了研究，论述了基于三点法和四点法拨道的几何原理、捣固车电气控制系统的组成等，介绍了 D09-32 型捣固车的数字程序控制系统 P500，对电气控制系统各子系统间的相互逻辑关系进行了协调控制，同时实现了整车上所有操作联锁、安全联锁、动作时序等逻辑控制功能。高荣祥对由奥地利普拉塞·陶依尔公司引进技术生产的 D09-32 型和 D08-32 型捣固车上所使用的计算机引导控制系统进行了比较和分析，说明了 D09-32 型捣固车上使用的 ALC 系统相比 D08-32 型捣固车使用的线路几何形状自动调整系统在计算机控制方面有了较大提高，增加了许多功能，操作更为简便，控制精度更高，但未能就国产化研制提出建议。郑留江和王化深应用嵌入式技术，采用实时多任务操作系统，对捣固车电气控制系统的起道抄平模块进行了数字化改造，阐述了应用程序的设计思路和任务划分。陈帅和蒋大明利用 C8051F04x 系列单片机，将捣固车抄平起道控制系统中发动机的冷却系统、机油压力、线路方向偏差等参数作为监测记录对象，实现了捣固车多个运行参数的实时监控。张坤针对现场电气维修工人对线路几何形状自动调整系统不太了解而出现影响捣固车使用的情况，对线路几何形状自动调整系统各部分作用及工作原理进行了分析，以提高维修人员排除故障的能力。王敏在阐述了捣固车 ZF 变矩器电气控制系统各组成部分控制原理的基础上，分析了该系统在实际应用中常见故障产生的原因，并提出了可消除该类故障的措施。刘亚滨等介绍了电传动技术在大中型养路机械中的应用、基本特点和主要优势，并与其他传动方式进行了比较，确定了电传动技术不仅能满足养路机械的需要，而且能很好地满足用户所需的完成任务的能力和质量。李石平和于起峰利用现代控制理论、模糊控制等智能控制技术和数字电路方法研究了通过数字电路实现捣固车作业小车的智能控制和参数补偿，利用智能控制算法，使作业小车能自动适应作业环境的变化，以保证作业小车工作在最佳状态，实现对捣固车的作业参数在作业小车移动过程中的实时补偿。任延军从大型养路机械行业的实际出发，论述了 CAD/CAM 技术促进大型养路机械的发展。杜荣长详细分析了 D08-32 型正线捣固车和 08-475 型道岔捣固车三点法、四点法检测拨道的几何原理和实现方法，阐述了 08-475 型道岔捣固车拨道测量弦随动系统的补偿几何原理，确定了各参数之间的关系，为拨道系统的电气控制和电气调试提供了理论依据。杨杰介绍了 D08-32 型捣固车拨道系统的控制原理。在实际的拨道过程中，不管是直线线路还是曲线线路，都必须找出线路各点与原设计位置的偏差。在 D08-32 型捣固车上，针对曲线线路配有专门的检测设备，而针对直线线路则采用激光拨道的方法。他还着重介绍了拨道伺服系统结构、激光拨道系统原理、激光测量系统控制电路原理以及利用激光实现直线自动拨道的方法。颜剑介绍了捣固车的电气控制系统担负着全车各作业的控制任务，作为整车的“大脑”直接指挥各种作业。为了提高养路机械作业的精度和稳定性，就需要对其作业参数进行仿真和优化。他还介绍了一种基于虚拟仪器技术的数据采集系统，采用功能强大的图形编程语言，多通道同步采集数据，分多个图表显示模拟数据和开关量数据，用户可以根据需要在前面板选择采集通道，将采集的信号通过 USB 接口存入计算机硬盘，实现了事后波形回放和数据分析的功能。应立军和周书武针对铁路线路进行封锁施工时，D08-32 型捣固车出现电气控制系统故障而影响线路正点开通的问题，应用计算机技术和故障诊断理论，设计了 D08-32 型捣固车电气控制系统在线监测和故障诊断系统，该系统能够对 D08-32 型捣固车的关键参数进行实时监测，迅速、准确地查找故障部位及故障原因。应立军和周书武针对捣固车在野外工作，工作环境恶劣，一旦出现故障不能及时排除，导致作业线路得不到恢复、线路不能准时开通，将对列车正点安全运行产生重大影响的实际情况，研制了 D08-32 型捣固车作业控制系统的紧急救援系统，该系统利用工控机系统替代了捣固车上的原作业控制系统，对捣固车的原执行机构进行控制，使捣固车继续工作，实现高精度的起道、拨道和捣固，完成线路顺坡作业，保证线路的正点开通。王壮锋阐明了行车指挥系统是铁路列车高速、安全、正点运行的保证，利用智能决策支持理论、现代仿真理论、数据库技术来分析研究高速铁路行车指挥的问题，对高速铁路行车指挥仿真系统中的关键技术进行了研究，构建了智能高速铁路行车指挥仿真系统。

余卫巍比较了欧洲高速铁路信号与中国高速铁路信号的特点，介绍了法国高速铁路信号维修的典型模式和高速铁路信号维修的特点，展望了中国高速铁路信号维修的模式。宋国华和黎国清结合秦沈线月牙河特大桥轨道周期性高低不平顺分析，以及量测所得到的数据，研究了桥上线路周期性高低不平顺并非由动载荷下桥梁挠度变形造成的，也不是由车拱共振引起的，建议在客运专线建设中进一步控制长、大、连续等跨简支梁的徐变上拱，加强桥上线路高低不平顺的检测。在桥上线路达到高低不平顺 I 级超限前，就及时进行大型养路机械捣固车或调整扣件作业。由于在桥梁上产生相同的多个波连续作用，应对有关车辆在该特殊的高低不平顺作用下的动力学性能进行校核。陈春俊和李华超在对传统轨道不平顺信号数值模拟方法优缺点分析的基础上，从周期函数傅里叶级数展开原理和离散信号功率谱关系式出发，推导出直接由功率谱密度函数频域采样的三角级数法并模拟轨道不平顺，该方法有利于研究列车主动、半主动控制算法对不同频率成分的控制性能。魏世斌和刘伶萍为满足铁路线路最高行车速度为 250km/h 的要求，研究了截止波长为 70m 的轨道长波不平顺检测技术。检测的轨道长波不平顺以波形图和浏览波形图显示，并用于评价轨道质量。通过在轨检车上的应用，长波不平顺检测技术满足提速线路检测的需要。许玉德和周宇利用轨检车在沪宁线苏州—南京段线路上检测的不平顺数据，计算既有沪宁线的轨道质量指数，运用统计的方法对轨道质量指数的频数分布和里程分布进行了分析，将沪宁线既有提速线路的轨道质量指数定为基本能保证线路的质量状态。练松良和陆惠明分析了轨道不平顺是引起车体振动加速度、轮轨作用力和轮轨噪声增大的主要因素，设计了轨道不平顺程序并对轨检车测得的轨道不平顺数据进行处理，得到功率谱密度函数，利用此函数分析轨道不平顺在各波长的分布；根据测得的车体振动加速度，对轨道不平顺与车体振动加速度进行相干分析，确定引起车体振动加速度增大的不利波长，以便有针对性地对这些波长的轨道不平顺进行重点保护。

Kamiyama 论述了当捣固车更正较长距离的轨道平顺度时，必须提供轨道平顺度的波形，但利用这些数据进行轨道修整时，可能会导致轨道受损，因此需要排除轨道受损的可能性，以保证更正误差在要求的误差范围内。他描述了理论上的影响因素并给出了解决这些问题的方案。Simmons 讨论了利用不同型号的捣固机械，在不需要拆卸铁轨的情况下修复铁轨路基，使铁轨路基恢复到应有的位置。Konecny 描述了 H.F.Wiebe 公司从 2003 年以来一直都在使用带有直接枕端捣固的快速捣固设备，普拉塞·陶依尔公司的 D09-32 型捣固车是第一台能够连续走行的捣固车，进行铁轨的捣固、夯实作业。该捣固车可以提升轨道的维修质量。Koc 探讨了使用捣固车在连续的焊接铁轨上确定纵向力的有效方法的调查情况，设计了六个探测要素，并确定了相应的测量传感器，以便于测量轨道前端与捣固车参考点之间所产生的矢量角度，并进行了相应的数据采集工作。Podczeck 对博世公司的 GKF400S 设备及可行性进行了研究。对该设备的工作原理和使用情况进行了详细的描述，说明了该设备在捣固期间气动捣固头的使用受填充重量的控制。目前该设备的工业化使用情况还需厂家进一步深入研究。Lichtberger 论述了德国铁路和普拉塞·陶依尔公司利用动态轨道稳定车测试了 22 个跟踪部分，测试结果表明动态轨道稳定车减少了轨道几何形状的磨损，也实现了长波耐久性改善。同时发现利用动态轨道稳定车作业过的轨道路段与未进行稳定的轨道路段相比，故障出现的速度非常缓慢。Yoshimura 提出了纠正铁路轨道不平顺的新方法，并开发了捣固车计算机控制数据的优化软件。通过现场测试，证实这些新方法是有效和有用的。Schmutz 为了检查轨道道碴颗粒形状分布对捣固的影响，在两条新的轨道线路上进行了捣固试验，试验结果表明个别的道碴石块在捣固过程中已经粉碎，道碴表面的夯实对打碎的道碴颗粒未见任何影响。试验中所使用的两种捣固车的测试结果也没有明显的不同记录。Naganuma 论述了基于火车轨道几何结构的完整数字惯性测量系统。

在自动引导技术领域，国内外诸多学者在近年的研究中也取得了丰富的成果。陈国林介绍了合成孔径雷达（synthetic aperture radar，SAR）作为一种高分辨率的微波成像雷达，星载 SAR 实时成像处理器的研制开发在国防军事上有着重大意义。他给出了一个功能全面的引导系统设计方案，结合主控计算机的硬件平台，对运行其上的引导系统功能进行了详细的需求分析，具有完善的系统初始密码，能为操作系统建立正确的运行环境，在引导程序上能够运行独立程序，使用引导程序的源文件进行编译，实现 ZMODEM 协议，且在主控计算机的引导程序中加入容错特性，设计并实现了一个基于 EDAC 软件的引导系统。罗智平研究了电力机车 DK-1 型制动机自动检测仪及检测系统，该系统的功能流程根据相关的检修工艺编程，以平台风格引导操作者以手动或自动工作方式运行系统，实现对制动机各项性能指标的检测，将检测数据根据行业管理条例进行统计、建档，完成了制动机行业数据库的开发。许晓洁以北京火车站引导显示设备监控系统工程为背景，分析了火车站引导显示设备以及与之对应的工控机的监视与控制方式，明确了火车站已由孤立的火车运营方式向整合城市地铁、出租车等多种交通方式的大型交通枢纽演变，引导显示设备能够指导多种交通方式的常规运营，并在发生紧急情况时发挥信息发布、疏导旅客等方面的重要作用。汪光明就无人机在现代战争和民用领域的广泛应用前景进行了介绍，对目前广泛用于为无人机提供着陆信息的导航技术（包括雷达导航、惯性导航、全球定位系统（global positioning system，GPS）导航、视觉导航等）进行了说明，明确了高精度、高稳定性的导航技术是获取无人机着陆准确信息来源的关键。周树春根据国内外无人机自动起飞和着陆技术的最新发展趋势，结合具体项目，在充分掌握无人机建模和仿真系统相关理论的基础上，建立了差分 GPS 误差模型，解决了无人机高精度进场着陆引导控制、无人机起降落滑跑建模与模型分析，仿真结果表明所设计的自动控制系统基本符合要求。

目前，自动引导的概念在自动引导车辆（automated guided vehicle，AGV）上应用得比较多。它是采用自动或人工的方式装载货物，按设定的路线自动行驶或牵引载货台车至指定的地点，再用自动或人工的方式装载货物的工业车辆。AGV 只有满足物流搬运作业自动化、柔性化、标准化、实时化的要求，与自动引导系统、自动装卸系统、通信系统、安全系统和管理系统等构成自动引导车辆系统（automated guided vehicle systems，AGVS），才能真正地发挥作用。国外 AGVS 发展得很快，通过对托盘的尺寸和结构进行标准化的处理，作为物料搬运设备，AGV 迅速成为制造和装备作业过程中重要的环节。瑞典的轿车装配厂将 AGV 的应用范围扩展到了工业制造领域。该厂通过将 AGV 应用到生产线上取得了显著的经济效益。AGV 的应用领域主要为汽车工业、柔性制造和装配系统、物品仓储。20 世纪 80 年代末，美国进一步发展了 AGV 技术，采用先进的计算机控制系统，使其运输量更大、移载时间更短、具有在线充电功能，小车和控制器的可靠性更高。美国通用公司成为当时最大的 AGV 用户。近年来，国内 AGV 应用也越来越受到重视。AGV 的引导方式主要有电磁引导、光学引导、超声波引导、惯性导航、GPS 导航、激光引导、图像引导等。目前，中科新松有限公司、安徽合力股份有限公司、上海新奥托实业有限公司、泊头市中山机械有限责任公司等纷纷投入 AGV 研发与生产。国内电商、物流、汽车、烟草等诸多行业普遍开展 AGVS 和 AGV 应用，其中绝大部分采用激光引导技术和电磁引导技术。海尔集团早在 2000 年便投产运行了由 9 台 AGV 组成的柔性库内自动搬运系统，红塔烟草（集团）有限责任公司、红云红河烟草（集团）有限责任公司等烟草企业普遍采用激光引导 AGV 完成托盘货物的搬运工作。

近年，国内外诸多学者对 AGV 在各领域的应用进行了广泛的研究。高鑫基于电缆隧道中因电缆绝缘损坏经常引起火灾而造成巨大经济损失的情况，使用图像引导 AGV 携带红外摄像头、烟雾探测器等检测仪器，在隧道内按照固定的路线行走，对电缆隧道内部温度、烟雾等状况进行电缆隧道巡检，可以实现对其内部状态完整全面的监视。潘庆林论述了在采用大型掘进机用盾构设备进行城市地下工程（如地铁、隧道、顶管）施工时，为了准确、动态、实时地自动快速检测机头中心偏离值和预测趋势，就需要先进的自动导向设备。目前，盾构机头自动导向测量系统大致分为两种设计方案：一是以德国为主的自动导向测量系统，该系统已成功地应用于国内外许多重大的地下工程；二是以美国为主的无线电定位测量系统。武传宇等介绍了为满足农业生产领域对农业生产自动化的要求，AGVS 对现有生产组织向柔性集成化生产模式转化的大规模应用情况，采用各类移动式机器人代替手工作业必将成为未来农业生产现代化的标志。20 世纪 90 年代，精确农业概念的提出促进了农业自动行走车的研究，GPS 可以为自动行走车提供位置和方向信息，完成对空间和时间差异化信息的有效调控。目前，组成农业自动行走车的基本元素包括引导系统、车辆运动模型、路径规划和转向控制四个部分。农业的作业环境是开放式非结构环境，需要实时提供自身的位置状态，因此，该类车配置的引导系统一直是研究的难点和热点。引导系统主要由测量车辆位置、方向以及提供当前状态的传感器构成。典型的位置传感器有机器触觉、机器视觉、激光器和 GPS 接收器，典型的方向传感器有机器视觉、GPS 及地磁方向传感器（geomagnetic direction sensor，GDS）。由于农业生产环境复杂、易变、恶劣，上述任何一种传感器都不能单独胜任农田工作的引导作业，基于多传感器的融合技术将会成为农业自动行走车引导系统的研究方向。陈军等利用车辆运动学模型，应用最优控制理论，对拖拉机自动行走方法进行了研究，利用前馈控制方法，生成了车辆自动行走的轨道，通过对车辆状态方程的线性化，设计了车辆沿生成的轨道引导行走的负反馈控制器。试验结果表明，该方法控制拖拉机在较平坦的牧草上行走时，横向标准偏差小于 0.08m，方位角标准偏差小于 2.44°。Toru 介绍了北海道大学开发的基于人工神经网络（artificial neutral network，ANN）和遗传算法的车辆控制系统，以及东京大学应用视觉引导和模糊控制理论开发的车辆自动行走引导系统。其中，东京大学研发的这套系统主要由行走轨道的生成和使车辆沿给定的轨道引导行走两个方面构成，实现了对农用拖拉机自动行走时的轨道生成及引导控制。

纵观目前关于捣固车及其电气控制系统方面的研究，主要集中在以下方面。

（1）针对铁路轨道的不平顺现象，从不同的角度研究了轨道不平顺的原因，通过轨道平顺度的检测以评价轨道的质量。通过轨检车、轨道长波不平顺检测技术以满足提速线路检测的需要，为列车的提速及轨道维护提供理论储备和条件。

（2）从轨道平顺度的检测波形、不拆卸铁轨修复铁轨路基、修正数据的数据采集方式、曲线夯实的方法、轨道石砟颗粒分布对轨道的影响以及铁路养护产品的发展现状等角度出发，对捣固车的相关技术进行了分析和探讨。

（3）引导系统在其他领域的应用也比较多，但是它们的应用都局限于利用某种引导方式确定具体系统的位置和方向，完成具体系统所需的控制功能，与捣固车 AGC 系统的原理和概念不同。

针对捣固车电气控制系统的研究为捣固车的国产化设计与制造的快速发展提供了许多理论指导和参考方法。但它们都是将捣固车中的各功能部件从捣固车整机系统中孤立出来研究得到的，因此只能从某些方面反映捣固车某个部件的性能和国产化设计的情况，而没有准确地、系统地反映出整机系统层次中各功能部件的特性和国产化运用的具体情况，未能从系统层次实现完全国产化的设计。

根据以上国内外研究现状，查询到有关捣固车的控制方式、电气控制系统的设计等方面的研究已有多篇文献报道，国外目前发展的总趋势是：集成电路、微处理器、微型计算机及电子监控技术等在捣固车上都有广泛的应用，捣固车的可靠性、稳定性、安全性、舒适性得到了高度的重视，并朝着高性能、低成本的方向发展，但未见大型铁路养护机械捣固车 AGC 系统的整体设备研究文献和资料；国内虽然在引进技术的基础上能够自行生产大型捣固车，但在捣固车 AGC 系统方面开展的研究很少，研究时间短、经验少，对该部件完全自主的、从原理到产品的创造性开发工作仍处于相对空白的状态。国内目前仍缺少针对 AGC 系统深入细致的研究，即软件的精髓和技术核心仍被国外公司垄断，仍然没有可以取代国外产品的新产品，因此，完全自主的、从创建系统的数学模型至最终产品的创造性开发工作的进行仍将持续今后一段时间，捣固车 AGC 研发对于其在我国的广泛应用和国内既有捣固车的技术升级有着重大的意义。

2.3　AGC 的系统组成

捣固车的电气控制系统担负着全车各种作业的控制任务，它是整车的“大脑”，直接指挥作业控制系统的各种作业。就电路控制而言，该电路涉及模拟控制、数字控制、计算机软硬件控制以及电气控制等内容。捣固车电气控制系统非常复杂。就硬件结构而言，电气控制系统共包括 38 个大小不同的控制箱和布线盒，15 种 30 件标准 3U 结构的控制板和 13 种 28 件其他类型的控制板，以及 6 种 11 件矢距、超高和测距等传感器。就软件组成而言，电气控制系统中运行着 AGC 的专门计算软件。捣固车电气控制系统结构如图 2-1 所示。

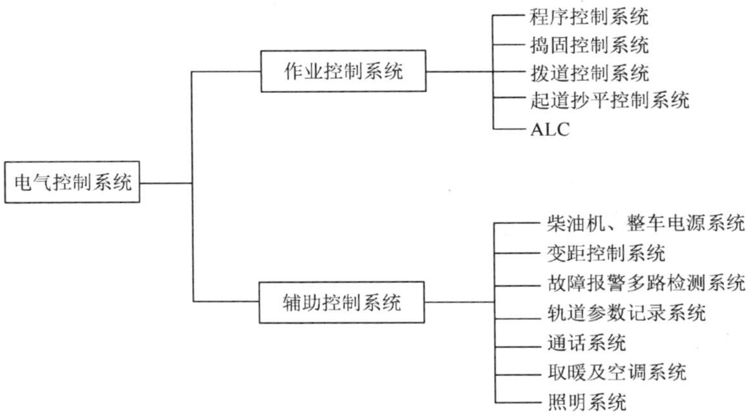

图 2-1　捣固车电气控制系统结构图

2.3.1　捣固车 AGC 系统

AGC 是捣固车上的一台工业计算机。它的主要功能是根据预先输入的轨道理论几何数据，包括公里标、曲线半径、超高、基本起道量、坡度等数据，利用捣固车测量系统实时测量各种参数值，自动计算捣固车起道、拨道和抄平时参与控制所需的 5 个作业给定值，即拨道正矢、基本起道量、起道减少量、作业区理论超高和前端理论超高。使用 AGC 进行作业时，自动给出上述 5 个作业给定值，替代复杂且频繁的人工给定值，以实现自动作业，提高作业效率。在结构上，由距离脉冲传感器、键盘和显示器构成 AGC 的外围设备。AGC 根据输入的距离脉冲计算当前所在点的公里标，作业线路参数则从键盘输入，显示器用于显示当前作业线路的给定状况。

2.3.2　作业控制系统

作业控制系统包括程序控制系统、捣固控制系统（由捣固头下插和作业小车走行控制系统、前端输入控制系统等组成）、拨道控制系统、起道抄平控制系统等，接收 AGC 输出的工作指令，并和捣固车执行机构一起完成作业操作。

拨道控制系统实现捣固车的拨道作业控制，实现铁路轨道的横向移位，纠正其轨道平面的几何形状；在程序控制系统的控制下，液压伺服阀动作，执行机构将轨道拨到要求的位置上。在拨道控制系统中，根据输入的各种参数形成总的拨道信号，再由总的拨道信号与矢距传感器构成闭环控制。D08-32 型和 D09-32 型捣固车采用单弦测量轨道方向偏差，通过电路上的自动控制，借助液压执行机构减少或消除轨道方向偏差。参与拨道控制的有六路输入信号，分别是矢距传感器的信号、拨道传感器的信号、三点法时的理论矢距或四点法时的修正值；调零电位器的调零信号、前端拨道偏移量、曲线修正信号。

起道抄平控制系统进行两个方向上的起道作业：一是横向以实现对轨道要求的超高；二是纵向以实现对轨道线路要求的纵向水平。起道作业前，需要将轨道基本起道量和超高值以及辅助给定信号一起送入相应侧的起道伺服控制电路中，伺服控制电路在程序控制系统的协调控制下完成起道作业。起道抄平作业就是捣固车通过一套作业装置把钢轨抬至一定高度，以解决钢轨平面下沉的问题。对于纵平和横平，二者采用不同的检测方法，通过抄平传感器将钢轨的纵平或通过电子摆将所在点轨道的超高转换成电信号，并与辅助给定信号一起送入相应侧的起道伺服控制电路中。伺服控制电路在程序控制系统的协调控制下完成起道作业。

轨道线路经过一段时间运行后会因变形而影响运行。为此设计的捣固头下插和作业小车走行控制系统可以精确地控制捣固装置的下降、提升，与下降深度、捣固深度传感器构成闭环系统，在程序控制系统的严格控制下进行捣固作业，并与捣固装置的位置信号一起反馈到程序控制系统，供程序控制系统进行逻辑控制和联锁。捣固头下插控制系统电路根据左、右捣固深度传感器检测到的位置信号分别得出捣固头在上位、中位、下位的程序控制信号，再与深度给定电位器的给定信号进行运算，控制左、右捣固头下插比例阀实现捣固头下插到给定的深度，然后提起。作业小车走行控制系统的工作原理和控制方式与捣固头下插控制系统相同。其中，小车前行对应捣固头下降，小车后退对应捣固头提起，小车的后位、中位、前位的位置程序控制信号对应捣固头的上位、中位、下位位置信号，小车位置传感器对应捣固深度传感器。

前端输入控制系统实现拨道控制系统和起道抄平控制系统需要从前端得到的一些控制参数的输入和信号调整功能，主要调整基本起道量、前端偏移量和前端超高给定信号的输入和信号当量，同时具有 AGC 计算机和激光准直装置前端给定接口功能，使 AGC 计算机和激光准直装置能替代前端人工给定输入，实现自动给定输入。

程序控制系统实现捣固车的程序控制功能。该系统对电气控制系统各个子系统间的相互的逻辑关系进行协调控制，实现整车上所有操作联锁、安全联锁、动作时序等逻辑控制功能。该系统目前也是由普拉塞·陶依尔公司自行开发的专用程序控制平台，又称 P500 一位机系统。

2.3.3　线路测量系统

安装在捣固车上的线路测量系统用于实时测量线路的几何参数;为作业控制系统提供实测值。D08-32 型和 D09-32 型捣固车在作业前和作业后都必须对线路的几何形状参数进行测量,以便对作业过程进行控制,测量作业后的线路参数送入记录仪用于检查作业效果。抄平起拨道捣固车上装有下述传感器：捣固深度传感器、矢距传感器、电子摆、抄平传感器、测量轮、记录仪传感器。其中，捣固深度传感器是为测量捣固头作业深度而设置的传感器；矢距传感器是用于测量线路曲线的矢距的传感器；电子摆是用于检测左右钢轨高度差的传感器；抄平传感器是为测量轨道纵向水平而设计的传感器；测量轮是用来测量作业走行距离的，它带动两个距离测量传感器，其中一个传感器的输出送至 AGC 用于标定走行距离，另一个传感器的输出送至记录仪作为距离标记。

2.3.4　程序控制系统

构成捣固车作业控制系统的起拨道抄平、捣固、液压走行、液压制动五个子系统在每个作业周期内完成起拨道抄平、捣固、液压走行、液压制动等动作，这些动作并不是在同一时刻进行的，而是按一定的程序、一定的逻辑关系进行的，由程序控制系统来协调各部分的动作。机械的各种作业操作（如作业走行、捣固、拨道、制动、夯拍）都是在程序控制系统的指挥和安排下进行的。程序控制系统承担着捣固车整车的逻辑控制和逻辑联锁功能。程序控制系统的正常工作是各种作业操作顺利进行的基本条件。一旦程序控制系统出现问题，捣固车将不能进行任何作业。

综上所述，捣固车在具体的作业过程中，预先输入线路几何参数和补偿值修正数据，根据设定的公里标，依据测量系统，AGC 将计算出捣固车作业时对应的作业控制系统参数，经过 I/O 电路板转换为电信号后作为给定量输入作业控制系统中。

2.4　AGC 的硬件构成

捣固车上 AGC 系统的硬件构成如图 2-2 所示，采用稳定、可靠、成熟、通用的工控机技术完成操作界面管理和线路数据存储的任务。AGC 系统的硬件主要由工业计算机、存储设备、I/O 接口设备、以太网、工业键盘等组成。从硬件来看，AGC 是一台工控机，按工控机标准配置了基本硬件和专用的 I/O 板卡，使之能够完成普通计算机的人机界面输入和输出、与周边设备的数据交换和通信、对数字量和模拟量的采集处理和对数字量和模拟量的适配输出等。

图 2-2　AGC 系统硬件构成实物图

1. 工业计算机

由于捣固车作业处于野外，工作环境恶劣，气候条件变化较大，且作业运行状态时捣固车颠簸、摇动，长时间处于振动状态，AGC 系统安装在捣固车上，就必须适应各种恶劣的工作条件，使系统计算机在不稳定的、时常振动的捣固车内仍能正常工作。一般的计算机难以满足该种工作环境，为满足系统对硬件的较高要求，选择工业计算机。在工业计算机选型上可选购不同厂家的工业计算机，以利于捣固车制造企业的选择。由于缓和曲线的计算公式复杂，而且算法很多，对 AGC 的计算速度有较高的要求。此外，测量走行时，1mm 记录 1 个点，当捣固车以 24km/h 行进时，1h 就会记录 2.4×10^7 个点，而且每个点有左右超平量、电子摆角度、正矢和位置五个参数，也就是说，AGC 1s 要处理 3 万多个数据，并显示成图形形状，同时考虑软件的开发和兼容，AGC 系统采用主频为 433MHz 的工业计算机。

2. 存储设备

（1）当捣固车出现较大的振动时，硬盘的磁头由于捣固车的振动产生的惯性和地心引力而对盘片进行敲击，将会导致盘片的物理性损坏，轻则划坏盘片，重则毁坏磁头而使整个硬盘报废，导致 AGC 系统彻底崩溃；由于硬盘磁道的密度较大，磁道间的宽度只有 10^{-6} 英寸量级，若磁头寻道时发生振动，就会造成读、写故障，使 AGC 系统出现读、写错误，无法完成作业任务。

（2）捣固车在野外作业工作环境尘土较多，AGC 的运行环境含尘量较大；另外，野外作业湿度变化较大，硬盘作为一种电气元件，在系统运行时会吸附尘土到电路板的表面及电机外围，在潮湿的环境中工作会使绝缘电阻下降，这些问题将导致系统工作不稳定，硬盘电子器件容易损坏，使对灰尘敏感的传感器不能正常工作，从而使系统无法正常作业。

（3）硬盘的工作情况和使用寿命与环境温度有很大的关系，适宜的温度为20～25℃。环境温度的过高或过低都会使晶体振荡器的时钟主频发生改变，造成硬盘电气元件失灵，存储数据的磁介质也会由于温度过高导致的热胀而造成记录错误；环境温度过低，空气中的水分会凝结在硬盘的集成电路元件上，造成回路短路，导致硬盘硬件故障。

综上所述，为了保证捣固车野外作业时系统能够正常工作，不能选择常见的硬盘作为存储设备。闪存（compact flash，CF）卡的兼容性强，符合世界范围内通用的储存行业标准，重量轻、体积小，是一种固态产品，采用闪存稳定的存储技术，工作时没有运动部件，捣固车的振动工作环境对它的影响较小，故选择CF卡作为存储设备。考虑到捣固车上的AGC系统应完成的工作情况，选择4GB的高速CF卡作为AGC系统的存储设备。

3. 其他设备

在捣固车振动的环境中，普通的标准配置鼠标容易抖动而发生误操作，不适宜在捣固车上使用。

由于捣固车在野外作业，环境温度、湿度对系统影响较大。在选择键盘时，也必须考虑防潮，且必须固定在捣固车上。因此，选择带有鼠标触摸屏的键盘，且要将它固定在捣固车上。

在选择AGC系统的主机时，要充分考虑以下使用要求。

（1）需要USB接口支持，方便移动存储设备进行数据备份与恢复。

（2）需要串口与网络支持，方便AGC系统进行通信传输数据。

（3）需要支持CF卡作为主存储器，支持操作系统启动。

（4）为了方便使用软件的鼠标功能，选用带触摸屏显示器支持的CF卡为启动硬盘的工业计算机。

2.5　AGC的软件构成

捣固车AGC系统界面主要由三部分构成，分别是线型数据录入/编辑模块、运行状态模块和参数配置模块。在系统启动时调入预设的国家语言以确定界面外观的显示语言。每次更改语言都要重新启动程序。该系统的主要目的就是在捣固车作业时预先输入并存储线路几何数据和修正数据，根据公里标的位置，计算出捣固车作业当前位置的作业控制系统参数，并作为系统的给定量输入捣固车作业控制系统中。

1. 线型数据录入/编辑模块

线型数据录入/编辑模块用于作业人员输入铁路线路形状的定义数据，即线型录入数据。在线型数据录入/编辑模块中需要输入、编辑并存储线路几何数据和修正数据，为线路工作模块提供正确的线路数据，并在输入过程中对输入的数据进行语法检查，为线路工作模式下捣固车参数的正确性、安全性提供保障。若输入数据不符合规定的语法规则，立刻给出提示，但并不影响数据的继续编辑。在编辑数据的同时，应该通过图形实时表现数据的变化，使得工作人员能够通过图形直观地看到线路变化。因此，线型数据录入/编辑模块分为输入模块、输出模块。输入模块主要包括数据录入模块、数据编辑模块、数据语法检查模块等；输出模块包括数据存储模块、运算结果界面输出模块、图形显示和数据打印模块等。线型数据录入/编辑模块由表格和图形组成，表格用来输入、编辑铁路线路的原始数据，图形用来显示表格中的数据经过转换后得到的图形数据，表格和图形之间的数据是一一对应关系，无论是表格还是图形都能根据线路数据的实时变化情况而变化。

线型数据录入/编辑模块实现的主要难点如下。

（1）掌握并分析此系统需要的铁路线路知识，并把这些知识转换为计算机能够处理的语法规则。

（2）设计并实现灵活地处理不同线路的计算机二维图形编程。

2. 运行状态模块

运行状态模块用于显示作业运行的状态以及输出的作业参数。在运行状态模块中要能够根据线型数据录入/编辑模块中的数据计算出工作数据，并控制捣固车工作。要求能够根据捣固车在线路的实际位置，实时计算出该位置的理论工作参数，并把这些参数传递给捣固车作业控制系统，控制捣固车执行机构正确工作。

运行状态模块主要负责将线型数据录入/编辑模块处理好的数据计算获得作业控制系统参数，以控制作业控制系统正常作业。运行状态模块界面也主要由表格控件与图形控件组成，同时能够计算并显示捣固车工作时需要的各种参数值。表格控件仅仅显示线路数据而不能修改，图形控件虽然仍显示由表格控件中数据转换得来的图形数据，但是在工作模式下，图形中的游标随着捣固车的前进而前进，实时表现捣固车的实际工作位置，显示各种工作参数、同步点位置等。因此，在运行状态模块下，以图形控件为主，以表格控件为辅。运行状态模块最主要的功能是计算出线路工作时需要的各种参数值，并控制捣固车工作。运行状态模块主要实现数据运算功能。

运行状态模块实现的主要难点如下。

（1）计算机与捣固车通信的实现。

（2）捣固车工作时，计算机实时多任务管理与数据传送的实现。

3. 参数配置模块

参数配置模块用于修改配置数据、设定基本的工作参数和工作条件等参数信息。AGC 软件适用于 D09-32 型、D08-32 型捣固车，这些捣固车的几何尺寸和相关计算参数各不相同，系统就需要具有更改捣固车几何参数的模块，以扩大 AGC 系统的使用范围；同时，操作者还需对 AGC 系统的界面及系统的运算参数进行设定，以便于捣固车进行作业时使用。当使用 AGC 系统运行捣固作业时，首先就要选择捣固车的类型，以及与之匹配的捣固车参数。配置数据主要就是记录或存储不同捣固车的几何尺寸和参数值。在运行作业之前，就要根据捣固车的具体情况，在参数配置模块上预先设置和选择捣固车的基本参数。由于在输入数据界面和作业工作界面上都有几何数据的图形显示，需对图形中线条的颜色、大小，文字的颜色、大小，作业界面中字体大小、背景颜色、线型宽度等参数按照操作者的要求进行个性化配置，使操作者可以通过图形显示更好地了解线路情况。另外，在捣固车进行作业时，捣固车的测量系统使用三点法还是四点法，在捣固车参数配置时也需要进行选择。参数配置模块主要包括数据通信模块、参数设置模块、系统线程实时调度模块等。

因此，需在 AGC 系统中设置参数配置模块，以方便针对不同的捣固车进行参数配置和选择。在 AGC 系统设计中，通过严格的用户需求分析，要求对以下几种参数进行参数配置：

（1）基本参数；

（2）几何数据关键参数；

（3）图形显示参数；

（4）捣固车参数；

（5）工作参数；

（6）同步点。

在 AGC 系统参数配置模块的设计中主要涉及的关键技术如下：

（1）参数配置中数据与控件关联的实现；

（2）将参数数据序列化后以文件方式保存的实现。

AGC 系统软件设计中涉及三组数据：

（1）线型录入数据；

（2）线型计算数据；

（3）配置数据。

上述数据构成参数解算模块。参数解算模块依据线型数据，实时计算出捣固车作业参数，是 AGC 软件的重要组成部分。

当启动运行 AGC 系统时，中央处理器（central processing unit，CPU）经短暂的上电复位后，自动进入运行状态。从一确定的地址单元读出数据，送至程序计数器，CPU 就由此开始逐条执行存储器中的指令。存储器中的指令是按具体功能编制好的，即控制软件。这样，系统就开始按照软件程序规定的功能正常运行，根据操作者的操作完成一系列的功能。操作者可以选择各种方式的输入数据功能，预先输入线路的几何数据，CPU 将其保存在存储器中备用。操作者还可以选择显示功能，以查证输入的数据。当发现输入的数据有错时，可以以公里标为关键字重新选择输入功能。AGC 系统遇到第二次输入同公里标数据时提供修改删除的功能。一段线路的数据都输好后，可以选择距离模拟功能以实现仿真运行。当抄平起拨道捣固车开始工作时，选择开始工作功能，此时 AGC 系统自动采集测距脉冲以确定抄平起拨道捣固车的作业位置，同时实时地自动计算并输出控制信号，参与作业控制。

2.6 本 章 小 结

本章从捣固车的作业工作过程入手，对捣固车 AGC 系统要做的工作进行了系统的分析，设计了捣固车 AGC 系统的整体结构，将 AGC 系统的硬件设计成多个竞争厂商均可以提供的通用部件，确定了 AGC 系统的运行平台和软件构成，提出捣固车 AGC 系统的工作目标，设计了具有前瞻性的技术方案，使 AGC 系统能够适应快速发展的电子技术和软件技术。后面章节将着重介绍捣固车 AGC 技术中所设计的相关线性理论。

第3章　铁路线路作业参数计算的数学模型创建

铁路轨道的质量直接影响铁路运输的安全和效率。对铁路轨道进行拨道与起道、抄平作业的目的是消除轨道在使用中所产生的轨道方向、左右水平、前后高低的偏差，使轨道达到《铁路线路维修规则》所要求的尺寸。根据《铁路线路设计规范》(GB 50090—2006)，铁路线路的曲线类型和参数是有严格规定的。铁路设计规范及维修标准主要规定了铁路的宏观参数，铁路线路设计部门提供的也是宏观数据，宏观数据只是构成线路的每一段线型的长度、曲率半径、线路类型、上坡的坡度、左右轨的高差等理想数据，在修正铁路时，这些宏观数据是不能直接用于线路测量的。例如，一般线路的曲率半径为几百米到几千米，在捣固车上无法直接测量捣固车所在位置的曲率半径，作业机构也无法将铁路轨道直接修正到所需的曲率半径。要完成这一工作，就必须用一个与曲率半径有密切关联、能代替曲率半径，且能在捣固车上直接测量的值作为控制变量，通过间接的方法达到控制曲率半径等参数的目的。显然，需要的间接控制变量与线路的参数和捣固车上的测量系统有着复杂的关系，为保证捣固车能连续作业，AGC 系统就需要根据捣固车在铁路上位置的不断变化实时地将该位置的作业参数计算出来。设计 AGC 系统的目标就是必须满足《铁路线路设计规范》规定的轨道线路的作业要求，利用捣固车上配置的测量系统，通过 AGC 系统的计算，能够获得作业控制系统需要的一组正矢、超高、起道量等参数，指导作业控制系统完成相应的操作。

本章是 AGC 系统创建的关键。直线、圆、缓和曲线等线型依据《铁路线路设计规范》的要求构成我国铁路轨道的全部线型组合，要想获得铁路轨道线型的捣固修正数据，首先要将铁路轨道设计的线型数据输入 AGC 系统中，依据该理论数据和线型构成的情况，利用捣固车上的测量系统，实时计算修正轨道所需的各种参数值。目前国内铁路的线型构成情况、根据具体线路线型如何构造线路的计算方程、AGC 系统面对实时变化的线型线路如何获得正确的计算方程、AGC 系统根据测量结果如何获得作业控制系统所需的作业参数，这些问题均没有文献或资料提及，因此，构建铁路轨道线型数学模型就是完成整套 AGC 系统研究中其他问题研究的前提和基础。

综上所述，创建铁路轨道线型数学模型的意义体现在以下方面。

(1) 创建铁路轨道线型数学模型是作业控制系统所需解算作业参数的数学模型计算的基础。

(2) 满足我国全部轨道线型的需求，获得全部线型组合的数学模型。

(3) 创建 AGC 系统与捣固车测量系统间的关系；建立铁路轨道理论设计数据和测量系统实测值之间的关系。

(4) 基于线型的具体组合情况，获得正矢、超高、起道量的计算数学模型。

构成铁路线型的组合比较复杂，通常根据不同的应用场合，铁路线型采用不同的组合方式。捣固车作为轨道线型的维护设备，需要完成的工作就是使新建和旧线轨道能修正到铁路的原设计状态。捣固车执行机构所需的捣固数据完全取决于捣固车 AGC 系统计算输出的结果。由于国外厂商技术保密、国内企业无法获得核心技术，研究构建铁路轨道线型数学模型就是完成 AGC 系统整机设计研究的一大热点难点问题。

但是，设计构建铁路轨道线型数学模型并获得修正数据的计算方法本身就是一个极具挑战性的课题。

（1）铁轨是连续的，构成轨道线路的函数是不断变化的分段函数，捣固车自身也在铁轨上，如何实时了解线型的变化及相应测量参数的变化情况？AGC 系统如何确定实时变化的计算坐标系？

（2）捣固车自身具有一定的长度，捣固车配置的测量系统也具有一定的长度，当测量点处于不同的线型时，系统应该如何实时处理和计算？

（3）如何建立捣固车测量系统测量参数与铁路轨道线型数学模型之间的关系？

（4）依据捣固车测量系统，如何得到针对不同线型、不同位置参数的计算方法，进而创建作业控制系统所需的计算模型？

本章依据图 3-1 所示的思路研究我国目前构成铁路轨道线型的全部组合情况，运用

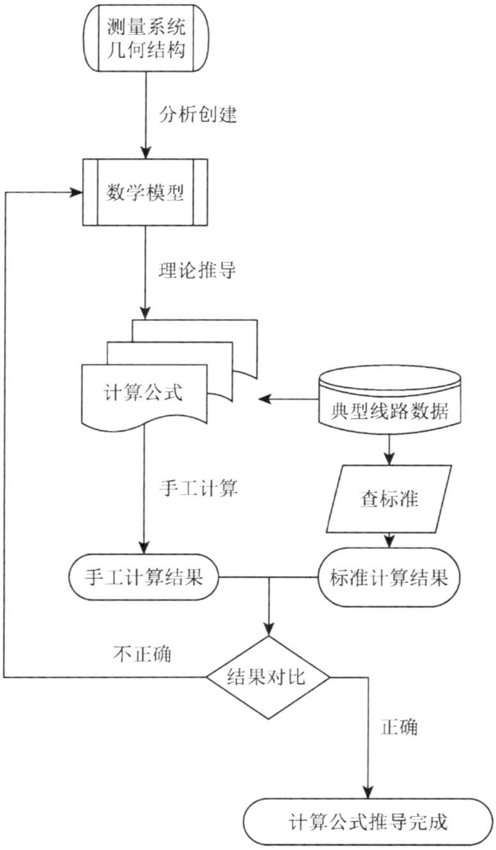

图 3-1　铁路线路数学模型的创建思路

数学分析原理和方法分析捣固车测量系统的构成和原理。在此基础上，分别建立针对目前正在生产的 D08-32 型和 D09-3X 型捣固车测量系统的铁路线路数学模型。该模型可以处理轨道线路可能出现的全部线路情况，获得对应不同线型线路的正矢、超高、抄平起道量等五种输出参数值的计算方法和公式，为作业控制系统执行作业操作提供了理论保障。此外，本章利用典型线路数据和 Mathematica 软件对这些计算方法进行正确性验证，通过测试结果保证计算方法的正确性。

3.1　铁路轨道概述

铁路轨道是捣固车的主要工作对象，而道床又是铁路轨道产生变形和误差的主要原因。由于道床是碎石组成的散粒体结构，轨道产生方向和水平偏差的主要原因就是在列车往复作用下道床产生残余变形。消除轨道的左右水平和前后高低偏差主要是通过调整道床来实现的。在线路维修中，捣固作业中轨道方向、左右水平、前后高低的好坏是衡量捣固车作业质量的主要依据。

轨道方向又称轨向。一条线路是由直线和曲线组成的，但是直线轨道并不是一条标准的直线，而是由许多曲折线段组成的，这种曲折线段一般人用肉眼看不出来。通常将轨道直线不直、曲线不圆顺称为轨道方向不良，即轨道方向有偏差。如果轨道方向不良超过规定的偏差，就会引起列车的蛇形运动，危害行车安全。在长轨地段，若轨道方向不良，高温季节就会引起胀轨跑道。

轨道左右水平又称线路横向水平。为了使两股钢轨均匀承担负荷，并保证车辆平稳行驶，《铁路线路维修规则》规定：线路两股钢轨顶面，在直线地段，应保持同一水平；曲线地段外股的超高度，双线不得超过 150mm，单线不得超过 125mm。两股钢轨的水平误差变化不能太大，在 1m 的距离内其变化不能超过 1mm，否则即使两股钢轨的水平误差没有超过允许值，也将会引起车辆剧烈运动。使轨道在水平面内向左或向右进行拨动，称为拨道作业。其目的是消除线路方向偏差，使曲线圆顺、直线直。

轨道前后高低又称线路纵向水平。水平指两股钢轨顶面横向同一位置的高度差。高低指一股钢轨顶面纵向的平顺度。轨道的这种较长的不平顺主要是路基沉陷、捣固不良造成的。轨道前后高低不平对行车安全危害甚大。列车通过此处，冲击动力增加，使道床变形加剧，从而进一步扩大不平顺，使机车车辆对轨道的破坏力增大，造成恶性循环。

线路水平包括线路横向水平和线路纵向水平。纵向水平检测装置和横向水平检测装置同时进行测量，起道量要考虑横向水平和纵向水平的偏差，使起道作业后的线路轨道的前、后、左、右都处于同一平面内，符合《铁路线路维修规则》的要求。通常将这一作业过程称为起道抄平作业。

3.1.1　铁路曲线的线型

任何铁路线路都是由直线和不同线型的曲线连接起来的。线路曲线有平面曲线和直线之分，平面曲线又可分为圆曲线和缓和曲线两类。

1. 圆曲线

曲率不变的曲线称为圆曲线。圆曲线有单心圆曲线、复心圆曲线、反向圆曲线等。只有一个圆心的圆曲线称为单心圆曲线；由两个不同半径和不同圆心的圆曲线组成的曲线称为复心圆曲线；有两个圆心在曲线两侧的圆曲线组成的曲线称为反向圆曲线。在地形条件复杂的地段，两个圆曲线之间用较短的直线或缓和曲线相连接的曲线称为两相邻曲线。列车在圆曲线上运行时会产生离心力，这样会使外股钢轨承受较大的压力，乘坐舒适性降低，同时影响行车安全。为此，需要把轨道外股钢轨抬高，即要设置超高，使运行的列车体向内倾斜，以平衡离心力。超高值是根据圆曲线的半径、行车速度，按有关的规定计算确定的。另外，行驶中的列车进入圆曲线轨道时，由于惯性力的作用，仍然力图保持其原来的行驶方向，当受到外股钢轨的引导作用时才能沿着曲线行驶。

2. 缓和曲线

列车在圆曲线上行驶时，产生的离心力等在列车进入直线或者列车从直线进入圆曲线时不应该突然消失或出现，以免行车不稳、发生振动。可见，圆曲线和直线的连接是不理想的，不能满足行车要求。另外，圆曲线上有外股钢轨超高和轨距加宽，而直线上没有，如果直线和圆曲线直接连接，没有过渡段，也是不合理的。为此，在直线和圆曲线之间插入一段曲率变化的曲线过渡，以缓和列车在圆曲线上产生的离心力等。这段直线和圆曲线之间的过渡曲线称为缓和曲线。通常，直线和圆曲线之间有缓和曲线连接的曲线称为有缓和曲线的圆曲线；反之，直线和圆曲线之间无缓和曲线连接的曲线称为无缓和曲线的圆曲线，又称为切线型圆曲线，如道岔附带曲线。缓和曲线是变曲率的曲线，它的始点与直线相切，称为直缓点；终点与圆曲线相切，称为缓圆点。若以直线的延长方向为直角坐标 X 轴，则缓和曲线在直角坐标系内应具有以下特征。

（1）在缓和曲线的始点，曲线的纵坐标 $Y=0$；曲线的倾斜角 $\varphi=0$；曲率半径 $\rho=\infty$。

（2）在缓和曲线的终点，曲线的曲率半径 $\rho=r$。

圆曲线上的外轨超高值应在整个缓和曲线内顺完，顺坡度一般应不大于 $1/9V_{\max}$，其中 $V_{\max}$ 为列车正常行驶时的最大速度；若缓和曲线长度不足，顺坡可延伸至直线上；若无缓和曲线，则在直线上顺坡。在直线上顺坡的超高，有缓和曲线时不大于 15mm，无缓和曲线时不大于 25mm。复心圆曲线的两超高不相等时，应在正矢递减范围内从较大超高向较小超高顺坡。按照超高顺坡的线型，缓和曲线可分为直线型顺坡缓和曲线与曲线型顺坡缓和曲线。目前，我国铁路一般采用直线型顺坡缓和曲线。为了便于曲线养护，通常把曲线要素写在曲线标志牌上。表 3-1 为中英文曲线要素代号对照表。轨道在使用过程中，曲线要素会发生变化，可能存在实际曲线要素数据与曲线标志牌上的数据不符的情况。因此，在进行拨道作业前要测量实际的曲线要素数据，将其提供给捣固车操作者，并且按照规定将曲线要素写在轨枕上，便于捣固车操作者及时掌握数据。

表 3-1　中英文曲线要素代号对照表

中国代号	英文代号	代号意义	中国代号	英文代号	代号意义
ZH	BTC	前缓和曲线始点	HY	EIT	复心圆曲线的缓圆点
HZ	ETC	后缓和曲线始点	L	TCL	缓和曲线长
HY	BCC	前缓和曲线终点	T	TL	切线长
YH	ECC	后缓和曲线终点	LY	CCL	圆曲线长
YY	BW	两圆曲线的交点	Lc	CL	曲线长
YZ	BE	圆曲线与直线的交点		TC	缓和曲线
ZY	BA	直线与圆曲线的交点		CC	圆曲线
	BVC	纵曲线始点	R	R	曲线半径
	EVC	纵曲线终点	O	O	中心
YH	BIT	复心圆曲线的圆缓点	C	U	曲线外股超高

3. 直线

在轨道纵断面，若各坡段直接连接，则是一条直线。列车通过变坡点时产生的车辆振动和局部加速度将使乘客不舒适；当相邻车辆的连接处于变坡点时，车钩要上下错动，若超过允许值就可能发生脱钩。因此，轨道必须在变坡点用直线把折线平顺地连接起来，以保证行车安全和平稳。

3.1.2　单弦法整正曲线的基本原理

铁路曲线半径都是很大的，现场无法用实测半径的方法来检查曲线的圆顺。通常利用曲线半径、弦长、正矢之间的几何关系，用一定长度的弦线测量曲线正矢的方法，来检查线路曲线的圆顺。人工用这种方法来检查整正曲线的圆顺，称为绳正法。捣固车上线路方向的检测就是运用绳正法曲线检测的基本原理，用电液位置伺服系统自动整正线路方向，达到整正曲线的目的。

1. 曲线半径、弦长与正矢之间的关系

如图 3-2 所示，在圆曲线上两点之间连一条直线 BD，这条直线称为弦，弦上任一点到曲线上的垂直距离称为矢距，在弦中央点 M 的矢距称为正矢。图 3-2 中三角形$\triangle DMO$为直角三角形。根据勾股定理，得

$$r^2=\left(\frac{l}{2}\right)^2+(r-H)^2=\left(\frac{l}{2}\right)^2+r^2-2rH+H^2 \tag{3-1}$$

则 $2rH=\left(\frac{l}{2}\right)^2+H^2$。

式中，r 为圆曲线的半径（m）；l 为弦长（m）；H 为正矢（mm）。

由于铁路线路曲线半径很大，H^2 不及 r 的万分之一，故 H^2 可忽略不计，式（3-1）可写为

$$H = \frac{\left(\frac{l}{2}\right)^2}{2r} \tag{3-2}$$

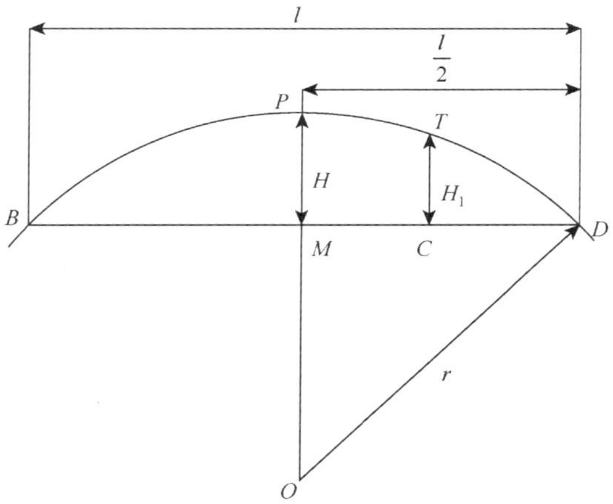

图 3-2　曲线半径、弦长与正矢的关系

由式（3-2）可看出，在圆曲线检测中，正矢 H 与圆曲线半径 r 成反比，且呈线性关系，而与弦长 l 的平方成正比，如果用一定长度的弦线把圆曲线分成若干弧段，则每个弧段的正矢必然相等。

2. 曲线整正的基本原理

如图 3-3 所示，当拨动曲线上任何一点时，不仅本点的正矢发生变化，前后相邻两点的正矢也将发生变化。图 3-3 中用虚线表示整正前的曲线位置，实线表示拨动后的曲线位置。当曲线上任一点 A 向外拨动 e，而保持其他各点不动时，在 A 点正矢增加 e 的同时，前后相邻两点的正矢相应地减少 $e/2$。同理，B、C 两点分别向外拨动 e_b 和 e_c 时，A 点的正矢也将相应地减少 $e_b + e_c$。因此，曲线拨动时，正矢增减一个拨距，必然使相邻两点的正矢相应增减半个拨距以保持平衡。不论曲线如何拨动，正矢之和始终不变。

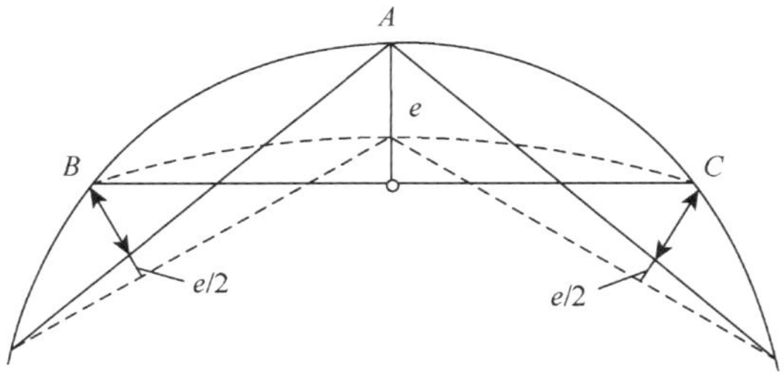

图 3-3　曲线整正

在进行实际拨道作业时，如果拨动量较大，应先进行荒拨，压除曲线两端的反弯；拨直曲线两端的直线方向，再进行曲线整正作业，就可以保证曲线整正前后曲线始点和终点的位置不变，也就可以保证曲线两端切线不发生平移。

3.2　线路方向的偏差检测及整正原理

在铁路线路的新线建设、旧线大修清筛和运营线路的维修作业中，捣固车对轨道进行起拨道抄平、石碴捣固及道床肩部石碴的夯实作业都是在设置参数和通过 AGC 针对轨道线型进行作业参数计算后自动完成的，因此，捣固车的整套控制系统非常复杂。其中，捣固车 AGC 系统就是捣固车控制系统的核心。它的主要功能就是根据预先输入的轨道线路的理论形状数据以及作业时的工艺需求，包括公里标、曲线半径、超高、基本起道量、坡度等数据，解算出作业控制系统在进行作业时所需的作业数据，如捣固车拨道、起道、抄平作业时所要参与控制的各参量，作为作业控制系统的给定输入，替代复杂且烦琐的人工给定输入，以实现捣固车的自动作业，提高捣固车的作业效率。如何利用测量系统，根据起拨道抄平等的实现原理，使 AGC 系统根据不同线型的数学模型实时完成不同系统所需的作业参数数据的解算，就成为解决问题的关键所在。在完成设计之前，必须了解拨道系统、起道抄平系统的实现原理，利用测量系统，使 AGC 系统完美地与之匹配，并更好地为作业控制系统服务。

捣固车拨道系统自动控制系统框图如图 3-4 所示。

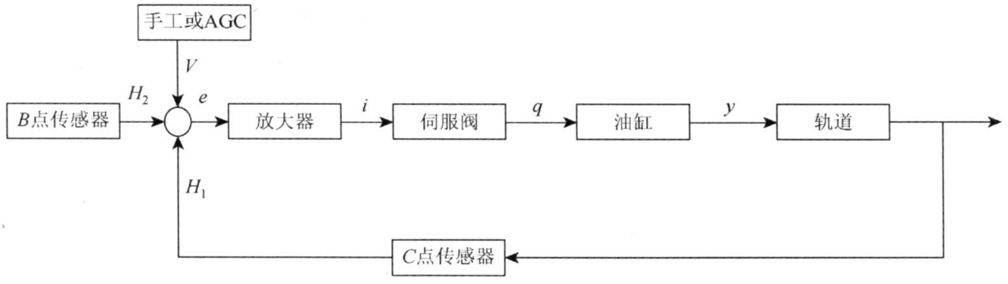

图 3-4　捣固车拨道系统自动控制系统框图

捣固车拨道系统是一个典型的比例-积分-微分控制器（proportion-integral-derivative，PID）自动调节闭环电液位置伺服系统。四点法检测拨道时，H_2 作为输入，H_1 作为反馈，自动完成直线和圆曲线的拨道作业。但如前所述，在缓和曲线和线型变更点处，还需要对拨道量进行修正，修正值由手工或 AGC 输入。三点法检测拨道时，H_2 不使用（相当于为零），手工或 AGC 给定理论正矢作为输入，H_1 作为反馈，经比较后完成拨道作业。

利用捣固车使线路轨道在水平面内向左或向右进行拨道，其目的是消除线路方向偏差，使曲线圆顺、直线直。捣固车进行拨道作业时，拨道量的大小及方向是由安装在捣固车上的线路方向偏差检测装置测出的，经过电液伺服控制的拨道机构自动地进行拨道作业，在直线和圆曲线地段不需要人工参与。捣固车采用单弦检测系统来实现线路方向偏差检测。具体应用时又分为三点法、四点法和激光矫直三种检测方法，三者的检测原理不同，但它们均属于单弦检测系统。下面就以三点法、四点法为例，详细分析其检测原理和方法。

3.2.1　单弦检测系统中的三点法检测原理

三点法弦线系统由一根弦线和四个点构成，如图 3-5 所示。

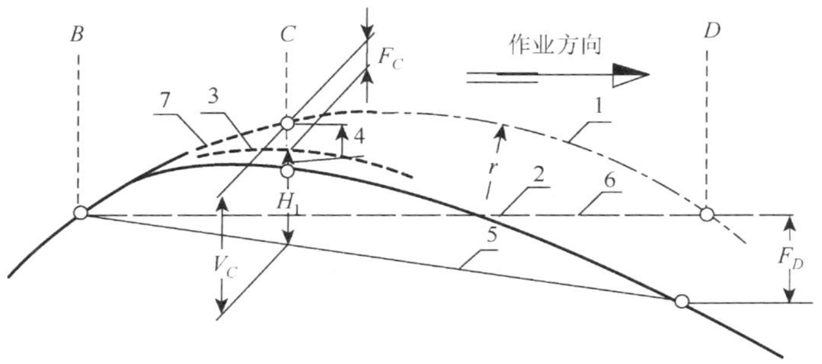

图 3-5　三点法弦线系统构成

1-理想线路；2-拨道前线路；3-无前端偏差输入时拨道后的线路；4-拨道量；5-拨道弦实际位置；6-拨道弦理论位置；7-有前端偏差输入时拨道后的线路

如图 3-5 所示，三点法的检测原理是根据 C 点的理论正矢 H_1 来控制 C 点的拨道位置，将 C 点正矢误差减少至 $1/n_3$；在预先给定前端 D 点偏移 F_D 后消除 C 点的正矢误差。通过装在 B 点小车上的弦线固定器使弦线在 B 点固定，取消检测点 A，弦长缩短了 AB 段，弦长为 15.8m。接通三点法检测电气开关，切断 B 点矢距传感器的电信号，这时仅有 C 点矢距传感器工作。这种检测方法有三个检测点，称为三点法检测。三点法检测是以检测直线为基础的，在直线上进行方向检测时，矢距传感器测出的矢距信号 H_1 就是 C 点的实际线路方向偏差。而在圆曲线上进行方向检测时，当 B、C、D 点处于正确的圆曲线上时，矢距传感器输出的信号 H_1 就是圆曲线在 C 点的矢距。如果这时不对拨道信号进行修正，H_1 就作为偏差信号进行拨道，就会把圆曲线拨成直线，曲线的整正就无法进行了。因此，三点法检测拨道时，需要使用手动或 AGC 自动输入相应的圆曲线在 C 点的理论矢距值 V_C，用圆曲线在 C 点的理论矢距值 V_C 与实测的矢距值 H_1 进行比较，得出该点线路方向的实际偏差信号，来控制拨道装置使轨道移动，直到 H_1 等于 V_C 时，拨道停止。理论矢距值就是计算矢距值，由式（3-3）求出。

$$V_C = \frac{\overline{BC} \times \overline{CD}}{2r} = H_1 + F_C$$

$$F_C = \frac{F_D}{n_3}; n_3 = \frac{\overline{BD}}{\overline{BC}} \approx 3.1 \tag{3-3}$$

一旦弦线系统给定，H_1 仅与 r 有关。可见，对一条给定的圆曲线，H_1 是定值，称为理论矢距。捣固车对圆曲线作业时，已经作业过的 B 点在已经整正过的圆曲线上，假设未经整正的 D 点也在圆曲线上，则拨道作业过程就是把 C 点拨到满足式（3-3），或者说

把 C 点矢距拨至与给定的理论矢距相等的位置上，此时，B、C、D 三点就在同一圆曲线上。当 r 为无穷大时，圆曲线就变成了直线，此时，$H_1 = 0$。

3.2.2　单弦检测系统中的四点法检测原理

四点法检测以检测圆曲线的方法为基础，有四个检测点，A、B、C、D 点分别是捣固车的测量小车对应的 4 个测量点，如图 3-6 所示。A、B、C、D 点都在圆曲线上，根据拨道后 B 点的正确正矢（弧上的点到弦的垂直距离）H_2 与拨道点 C 点正矢 H_1 的固定比例关系 i（约 1.33m）来控制 C 点的拨道位置，将 C 点正矢误差减少到原来的 $1/n_4$；在预先给定前端 D 点偏移 F_D 后消除 C 点的正矢误差。

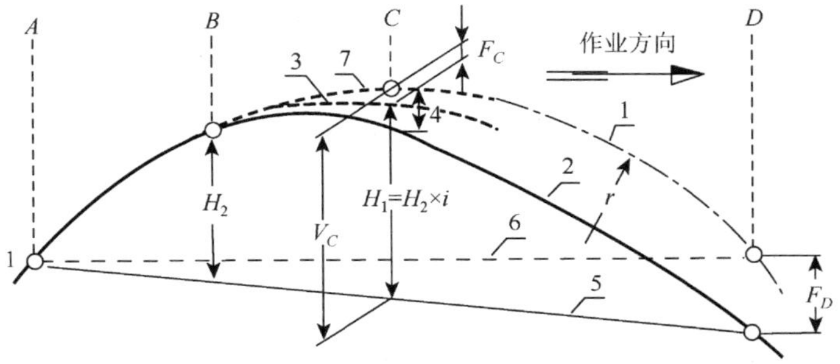

图 3-6　四点法检测原理

1-理想线路；2-拨道前线路；3-无前端偏差输入时拨道后的线路；4-拨道量；5-拨道弦实际位置；6-拨道弦理论位置；7-有前端偏差输入时拨道后的线路

由前可知：

$$H_1 \approx \frac{\overline{AC} \times \overline{CD}}{2r} = \frac{(l_1 + l_2) \times l_3}{2r}$$
$$H_2 \approx \frac{\overline{AB} \times \overline{BD}}{2r} = \frac{l_1 \times (l_2 + l_3)}{2r} \tag{3-4}$$

消除 r 后得

$$\frac{H_1}{H_2} \approx \frac{\overline{AC} \times \overline{CD}}{\overline{AB} \times \overline{BD}} = \frac{(l_1 + l_2) \times l_3}{l_1 \times (l_2 + l_3)} = K_b \tag{3-5}$$

式中，$K_b \approx 1.33 = i$。

一旦弦线系统给定，各检测点之间的距离是一定的，所以 K_b 为常数，称为 B 点偏离对 C 点的影响系数，得

$$H_1 = H_2 \cdot K_b = H_2 \cdot i; \qquad n_4 = \frac{\overline{AD} \times \overline{BD}}{\overline{AC} \times \overline{BC}} \approx 6.1 \tag{3-6}$$

$$V_C = H_1 + F_C; \qquad F_C = \frac{F_D}{n_4} \tag{3-7}$$

只要 A、B、C、D 点都在圆曲线上，式（3-6）和式（3-7）总是成立的。捣固车对圆

曲线作业时，已经作业过的 A、B 点在已整正的圆曲线上，假设未经作业的 D 点也在圆曲线上（实际可能不在圆曲线上，后面讨论），则拨道作业过程就是把 C 点拨到满足式（3-6）和式（3-7），即四点在同一个圆曲线上。可见，四点法检测拨道系统不需要系统外任何输入（或输入为零）就可做圆曲线，实质上是一个做圆的装置。当半径无穷大时，圆曲线变成直线，所以四点法检测原理对直线也适用。当线路方向有偏差时，式（3-6）不成立，则有线路方向偏差信号，电液伺服阀有液压信号输出，拨道油缸动作，使轨道移动，直到式（3-6）成立，拨道信号为零时，拨道动作停止。直线被认为是半径无穷大的圆曲线，所以在直线上检测拨道时同圆曲线一样处理。

3.2.3　线路方向整正后的残留偏差分析

在推导拨道线路计算数学模型时，假设 A、B、D 点在同一理论圆曲线上，C 点的线路方向偏差会完全被检测出来。但是在实际拨道作业时，A、B 点在已整正的理论圆曲线上，而 D 点在未整正的曲线上。因此，C 点检测出的方向偏差就不是 C 点线路相对于理论圆曲线实际存在的方向偏差，还包含 D 点偏差的影响，整正后的线路方向仍有一定的方向偏差残留，简称残留偏差。

1. 四点法检测残留偏差分析

四点法检测拨道作业时，A、B 点检测小车行走在已经整正的轨道线路上，D 点检测小车行走在未整正的线路上，如图 3-7 所示。

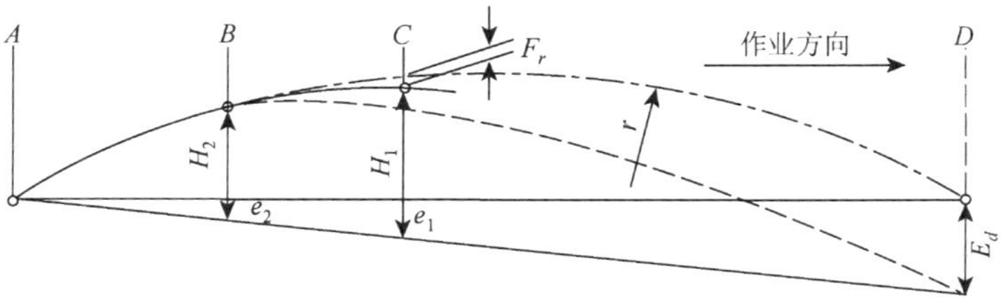

图 3-7　四点法检测的残留偏差

图中实线为实际拨道作业后曲线位置，点划线为希望拨到的理论圆曲线位置，虚线为作业前的曲线位置。当 D 点处线路有方向偏差 E_d 时，拨道作业只能把轨道拨至实线 C 点的位置，仍有方向偏差 F_r 不能消除。残留偏差 F_r 根据式（3-6）求出。由图 3-7 可知，

$$\begin{aligned} F_r + (H_2 \times K_b - e_1) &= (H_2 - e_2) \times K_b \\ F_r &= (H_2 - e_2) \times K_b - H_2 \times K_b + e_1 \end{aligned} \tag{3-8}$$

式中，$e_1 = \dfrac{l_1 + l_2}{l} \times E_d$，$e_2 = \dfrac{l_1}{l} \times E_d$。

从而得

$$F_r = \frac{(l_1 + l_2) \times l_2}{(l_2 + l_3) \times l} \times E_d \tag{3-9}$$

令 $K_d = \dfrac{(l_1 + l_2) \times l_2}{(l_2 + l_3) \times l}$，称 K_d 为 D 点偏离对 C 点矢距的影响系数。

令 $n = \dfrac{1}{K_d}$，称 n 为四点法检测拨道的线路方向偏差残留系数，则 $F_r = K_d \times E_d$ 或

$$F_r = \frac{1}{n} \times E_d \tag{3-10}$$

也就是说，采用四点法检测拨道后线路方向偏差仍有原偏差的 $1/n$ 残留下来，不能消除。以 D08-32 型捣固车为例，采用四点法检测系统，对应的参数如下：

$$K_d = \frac{l_2 \times (l_1 + l_2)}{l \times (l_2 + l_3)} = \frac{5.185 \times (5.315 + 5.185)}{21.1 \times (5.185 + 10.6)} \approx 0.163$$

$$n = \frac{1}{K_d} = \frac{1}{0.163} = 6.13 \approx 6.1$$

这说明 D08-32 型捣固车采用四点法检测拨道后线路方向偏差有 0.163 残留下来，不能消除。

2. 三点法检测残留偏差分析

采用三点法检测拨道时，如图 3-8 所示，实线为实际拨道作业后的曲线位置，点划线为希望拨到的理论圆曲线的位置，虚线为作业前的曲线位置。当 D 点处线路有方向偏差 E_d 时，拨道作业只能把轨道拨到实线 C 点位置，仍有方向偏差 F'_r 不能消除。由图 3-8 可知，

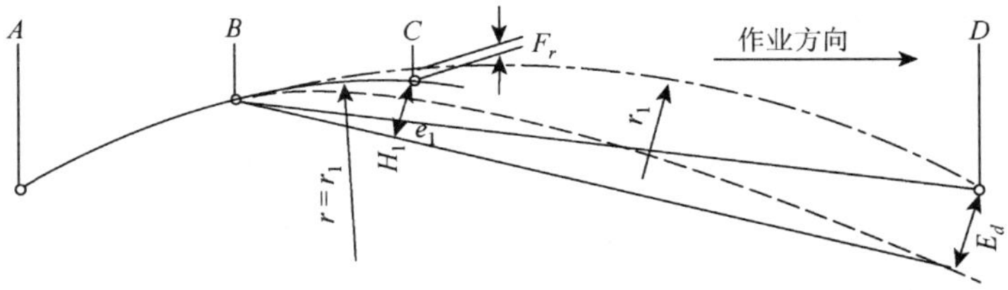

图 3-8　三点法检测的残留偏差

$$F'_r + H_1 - e_1 = H_1 \tag{3-11}$$

式中，$e_1 = \dfrac{l_2}{l_2 + l_3} \times E_d$

从而得

$$F'_r = e_1 = \frac{l_2}{l_2 + l_3} \times E_d \tag{3-12}$$

令 $K'_d = \dfrac{l_2}{l_2 + l_3}$，称 K'_d 为 D 点偏离对 C 点矢距的影响系数。

令 $n' = \dfrac{1}{K'_d}$，称 n' 为三点法检测拨道的线路方向偏差残留系数，则 $F'_r = K'_d \times E_d$ 或

$$F'_r = \frac{1}{n'} \times E_d \tag{3-13}$$

也就是说，采用三点法检测拨道后线路方向偏差仍有原偏差的 $1/n'$残留下来，不能消除。以 D08-32 型捣固车为例，采用三点法检测系统，对应的参数如下：

$$K'_d = \frac{l_2}{l_2 + l_3} = \frac{5.185}{5.185 + 10.6} \approx 0.3285$$

$$n' = \frac{1}{K'_d} \approx 3.04$$

由此可见，利用三点法检测拨道时的线路方向偏差残留系数为 3.04，说明 D08-32 型捣固车采用三点法检测拨道后线路方向偏差有 0.3284 残留下来，不能消除。比较四点法检测拨道和三点法检测拨道时的线路方向偏差可以看出，三点法检测拨道时的线路方向偏差残留值大。

3. 近似法与精确法

通过四点法和三点法误差分析可以看出，不论是三点法检测拨道作业还是四点法检测拨道作业，由于 D 点可能存在偏差，作业后只能达到线路基本圆顺，不能完全消除线路的方向偏差，整正作业后线路仍存在一定的方向偏差，故称为近似法拨道作业。为了减少残留方向偏差，提高拨道作业质量，在拨道量较大的地段，一次最大拨道量不要超过允许的拨道量值。

为了完全消除线路的方向偏差，使轨道恢复到原有的几何位置，可以在拨道作业前对线路方向进行测量，间隔一定距离（一般为 2.5m）把实测线路方向偏差写在轨枕上，拨道作业时由前操作员手工把这些值输入拨道系统，使检测弦 D 点相应移动 E_d 距离，补偿 D 点存在的偏差量，可以完全消除 D 点偏差对 C 点的影响，实现精确拨道，称这种拨道作业为精确法拨道作业。

虽然精确法拨道作业可以完全消除线路方向偏差，但是作业前的测量工作烦琐，实践中多采用近似法拨道作业。此外，多采用多遍作业的方式来提高近似法拨道作业的效果和质量。

3.3　修正值计算原理

三点法、四点法都以圆曲线为研究对象，且仅适用于弦线总长处于同一线型曲线、曲率半径一定的圆曲线。当弦线在曲率半径变化的缓和曲线或线型变更点处时，不能简单地使用上述的检测拨道原理，就需要按不同的线型对拨道量进行修正。为了更好地实现修正值的计算，首先就要创建不同线型下拨道的数学模型。对三点法、四点法检测原理而言，修正就是根据作业方向，以各检测点所处位置的轨道线型，计算出各检测点理论偏离圆曲线的大小对 C 点的影响值，对实测出的拨道量进行修正。在捣固车上，有两种方法完成拨道修正：一种是把各种线型的修正值逐点计算出来并列表，作业时由操作者查表，将修正值输入拨道控制电路；另一种是由 AGC 系统计算出不同线型的修正值，并输入拨道控制电路。不论是哪一种方法对轨道进行修正，都要有修正值的计算公式。AGC 系统就是将各种线型的方程编成程序，只要在系统界面输入线路曲线要素，即可计算出所需的拨道修正值。为了解决各种线型检测拨道时修正值计算的问题，首先必须建立拨道过程的数学模型。

3.3.1　三点法检测拨道数学模型

分析三点法检测拨道的原理，具有以下的基本规律：

（1）D 点在未整正的曲线上；

（2）C 点是将要拨道的点；

（3）B 点在已整正的曲线上；

（4）各检测点间的距离固定（弦线系统固定）。

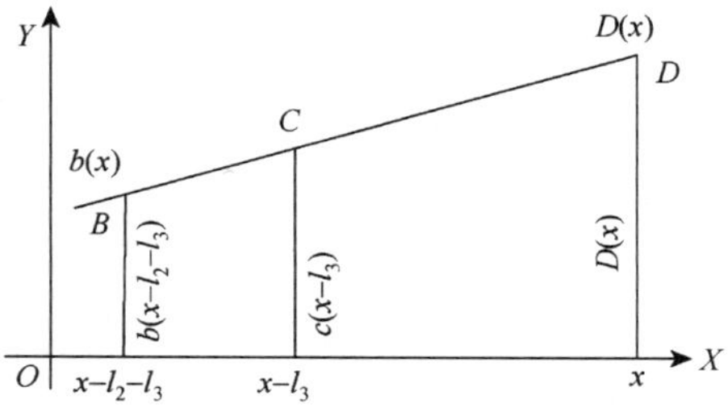

图 3-9　三点法检测拨道原理

如图 3-9 所示，在同一坐标系统中：D 点在未整正的线路函数 $D(x)$上，设 D 点横坐标为 x，则纵坐标为 $D(x)$；C 点是拨道点，则 C 点的横坐标为 $x-l_3$，纵坐标为 $c(x-l_3)$；设已整正的线路函数为 $b(x)$，B 点的横坐标为 $x-l_2-l_3$，纵坐标为 $b(x-l_2-l_3)$，其中弦长 $l=l_2+l_3$。

由于三点法的本质是把中间点拨到前后两点的连线上，C 点最终拨至 B、D 点的连线上，有

$$c(x-l_3)=[D(x)-b(x-l_2-l_3)]\times\frac{l_2}{l_2+l_3}+b(x-l_2-l_3) \tag{3-14}$$

整理后得

$$D(x)=c(x-l_3)\times\frac{1}{K_d'}-b(x-l_2-l_3)\times\frac{K_b'}{K_d'} \tag{3-15}$$

$$K_b'=\frac{l_3}{l_2+l_3},\quad K_d'=\frac{l_2}{l_2+l_3}$$

以上就是三点法拨道的数学通用方程。可见，三点法拨道过程是以拨道前线型 $D(x)$和已拨道线型 $b(x)$来求拨道点线型 $c(x)$，使 $c(x)$点在 $D(x)$与 $b(x)$的连接直线上。不论哪种线路方向偏差检验及拨道装置，只要拨道作业过程符合上述四条基本规律，拨道过程的数学模型都适用，只是各项常数不同而已。由于未整正作业的 D 点可能不在理论线型上，按此拨道数学模型计算后的拨道结果与理论曲线可能存在残留误差。

3.3.2　三点法修正值计算数学模型

对三点法而言，修正就是根据作业方向，计算出各检测点轨道线型相对于理论线型的偏离量引起 C 点的偏离量，对实际线型进行修正。可见，三点法修正值与四点法修正值的意义不同，三点法修正值就是 C 点曲线的矢距值。

直线没有矢距，以曲线为对象建立三点法修正值计算数学模型。B 点在已整正的曲线 $b(x)$上；C 点为拨道点；D 点由 B、C 点的连线与弦线系统决定，设在曲线 $D(x)$上；D'点

在曲线 $d(x)$上；拨道目标曲线为 $c(x)$。如果拨道时不在 C 点对拨道系统进行修正，则 C 点拨道结果为在 B、C 的连接直线上，即曲线被拨成直线。因此，为拨出所需的曲线 $c(x)$，必须对直线进行修正，修正量为 D 点线型偏离量 E_d对 C 点的影响。如图 3-10 所示，可得如下正矢计算方程：

$$\begin{aligned} &E_d = d(x) - D(x) \\ &V_{3P} = H = E_d \times K_d' = [d(x) - D(x)] \times K_d' \end{aligned} \tag{3-16}$$

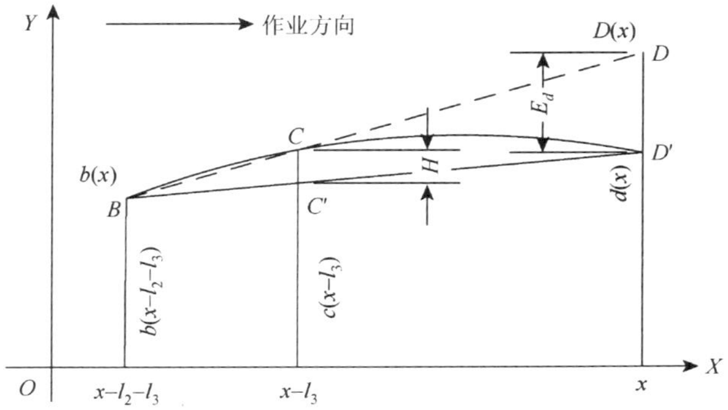

图 3-10　三点法修正值计算数学模型

将拨道过程方程代入式（3-16），可得三点法检测拨道通用修正值计算数学模型为

$$V_{3P} = H = K_d' \times d(x) - c(x - l_3) + K_b' \times b(x - l_2 - l_3) \tag{3-17}$$

且有各项系数代数和为 0，即

$$K_d' - 1 + K_b' = 0$$

要求得不同线型修正值的计算方程，只要把各点的线型方程式代入通用修正值计算数学模型即可。进一步地，要求各点的修正值，将该点的里程坐标代入该点的方程即可。

3.3.3　四点法检测拨道数学模型

分析四点法检测拨道原理，具有以下基本规律：

（1）D 点在未整正的曲线上；

（2）C 点是将要拨道的点；

（3）A、B 两点在已整正的曲线上；

（4）各检测点间的距离固定（弦线系统固定）。

如图 3-11 所示，仍以圆曲线为研究对象，设其函数为 $f(x)$，则 A、B 点是 $f(x)$上的点，C 点是要最终拨到 $f(x)$上的点；D 点则可能不在 $f(x)$上，设其在函数 $F(x)$上；若 D 点的横坐标为 x，则纵坐标为 $F(x)$；依据四点法检测系统，C 点的横坐标为 $x - l_3$，纵坐标为 $f(x - l_3)$；B 点横坐标为 $x - l_2 - l_3$，纵坐标为 $f(x - l_2 - l_3)$；A 点横坐标为 $x - l$，纵坐标为 $f(x - l)$；其中弦长 $l = l_1 + l_2 + l_3$。由此可得

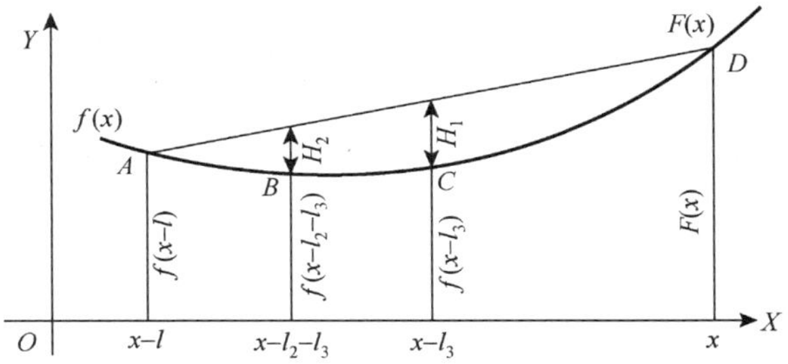

图 3-11　四点法检测拨道原理

$$H_1=f(x-l)+[F(x)-f(x-l)]\times\frac{l_1+l_2}{l}-f(x-l_3) \tag{3-18}$$

$$H_2=f(x-l)+[F(x)-f(x-l)]\times\frac{l_1}{l}-f(x-l_2-l_3) \tag{3-19}$$

假设 $H_1=H_2\times K_b$ 成立，此时相当于由 A、B、D 三点确定了一个圆，拨道过程就是把 C 点拨至此圆上。将式（3-18）和式（3-19）代入 $H_1=H_2\times K_b$ 整理后得

$$F(x)=f(x-l)\times\frac{K_a}{K_d}-f(x-l_2-l_3)\times\frac{K_b}{K_d}+f(x-l_3)\times\frac{1}{K_d} \tag{3-20}$$

$$K_a=\frac{l_2\times l_3}{l_1\times l},\qquad K_b=\frac{(l_1+l_2)\times l_3}{(l_2+l_3)\times l_1},\qquad K_d=\frac{(l_1+l_2)\times l_2}{(l_2+l_3)\times l}$$

式（3-20）就是四点法检测方式求解拨道的通用数学方程，即拨道过程是以拨道前线型 $F(x)$来求拨道后的线型 $f(x)$。不论采用哪种线路方向偏差检测及拨道装置，只要拨道作业过程符合上述四条基本规律，拨道过程的数学模型就都适用，只是对应的各项常数不同。$H_1=H_2\times K_b$ 成立的条件是假设 D 点在理论圆曲线上，实际上 D 点可能不在理论圆曲线上，因此按此拨道数学模型计算后的拨道结果与理论圆曲线可能存在残留误差。

3.3.4　四点法修正值计算数学模型

对四点法而言，修正就是根据作业方向，以各检测点所处位置的轨道线型，计算出各检测点轨道线型相对于理论圆曲线线型的偏离量对 C 点的影响值，对实测出的拨道量进行修正。不论采用哪种方式进行修正，都需要对应不同轨道线型的计算方程。AGC 就是将对应不同轨道线型的计算方程根据需求进行编程后固化在电路中，只要根据检测系统获得轨道曲线参数，就可计算出修正值。

下面就以缓和曲线为对象建立其修正值计算的数学模型。如图 3-12 所示，A、B 点在整正的（达到理论的）圆曲线上，C 点为拨道点，D 点在理论圆曲线上，D'点在理论缓和曲线上，拨道目标曲线为缓和曲线 $F(x)$，如果拨道时不在 C 点对拨道系统进行修正，则 C 点拨道结果为在圆曲线 $f(x)$上，最终结果将把缓和曲线 $F(x)$拨成理论圆曲线 $f(x)$。因此，为拨出所需的缓和曲线 $F(x)$，必须对理论圆曲线进行修正，修正的量为 D 点线型偏离理论圆曲线的量 E_d 对 C 点的影响，可得如下正矢计算方程：

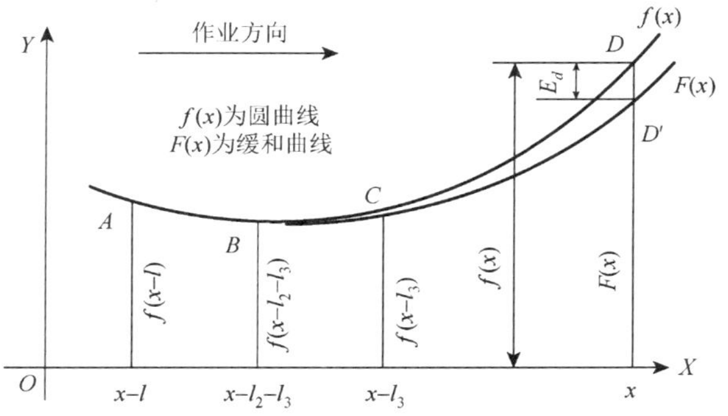

图 3-12　四点法修正值计算数学模型

$$
\begin{aligned}
&E_d = f(x) - F(x) \\
&V_{4P} = E_d \times K_d = [f(x) - F(x)] \times K_d
\end{aligned}
\tag{3-21}
$$

将拨道过程方程代入式（3-21），可得四点法检测拨道通用修正值计算数学模型，如图 3-13 所示。

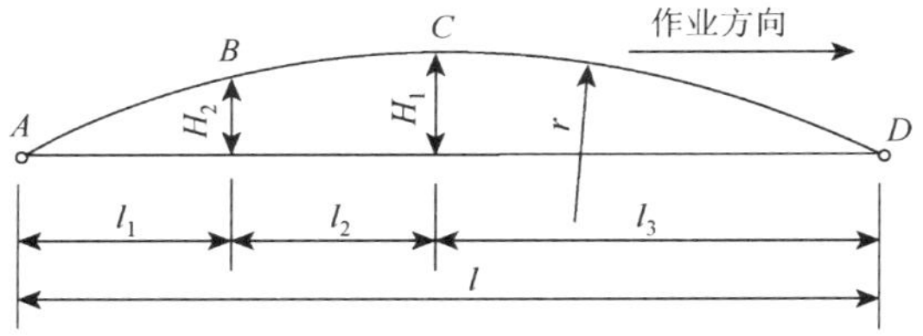

图 3-13　四点法检测拨道修正值计算示意

$$V_{4P} = K_d \times f(x) - f(x - l_3) + K_b \times f(x - l_2 - l_3) - K_a \times f(x - l) \tag{3-22}$$

且有各项系数代数和为 0，即

$$K_d - 1 + K_b - K_a = 0$$

3.4　修正值的计算

3.4.1　三点法检测拨道修正值计算

大多数铁路轨道线路的直线与圆曲线之间由缓和曲线相连接。选择直缓点、缓圆点、圆缓点、缓直点作为线型变更点，推导出其修正值的计算方程。

1. 直缓点和缓圆点处修正值的计算

如图 3-14 所示，该段线型是由直线-缓和曲线-圆曲线构成的，X 轴沿直线线型，方向为作业方向；Y 轴过直缓点。缓和曲线和圆曲线的方程已知，设 D 点的横坐标为 x，则捣固车沿曲线作业时各修正值计算区间按下述方式分类。

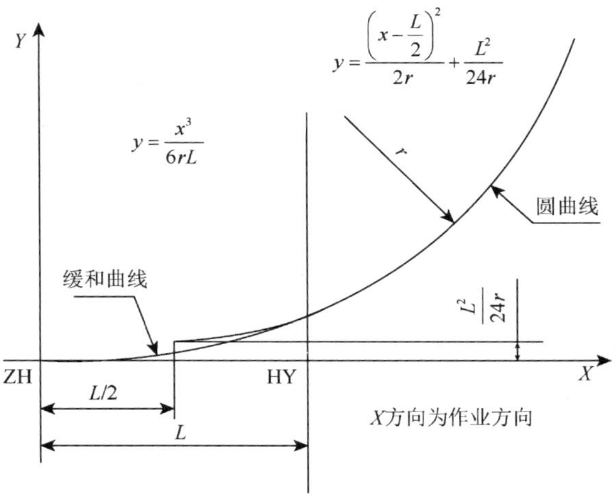

图 3-14　直线-缓和曲线-圆曲线线型构成图（三点法）

Z、H、Y 分别代表直线、缓和曲线、圆曲线

1）直缓点（同步点）处的计算区间如下：

（1）D 点在缓和曲线上，C、B 点在直线上（$0<x\leqslant l_3$）；

（2）D、C 点在缓和曲线上，B 点在直线上（$l_3<x\leqslant l_2+l_3$）；

（3）D、C、B 点在缓和曲线上（$l_2+l_3<x\leqslant L$）。

2）缓圆点（非同步点）处的计算区间如下：

（1）D 点在圆曲线上，C、B 点在缓和曲线上（$L<x\leqslant L+l_3$）；

（2）D、C 点在圆曲线上，B 点在缓和曲线上（$L+l_3<x\leqslant L+l_2+l_3$）；

（3）D、C、B 点在圆曲线上（$L+l_2+l_3<x$，至下个同步点）。

2. 圆缓点和缓直点处修正值的计算

X 轴沿直线线型，方向为作业方向；Y 轴过圆缓点。缓和曲线和圆曲线的方程已知，设 D 点的坐标为 x，则捣固车沿曲线作业时各修正值计算分类如下。

1）圆缓点（同步点）处的计算区间如下：

（1）D 点在缓和曲线上，C、B 点在圆曲线上（$0<x\leqslant l_3$）；

（2）D、C 点在缓和曲线上，B 点在圆曲线上（$l_3<x\leqslant l_2+l_3$）；

（3）D、C、B 点在缓和曲线上（$l_2+l_3<x\leqslant L$）。

2）缓直点（同步点）处的计算区间如下：

（1）D 点在直线上，C、B 点在缓和曲线上（$L<x\leqslant L+l_3$）；

（2）D、C 点在直线上，B 点在缓和曲线上（$L+l_3<x\leqslant L+l_2+l_3$）；

（3）D、C、B 点在直线上（$L+l_2+l_3<x$，至下个同步点）。

3.4.2　三点法修正值和矢距变化曲线

图 3-15 为在有缓和曲线的圆曲线上，利用三点法检测拨道时的修正值和矢距变化曲

线。三点法是通过矫直直线的原理实现线路检测的，若用来检测曲线的方向偏差，就必须输入曲线的理论计算矢距，与 *C* 点的实测矢距进行比较，其差是该处曲线的方向偏差，否则就会把曲线拨成直线。在非直线上用三点法检测拨道时要对 *C* 点实测矢距进行修正，才能完成曲线整正作业。

如图 3-15 所示，拨道作业从直线向缓和曲线进行，计算时选取直缓点 ZH 为坐标原点，直线为 *X* 轴，线型变化从直缓点到缓圆点。三点法检测修正值的计算方程就是把对应轨道线路的线型方程代入三点法检测修正值计算数学模型（式（3-17））中，就可得出 *D* 点检测车轮过直缓点时的修正值计算方程。

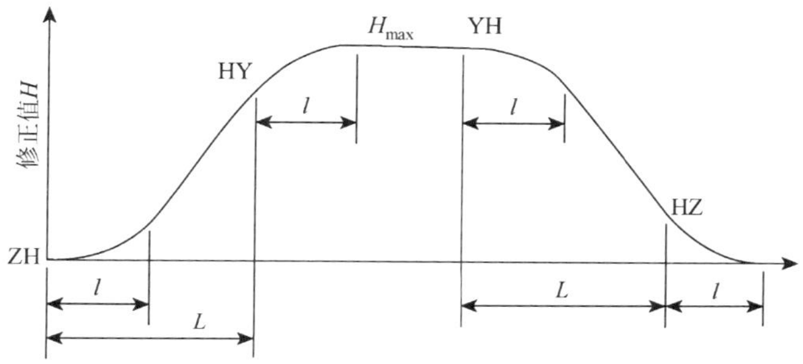

图 3-15　三点法修正值和矢距变化曲线

从修正值曲线可以看出，由直线向缓和曲线、圆曲线进行拨道作业时，从 *D* 点过直缓点 ZH，修正值从零开始在弦长 l 内非线性增加；当三点都在缓和曲线上时，在缓和曲线长 $L-l$ 内修正值线性增加；当 *D* 点过缓圆点 HY 时，修正值又在弦长 l 内非线性增加；三点都在圆曲线上时，修正值最大且不变。直到 *D* 点过圆缓点 YH 时，修正值从最大开始在弦长 l 内非线性减小；当三点都在缓和曲线上时，在缓和曲线长 $L-l$ 内修正值线性减小；当 *D* 点过缓直点 HZ 时又在弦长 l 内非线性减小，直到三点都在直线上时，修正值为零且不变，直至遇到下一个线型变更点。

3.4.3　四点法检测拨道修正值计算

1. 直缓点和缓圆点处修正值的计算

如图 3-16 所示，*X* 轴沿直线线型，方向为作业方向；*Y* 轴过直缓点。缓和曲线和圆曲线的方程已知，设 *D* 点的坐标为 x，则捣固车沿曲线作业时各修正值计算分类如下。

1）直缓点（同步点）处的计算区间如下：

（1）*D* 点在缓和曲线上，*C*、*B*、*A* 点在直线上（$0<x\leqslant l_3$）；

（2）*D*、*C* 点在缓和曲线上，*B*、*A* 点在直线上（$l_3<x\leqslant l_2+l_3$）；

（3）*D*、*C*、*B* 点在缓和曲线上，*A* 点在直线上（$l_2+l_3<x\leqslant l$）；

（4）*D*、*C*、*B*、*A* 点在缓和曲线上（$l<x\leqslant L$）。

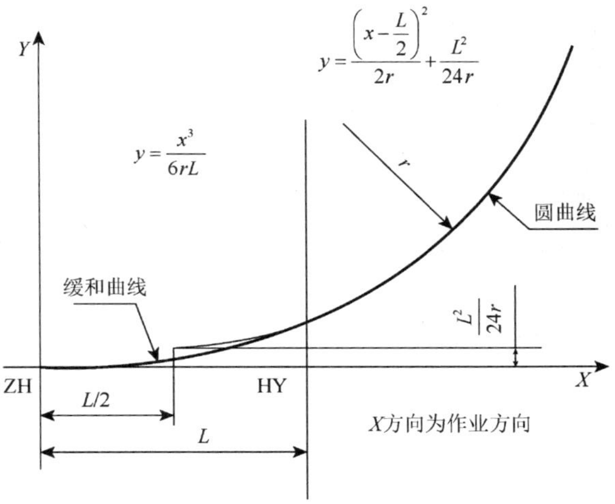

图 3-16　直线-缓和曲线-圆曲线线型构成图（四点法）

2）缓圆点（非同步点）处的计算区间如下：

（1）D 点在圆曲线上，A、B、C 点在缓和曲线上（$L<x\leqslant L+l_3$）；

（2）D、C 点在圆曲线上，A、B 点在缓和曲线上（$L+l_3<x\leqslant L+l_2+l_3$）；

（3）D、C、B 点在圆曲线上，A 点在缓和曲线上（$L+l_2+l_3<x\leqslant L+l$）；

（4）D、C、B、A 点在圆曲线上（$L+l<x$，至下个同步点）。

2. 圆缓点和缓直点处修正值的计算

如图 3-17 所示，X 轴沿直线线型，方向为作业方向；Y 轴过圆缓点。缓和曲线和圆曲线的方程已知，设 D 点的坐标为 x，则捣固车沿曲线作业时各修正值计算分类如下。

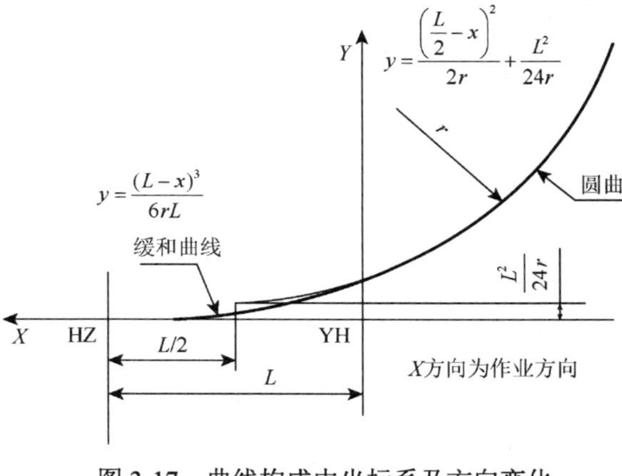

图 3-17　曲线构成中坐标系及方向变化

1）圆缓点（同步点）处的计算区间如下：

（1）D 点在缓和曲线上，C、B、A 点在圆曲线上（$0<x\leqslant l_3$）；

（2）D、C 点在缓和曲线上，B、A 点在圆曲线上（$l_3<x\leqslant l_2+l_3$）；

（3）D、C、B 点在缓和曲线上，A 点在圆曲线上（$l_2+l_3<x\leqslant l$）；

（4）D、C、B、A 点在缓和曲线上（$l<x\leqslant L$）。

2）缓直点（非同步点）处的计算区间如下：

（1）D 点在直线上，C、B、A 点在缓和曲线上（$L<x\leqslant L+l_3$）；

（2）D、C 点在直线上，B、A 点在缓和曲线上（$L+l_3<x\leqslant L+l_2+l_3$）；

（3）D、C、B 点在直线上，A 点在缓和曲线上（$L+l_2+l_3<x\leqslant L+l$）；

（4）D、C、B、A 点在直线上（$L+l<x$，至下个同步点）。

3.4.4　四点法修正值和矢距变化曲线

图 3-18 为四点法修正值和矢距变化曲线。

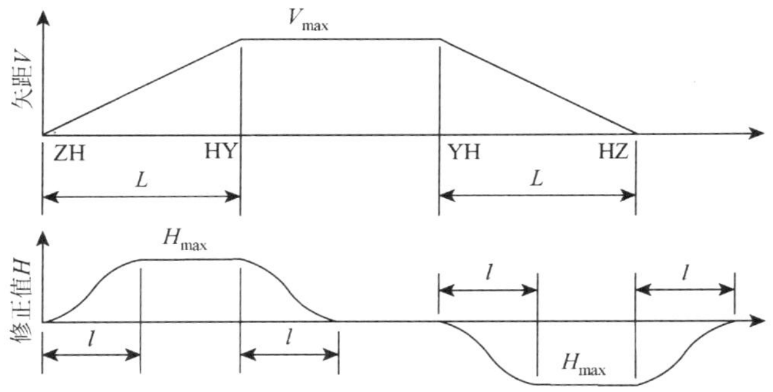

图 3-18　四点法修正值和矢距变化曲线

从修正值曲线可以看出，由直线向缓和曲线、圆曲线进行拨道作业时，从 D 点过直缓点 ZH 时，修正值从零开始在弦长 l 内逐渐增加到最大值，四点都在缓和曲线上时，修正值最大且不变，直到 D 点过缓圆点 HY 时，修正值从最大开始在弦长 l 内逐渐减小到零，四点都在圆曲线上时，修正值为零且不变，直至遇到下一个线型变更点。

3.4.5　正矢修正值计算方程的具体实现

利用三点法和四点法时，获得不同轨道线型的正矢计算方程是解决问题的关键。所求的 V 就是在当前的线型条件下，捣固车 AGC 系统需要告知作业控制系统在 C 点所需拨道的正矢数值。不同的线型组合，对应的正矢计算方程就不一样。在国内可以查询到的文献和资料中，可以了解到利用三点法、四点法进行拨道计算并获得拨道正矢值的方法，但是这些仅针对式（3-17）所示的通用计算公式。针对具体线路线型应该如何构成线路的计算方程？AGC 系统如何面对实时变化的线型线路获得正确的计算方程？如何根据测量结果获得作业控制系统所需的作业参数？我国目前的轨道线路构成情况如何？等等，均没有文献或资料提及。下面就针对我国铁路轨道线型的具体组成情况，首先确定构成铁路轨道的线型组合，然后依据此线路线型的组合情况给出针对具体线型的计算方程。

在进行系统设计时，必须假定任何一段线型的长度都不会短于一辆捣固车的车长，设计中捣固车的车长为22.5m。假定此条件的原因如下。

（1）《铁路线路设计规范》中规定，铁路线型最短为50m，设计的线型均满足该条件。

（2）在铁路线路的道岔区域会存在小于22.5m的线型，但是在实际工程运用中，针对这种线型的维修和维护作业一般不使用D09-32、D08-32型捣固车，而是选择专门针对这一区域的道岔捣固车D08-475。因此，设计的AGC系统不涉及小于22.5m的线型所在区域。

基于以上两点，这个假设是存在的、合理的。据此，可得以下结论。

（1）任何一辆捣固车在作业时，最多只能跨越两种线型。任何一段作业线路的几何参数的约束条件只与该线段的前一线段和后一线段的线型有关。系统在计算作业参数时，捣固车自身最多只能跨越两种线型，计算捣固车所在作业区域的方程时，该区域线型的计算方法仅与捣固车所在线型的前一线型和后一线型有关。因此，捣固车处于作业状态，AGC系统计算线路作业参数时，就可以认定捣固车AGC系统计算的当前线型最多与四种线型相关联，最少仅与一种线型相关联。

（2）在实际的铁路轨道设计中，由直线、圆曲线、缓和曲线可以构成表3-2所示的多种线型组合，共81种。在进行AGC系统设计时，就必须考虑铁路线路线型设计中所涉及的所有线型情况，无论面对哪一种线型，AGC系统都能实时找到对应的计算方程，将所需计算的对应参数计算出来，告知捣固车的电气控制系统，指挥执行机构完成相应的捣固操作。

因此，在分析铁路轨道线路中可能出现的线型时，鉴于捣固车正矢计算方法最多会与捣固车所在线型的前一线型和后一线型相关，捣固车本身可能会与两种线型相关的情况，确定捣固车作业时系统可能面对的3×3×3×3（共81）种线型组合的可能性。将可能出现的所有线型组合都考虑在其中，没有任何遗漏。罗列的81种线型组合中有的线型组合是合理的，有的线型组合是不合理的，有的线型组合是可以简化的。剔出重复的线型组合，还有不可能、不合理（逻辑上不合理、工程上不合理）的线型组合，就得到在工程作业中实际出现的、必不可少的线型组合。针对每一种组合的计算方法，都必须仔细分析、推导完成。构成铁路线路的线型组合情况如表3-2所示。

表3-2　构成铁路线路的线型组合情况

序号	0段	1段	2段	3段	线型组合有效	表格表达约束有效	附加约束	工程有效特征值	矩阵单元（3×3×3×3）
1	直线	直线	直线	直线	Y	Y		000000	[0，0，0，0]
2	直线	直线	直线	线性	Y	Y		000000	[0，0，0，1]
3	直线	直线	直线	圆弧	Y	Y		000000	[0，0，0，2]
4	直线	直线	线性	直线	N	N		000011	[0，0，1，0]
5	直线	直线	线性	线性	N	N		000011	[0，0，1，1]
6	直线	直线	线性	圆弧	Y	Y		000000	[0，0，1，2]

续表

序号	0 段	1 段	2 段	3 段	线型组合有效	表格表达约束有效	附加约束	工程有效特征值	矩阵单元（3×3×3×3）
7	直线	直线	圆弧	直线	Y	Y		000000	
8	直线	直线	圆弧	线性	Y	Y		000000	
9	直线	直线	圆弧	圆弧	Y	Y		000000	
10	直线	线性	直线	直线	N	N		000011	
11	直线	线性	直线	线性	N	N		000011	
12	直线	线性	直线	圆弧	N	N		000011	
13	直线	线性	线性	直线	N	N		000011	
14	直线	线性	线性	线性	N	N		000011	
15	直线	线性	线性	圆弧	N	N		000011	
16	直线	线性	圆弧	直线	Y	Y		000000	
17	直线	线性	圆弧	线性	Y	Y		000000	
18	直线	线性	圆弧	圆弧	Y	Y		000000	
19	直线	圆弧	直线	直线	Y	Y		000000	
20	直线	圆弧	直线	线性	Y	Y		000000	
21	直线	圆弧	直线	圆弧	Y	Y		000000	
22	直线	圆弧	线性	直线	Y	Y		000000	
23	直线	圆弧	线性	线性	Y	N		000001	
24	直线	圆弧	线性	圆弧	Y	Y		000000	
25	直线	圆弧	圆弧	直线	Y	Y			
26	直线	圆弧	圆弧	线性	Y	Y			
27	直线	圆弧	圆弧	圆弧	Y	Y			
28	线性	直线	直线	直线	Y	Y			
29	线性	直线	直线	线性	Y	Y			
30	线性	直线	直线	圆弧	Y	Y			
31	线性	直线	线性	直线	N	N			
32	线性	直线	线性	线性	N	N			
33	线性	直线	线性	圆弧	Y	Y			
34	线性	直线	圆弧	直线	Y	Y			
35	线性	直线	圆弧	线性	Y	Y			
36	线性	直线	圆弧	圆弧	Y	Y			
37	线性	线性	直线	直线	N	N			
38	线性	线性	直线	线性	N	N			
39	线性	线性	直线	圆弧	N	N			
40	线性	线性	线性	直线	N	N			

续表

序号	0段	1段	2段	3段	线型组合有效	表格表达约束有效	附加约束	工程有效特征值	矩阵单元（3×3×3×3）
41	线性	线性	线性	线性	N	N			
42	线性	线性	线性	圆弧	N	N			
43	线性	线性	圆弧	直线	Y	N	线性连接点曲率为零		
44	线性	线性	圆弧	线性	Y	N	线性连接点曲率为零		
45	线性	线性	圆弧	圆弧	Y	N	线性连接点曲率为零		
46	线性	圆弧	直线	直线	Y	Y			
47	线性	圆弧	直线	线性	Y	Y			
48	线性	圆弧	直线	圆弧	Y	Y			
49	线性	圆弧	线性	直线	Y	Y			
50	线性	圆弧	线性	线性	Y	N	线性连接点曲率为零		
51	线性	圆弧	线性	圆弧	Y	Y			
52	线性	圆弧	圆弧	直线	Y	Y			
53	线性	圆弧	圆弧	线性	Y	Y			
54	线性	圆弧	圆弧	圆弧	Y	Y			
55	圆弧	直线	直线	直线	Y	Y			
56	圆弧	直线	直线	线性	Y	Y			
57	圆弧	直线	直线	圆弧	Y	Y			
58	圆弧	直线	线性	直线	N	N			
59	圆弧	直线	线性	线性	N	N			
60	圆弧	直线	线性	圆弧	Y	Y			
61	圆弧	直线	圆弧	直线	Y	Y			
62	圆弧	直线	圆弧	线性	Y	Y			
63	圆弧	直线	圆弧	圆弧	Y	Y			
64	圆弧	线性	直线	直线	Y	Y			
65	圆弧	线性	直线	线性	Y	Y			
66	圆弧	线性	直线	圆弧	Y	Y			
67	圆弧	线性	线性	直线	N	N			
68	圆弧	线性	线性	线性	N	N			
69	圆弧	线性	线性	圆弧	Y	N	线性连接点曲率为零		
70	圆弧	线性	圆弧	直线	Y	Y			
71	圆弧	线性	圆弧	线性	Y	Y			
72	圆弧	线性	圆弧	圆弧	Y	Y			
73	圆弧	圆弧	直线	直线	Y	Y			
74	圆弧	圆弧	直线	线性	Y	Y			

续表

序号	0 段	1 段	2 段	3 段	线型组合有效	表格表达约束有效	附加约束	工程有效特征值	矩阵单元（3×3×3×3）
75	圆弧	圆弧	直线	圆弧	Y	Y			
76	圆弧	圆弧	线性	直线	Y	Y			
77	圆弧	圆弧	线性	线性	N	N			
78	圆弧	圆弧	线性	圆弧	Y	Y			
79	圆弧	圆弧	圆弧	直线	Y	Y			
80	圆弧	圆弧	圆弧	线性	Y	Y			
81	圆弧	圆弧	圆弧	圆弧	Y	Y			[2，2，2，2]

如何得到针对不同线型、不同位置的正矢的计算方法呢？这也是创建铁路 AGC 系统计算数学模型必须解决的一个核心问题。设定任意铁路线型方程为 $y=f(x)$，捣固车的测量系统简化为直线 $\overline{BCD}$，$\overline{BD}=l_2+l_3$，其中 $l_2=\overline{BC}$，$l_3=\overline{CD}$，l_2 和 l_3 是捣固车测量系统已确定好的常数。求 C 点到铁路轨道的距离 $C(x)$。

求解不同线型、不同位置点的计算方程的步骤如下。

（1）利用捣固车测量系统，得到三点法终点 D 点的坐标。

（2）根据三点法或四点法中确定的弦线长度，计算 B 点的坐标。

（3）根据 B、D 两点的坐标，计算 C 点的坐标。

（4）求过 C 点的法线方程。

（5）根据求得的 C 点法线方程，求法线与铁路线路的交点坐标 N。

（6）求出 N、C 点间的距离。该距离就是作业参数正矢的值。

在程序设计中，给出的铁路线路参数是直线线段的长度、缓和曲线的长度、圆曲线的圆弧弧长和曲率半径 r，整个曲线曲率是连续的，如何针对不断变化的铁路线型创建系统坐标系？如何针对创建的系统坐标系进行设计和计算，并获得相应参数的计算方程？这些就是创建铁路轨道线型数学模型必须解决的问题。在系统实现所需的计算功能前，要完成以下的前期准备工作。

（1）将铁路线路线型的定义输入计算机，即根据组成铁路线型的具体情况，要将各种线型对应的线路长度输入计算机中。该铁路线型的长度就是 x 坐标。

（2）在完成正矢计算的过程中，以每条曲线的改变点作为坐标原点，建立理想的计算坐标系。线型每改变一次，坐标原点就改变一次，坐标原点随着线型的变化而变化。

（3）在理想坐标系中建立各段曲线线型的计算方程。

在完成上述的前期准备工作后，需完成的具体实际工作如下。

（1）在进行捣固车维修维护作业之前，要将测量轮与要开始进行操作的轨道对应的公里标对准，对准后将捣固车上的路码表清零，将该点设为坐标原点。

（2）利用捣固车测量系统，通过路码表读出捣固车行驶的里程，该值作为计算方程中的 x 坐标进行数值计算。结合理想的计算坐标系，进行坐标变换，求出理想坐标系中的捣固车实际位置，将该值代入对应的线路线型的计算方程，就可以求出对应线路中各点的正矢。由作业控制系统直接接收该正矢参数，指导作业控制系统执行机构动作。

1. 三点法检测拨道的正矢计算方法

由于铁路线型是分段函数，捣固车上测量系统的几何尺寸是确定的。通过细致的调查、研究发现，我国铁路轨道基本由 7 种线型构成。下面以直线-缓和曲线-圆曲线的线型组合为例，详细分析线型的构成，推导完成正矢计算方程，如图 3-19 所示。

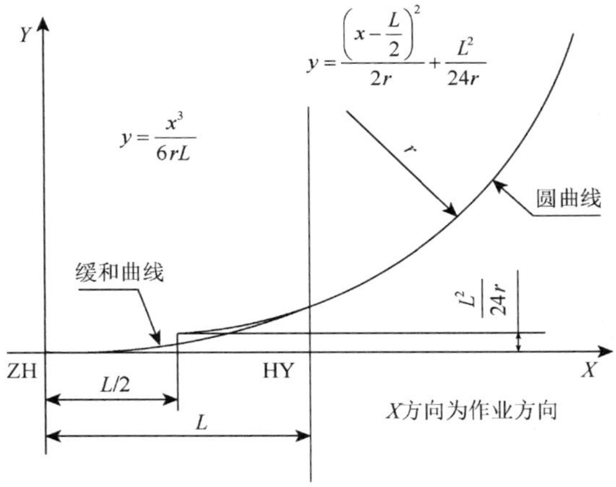

图 3-19　直线-缓和曲线-圆曲线的线型组合示意图

1）建立坐标系

针对直线-缓和曲线-圆曲线构成的线路线型，在平面坐标系中，首先选择直缓点 ZH 作为坐标原点，直线方向为 X 轴，捣固车的运动方向为 X 轴正方向。

2）确定捣固车在该坐标系上的位置

由捣固车上的测量系统进行实时测量。公里标计数器在该位置为零，实现计算系统的坐标与实际轨道计算坐标同步。确定正矢计算方程时，就要针对三点法检测系统的具体情况划分计算区间。

（1）$x\leqslant 0$，此时，整个捣固车都在坐标原点左侧的直线段上，正矢为 0。

$$Y(d)=0=d(x)$$

$$Y(c)=0=c(x)$$

$$Y(b)=0=b(x)$$

$$\begin{aligned}&V_{3P}=H=K_d'\times d(x)-c(x-l_3)+K_b'\times b(x-l_2-l_3)\\&V_{3P}=0\end{aligned}\tag{3-23}$$

（2）$0<x<BC$，此时，捣固车测量点以后的部分在直线段上，车头在缓和曲线上。

$$Y(d)=\frac{x^3}{6rL}=d(x)$$

$$Y(c)=\frac{(x-l_3)^3}{6rL}=0=c(x)$$

$$Y(b)=0=b(x)$$

$$V_{3P}=H=K_d'\times d(x)-c(x-l_3)+K_b'\times b(x-l_2-l_3)$$

$$V_{3P}=K_d'\times\frac{x^3}{6rL} \tag{3-24}$$

（3）$BC<x<DB$，此时，捣固车的 B 点在直线段上，其余点即 C、D 点都在缓和曲线上。

$$Y(d)=\frac{x^3}{6rL}=d(x)$$

$$Y(c)=\frac{(x-l_3)^3}{6rL}=c(x)$$

$$Y(b)=\frac{(x-l_2-l_3)^3}{6rL}=0=b(x)$$

$$V_{3P}=H=K_d'\times d(x)-c(x-l_3)+K_b'\times b(x-l_2-l_3)$$

$$V_{3P}=K_d'\times\frac{x^3}{6rL}-\frac{(x-l_3)^3}{6rL} \tag{3-25}$$

（4）$DB<x<L$，此时，捣固车整车都在缓和曲线上。

$$Y(d)=\frac{x^3}{6rL}=d(x)$$

$$Y(c)=\frac{(x-l_3)^3}{6rL}=c(x)$$

$$Y(b)=\frac{(x-l_2-l_3)^3}{6rL}=b(x)$$

$$V_{3P}=H=K_d'\times d(x)-c(x-l_3)+K_b'\times b(x-l_2-l_3)$$

$$V_{3P}=K_d'\times\frac{x^3}{6rL}-\frac{(x-l_3)^3}{6rL}+K_b'\times\frac{(x-l_2-l_3)^3}{6rL} \tag{3-26}$$

当捣固车行走到圆曲线上时，将坐标系移动到缓和曲线和圆曲线的交点（缓圆点）上，计算方程就会根据以下三种情况进行变化。

（1）$0<x<BC$，此时，捣固车测量点以后的部分在缓和曲线段上，车头在圆曲线上。

$$Y(d)=\frac{\left(x+\dfrac{L}{2}\right)^2}{2r}+\frac{L^2}{24r}=d(x)$$

$$Y(c)=\frac{(x+L-l_3)^3}{6rL}=c(x)$$

$$Y(b)=\frac{(x-l_2-l_3)^3}{6rL}=b(x)$$

$$V_{3P} = H = K_d' \times d(x) - c(x - l_3) + K_b' \times b(x - l_2 - l_3)$$

$$V_{3P} = K_d' \times \left(\frac{\left(x + \frac{L}{2}\right)^2}{2r} + \frac{L^2}{24r} \right) - \frac{(x + L - l_3)^3}{6rL} + K_b' \times \frac{(x - l_2 - l_3)^3}{6rL} \tag{3-27}$$

（2）$BC < x < DB$，此时，捣固车的 B 点在缓和曲线段上，其余点即 C、D 点都在圆曲线上。

$$Y(d) = \frac{\left(x + \frac{L}{2}\right)^2}{2r} + \frac{L^2}{24r} = d(x)$$

$$Y(c) = \frac{\left(x + \frac{L}{2} - l_3\right)^2}{2r} + \frac{L^2}{24r} = c(x)$$

$$Y(b) = \frac{(x - l_2 - l_3)^3}{6rL} = b(x)$$

$$V_{3P} = H = K_d' \times d(x) - c(x - l_3) + K_b' \times b(x - l_2 - l_3)$$

$$V_{3P} = K_d' \times \left(\frac{\left(x + \frac{L}{2}\right)^2}{2r} + \frac{L^2}{24r} \right) - \left(\frac{\left(x + \frac{L}{2} - l_3\right)^2}{2r} + \frac{L^2}{24r} \right) + K_b' \times \frac{(x - l_2 - l_3)^3}{6rL} \tag{3-28}$$

（3）$DB < x < L$，此时，捣固车整车都在圆曲线上。

$$Y(d) = \frac{\left(x + \frac{L}{2}\right)^2}{2r} + \frac{L^2}{24r} = d(x)$$

$$Y(c) = \frac{\left(x + \frac{L}{2} - l_3\right)^2}{2r} + \frac{L^2}{24r} = c(x)$$

$$Y(b) = \frac{\left(x + \frac{L}{2} - l_3 - l_2\right)^2}{2r} + \frac{L^2}{24r} = b(x)$$

$$V_{3P} = H = K_d' \times d(x) - c(x - l_3) + K_b' \times b(x - l_2 - l_3)$$

$$V_{3P} = K_d' \times \left(\frac{\left(x + \frac{L}{2}\right)^2}{2r} + \frac{L^2}{24r} \right) - \left(\frac{\left(x + \frac{L}{2} - l_3\right)^2}{2r} + \frac{L^2}{24r} \right) + K_b' \times \left(\frac{\left(x + \frac{L}{2} - l_3 - l_2\right)^2}{2r} + \frac{L^2}{24r} \right)$$

$$= K_d' \times \frac{\left(x + \frac{L}{2}\right)^2}{2r} - \frac{\left(x + \frac{L}{2} - l_3\right)^2}{2r} + K_b' \times \frac{\left(x + \frac{L}{2} - l_3 - l_2\right)^2}{2r} \tag{3-29}$$

针对不同的线型组合，依据上述的计算方程生成方法，都可获得轨道对应点上不同线型的正矢计算方程。

目前铁路轨道线路主要存在如下线型组合。

（1）直线-缓和曲线-圆曲线，如图 3-20 所示。

（2）圆曲线-缓和曲线-圆曲线，如图 3-21 所示。

（3）圆曲线-缓和曲线-缓和曲线-圆曲线，如图 3-22 所示。

（4）直线-圆曲线，如图 3-23 所示。

（5）圆曲线-直线，如图 3-24 所示。

（6）圆曲线-圆曲线，正向连接，如图 3-25 所示。

（7）圆曲线-圆曲线，反向连接，如图 3-26 所示。

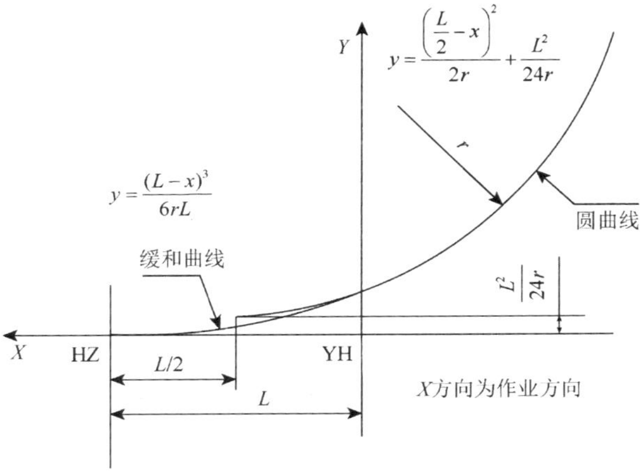

图 3-20　直线-缓和曲线-圆曲线的线型构成

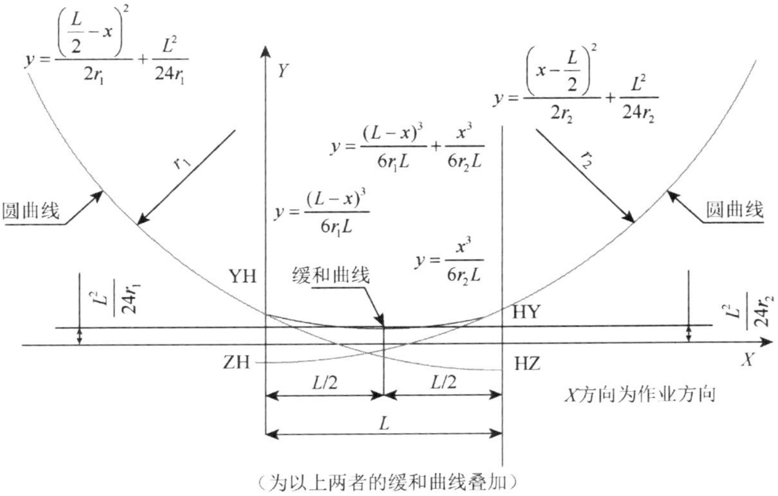

图 3-21　圆曲线-缓和曲线-圆曲线的线型构成

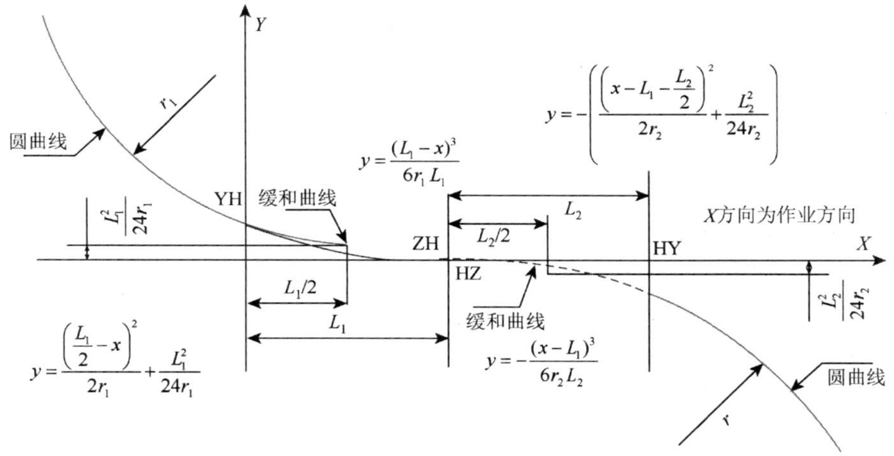

图 3-22　圆曲线-缓和曲线-缓和曲线-圆曲线的线型构成

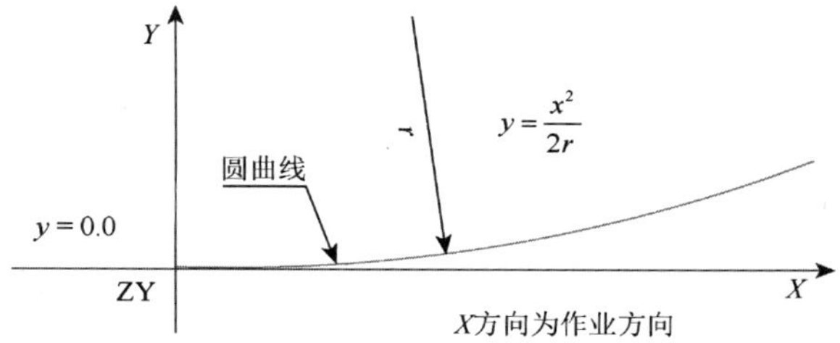

图 3-23　直线-圆曲线的线型构成

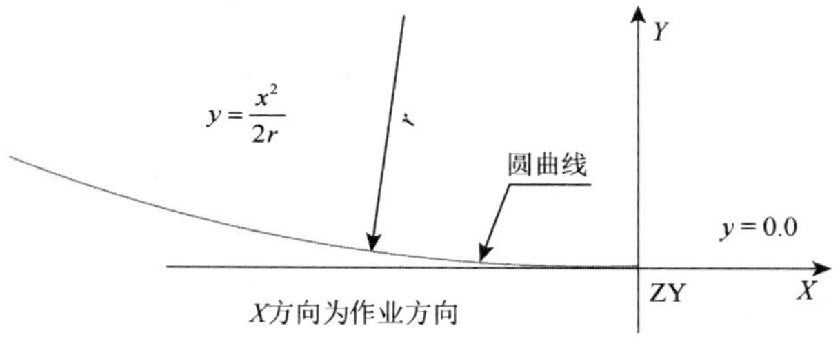

图 3-24　圆曲线-直线的线型构成

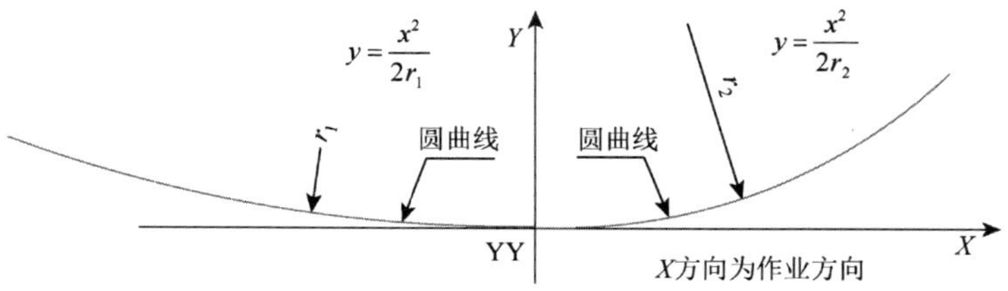

图 3-25　圆曲线-圆曲线的线型构成（正向连接）

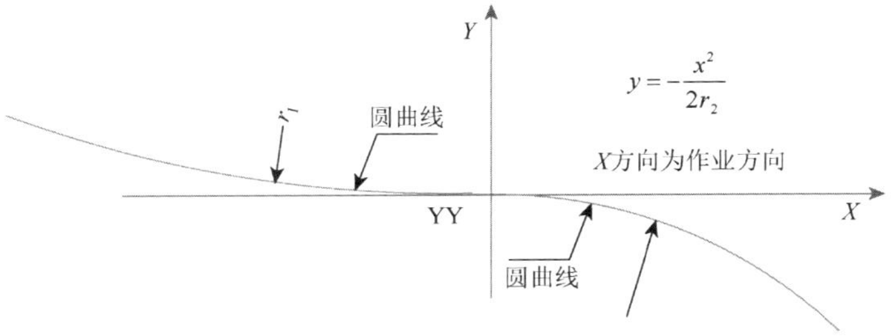

图 3-26　圆曲线-圆曲线的线型构成（反向连接）

在实现正矢值的计算时，实时调用对应线路线型的计算方程，获得正确的正矢计算结果。

2. 四点法检测拨道的正矢计算方法

当捣固车的测量系统采用四点法检测系统时，推导完成针对四点法检测拨道的正矢计算方程。

1）建立坐标系

针对上述线型组成，首先将坐标系建立在直缓点 ZH 上。坐标系如图 3-27 所示。

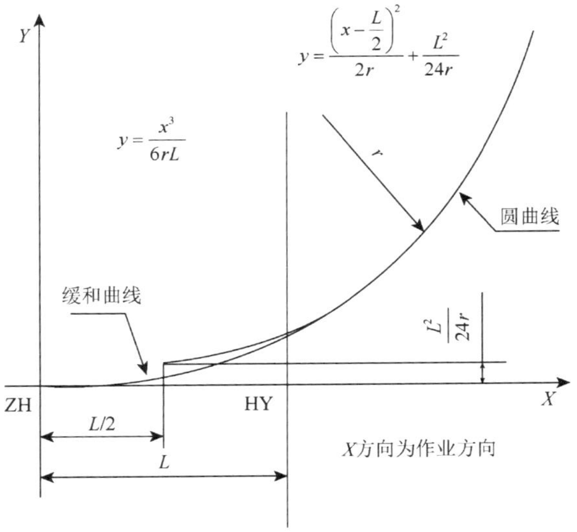

图 3-27　曲线线型构成图

2）确定捣固车在该坐标系上的位置

由捣固车上的测量系统进行实时测量。将需开始进行操作的位置处测量轮与公里标对齐，将捣固车上的路码计数器清零，实现计算系统的坐标与实际轨道计算坐标同步。计算正矢时针对这种线型必须分为以下计算区间。

（1）D 点在缓和曲线上，C、B、A 点在直线上（$0<x\leqslant l_3$）。

$$V_{4P}=K_d\times f(x)-f(x-l_3)+K_b\times f(x-l_2-l_3)-K_a\times f(x-l) \tag{3-30}$$

且有各项系数代数和为 0，即

$$K_d-1+K_b-K_a=0$$

①$x\leqslant 0$，此时，整台捣固车都在坐标原点左侧的直线段上，此时，正矢为 0。

$$Y(d)=0=f(x)$$

$$Y(c)=0=f(x-l_3)$$

$$Y(b)=0=f(x-l_2-l_3)$$

$$Y(a)=0=f(x-l)$$

$$V_{4P}=K_d\times f(x)-f(x-l_3)+K_b\times f(x-l_2-l_3)-K_a\times f(x-l)=0 \tag{3-31}$$

②$1<x<CBA$，此时，捣固车测量点以后的部分在直线段上，车头在缓和曲线上。

$$Y(d)=\frac{x^3}{6rL}=f(x)$$

$$Y(c)=0=f(x-l_3)$$

$$Y(b)=0=f(x-l_2-l_3)$$

$$Y(a)=0=f(x-l)$$

$$\begin{aligned}V_{4P}&=K_d\times f(x)-f(x-l_3)+K_b\times f(x-l_2-l_3)-K_a\times f(x-l)\\&=K_d\times\frac{x^3}{6rL}\end{aligned} \tag{3-32}$$

（2）D、C 点在缓和曲线上，B、A 点在直线段上。

$$Y(d)=\frac{x^3}{6rL}=f(x)$$

$$Y(c)=\frac{(x-l_3)^3}{6rL}=f(x-l_3)$$

$$Y(b)=0=f(x-l_2-l_3)$$

$$Y(a)=0=f(x-l)$$

$$\begin{aligned}V_{4P}&=K_d\times f(x)-f(x-l_3)+K_b\times f(x-l_2-l_3)-K_a\times f(x-l)\\&=K_d\times\frac{x^3}{6rL}-\frac{(x-l_3)^3}{6rL}\end{aligned} \tag{3-33}$$

（3）D、C、B 点在缓和曲线上，A 点在直线段上。

$$Y(d)=\frac{x^3}{6rL}=f(x)$$

$$Y(c) = \frac{(x-l_3)^3}{6rL} = f(x-l_3)$$

$$Y(b) = \frac{(x-l_2-l_3)^3}{6rL} = f(x-l_2-l_3)$$

$$Y(a) = 0 = f(x-l)$$

$$\begin{aligned} V_{4P} &= K_d \times f(x) - f(x-l_3) + K_b \times f(x-l_2-l_3) - K_a \times f(x-l) \\ &= K_d \times \frac{x^3}{6rL} - \frac{(x-l_3)^3}{6rL} + K_b \times \frac{(x-l_2-l_3)^3}{6rL} \end{aligned} \tag{3-34}$$

（4）D、C、B、A 点全部在缓和曲线上。

$$Y(d) = \frac{x^3}{6rL} = f(x)$$

$$Y(c) = \frac{(x-l_3)^3}{6rL} = f(x-l_3)$$

$$Y(b) = \frac{(x-l_2-l_3)^3}{6rL} = f(x-l_2-l_3)$$

$$Y(a) = \frac{(x-l)^3}{6rL} = f(x-l)$$

$$\begin{aligned} V_{4P} &= K_d \times f(x) - f(x-l_3) + K_b \times f(x-l_2-l_3) - K_a \times f(x-l) \\ &= K_d \times \frac{x^3}{6rL} - \frac{(x-l_3)^3}{6rL} + K_b \times \frac{(x-l_2-l_3)^3}{6rL} - K_a \times \frac{(x-l)^3}{6rL} \end{aligned} \tag{3-35}$$

（5）D 点在圆曲线上，C、B、A 点在缓和曲线上。

$$Y(d) = \frac{\left(x+\frac{L}{2}\right)^2}{2r} + \frac{L^2}{24r} = f(x)$$

$$Y(c) = \frac{(x-l_3)^3}{6rL} = f(x-l_3)$$

$$Y(b) = \frac{(x-l_2-l_3)^3}{6rL} = f(x-l_2-l_3)$$

$$Y(a) = \frac{(x-l)^3}{6rL} = f(x-l)$$

$$\begin{aligned} V_{4P} &= K_d \times f(x) - f(x-l_3) + K_b \times f(x-l_2-l_3) - K_a \times f(x-l) \\ &= K_d \times \left(\frac{\left(x+\frac{L}{2}\right)^2}{2r} + \frac{L^2}{24r} \right) - \frac{(x-l_3)^3}{6rL} + K_b \times \frac{(x-l_2-l_3)^3}{6rL} - K_a \times \frac{(x-l)^3}{6rL} \end{aligned} \tag{3-36}$$

（6）D、C 点在圆曲线上，B、A 点在缓和曲线上。

$$Y(d) = \frac{\left(x+\frac{L}{2}\right)^2}{2r} + \frac{L^2}{24r} = f(x)$$

$$Y(c)=\frac{\left(x-l_3+\frac{L}{2}\right)^2}{2r}+\frac{L^2}{24r}=f(x-l_3)$$

$$Y(b)=\frac{(x-l_2-l_3)^3}{6rL}=f(x-l_2-l_3)$$

$$Y(a)=\frac{(x-l)^3}{6rL}=f(x-l)$$

$$\begin{aligned}V_{4P}&=K_d\times f(x)-f(x-l_3)+K_b\times f(x-l_2-l_3)-K_a\times f(x-l)\\&=K_d\times\left(\frac{\left(x+\frac{L}{2}\right)^2}{2r}+\frac{L^2}{24r}\right)-\left(\frac{\left(x-l_3+\frac{L}{2}\right)^2}{2r}+\frac{L^2}{24r}\right)+K_b\times\frac{(x-l_2-l_3)^3}{6rL}-K_a\times\frac{(x-l)^3}{6rL}\end{aligned}\tag{3-37}$$

（7）D、C、B 点在圆曲线上，A 点在缓和曲线上。

$$Y(d)=\frac{\left(x+\frac{L}{2}\right)^2}{2r}+\frac{L^2}{24r}=f(x)$$

$$Y(c)=\frac{\left(x-l_3+\frac{L}{2}\right)^2}{2r}+\frac{L^2}{24r}=f(x-l_3)$$

$$Y(b)=\frac{\left(x-l_2-l_3+\frac{L}{2}\right)^2}{2r}+\frac{L^2}{24r}=f(x-l_2-l_3)$$

$$Y(a)=\frac{(x-l)^3}{6rL}=f(x-l)$$

$$\begin{aligned}V_{4P}&=K_d\times f(x)-f(x-l_3)+K_b\times f(x-l_2-l_3)-K_a\times f(x-l)\\&=K_d\times\left(\frac{\left(x+\frac{L}{2}\right)^2}{2r}+\frac{L^2}{24r}\right)-\left(\frac{\left(x-l_3+\frac{L}{2}\right)^2}{2r}+\frac{L^2}{24r}\right)\\&\quad+K_b\times\left(\frac{\left(x-l_2-l_3+\frac{L}{2}\right)^2}{2r}+\frac{L^2}{24r}\right)-K_a\times\frac{(x-l)^3}{6rL}\end{aligned}\tag{3-38}$$

（8）D、C、B、A 点全部在圆曲线上。

$$Y(d)=\frac{\left(x+\frac{L}{2}\right)^2}{2r}+\frac{L^2}{24r}=f(x)$$

$$Y(c)=\frac{\left(x-l_3+\frac{L}{2}\right)^2}{2r}+\frac{L^2}{24r}=f(x-l_3)$$

$$Y(b)=\frac{\left(x-l_2-l_3+\frac{L}{2}\right)^2}{2r}+\frac{L^2}{24r}=f(x-l_2-l_3)$$

$$Y(a)=\frac{\left(x-l+\frac{L}{2}\right)^2}{2r}+\frac{L^2}{24r}=f(x-l)$$

$$\begin{aligned}V_{4P}&=K_d\times f(x)-f(x-l_3)+K_b\times f(x-l_2-l_3)-K_a\times f(x-l)\\&=K_d\times\left(\frac{\left(x+\frac{L}{2}\right)^2}{2r}+\frac{L^2}{24r}\right)-\left(\frac{\left(x-l_3+\frac{L}{2}\right)^2}{2r}+\frac{L^2}{24r}\right)\\&\quad+K_b\times\left(\frac{\left(x-l_2-l_3+\frac{L}{2}\right)^2}{2r}+\frac{L^2}{24r}\right)-K_a\times\left(\frac{\left(x-l+\frac{L}{2}\right)^2}{2r}+\frac{L^2}{24r}\right)\end{aligned}\tag{3-39}$$

依据不同的线型组合，根据上述的计算方法，就可求得针对不同线型线路上采用四点法对应轨道上的正矢计算方程。捣固车测量系统获得 x 坐标后，即可求得对应各点的正矢参数。针对三点法、四点法求得的各种线路线型的正矢计算方程，均可以使用 Mathematica 软件验证其计算方法的正确性。

3. 修正方向的确定

进行拨道作业时，根据拨道作业方向不同，铁轨修正的方向随着曲线线型的变化而改变。四点法检测拨道时修正方向的设置如下。

（1）拨道作业从直线进入缓和曲线时的修正方向如图 3-28 所示。在手动输入修正值之前要先把手动修正方向开关置于曲线的外股钢轨位置。

（2）拨道作业从圆曲线进入缓和曲线时的修正方向如图 3-29 所示，在手动输入修正值之前要先把手动修正方向开关置于曲线的里股钢轨位置。

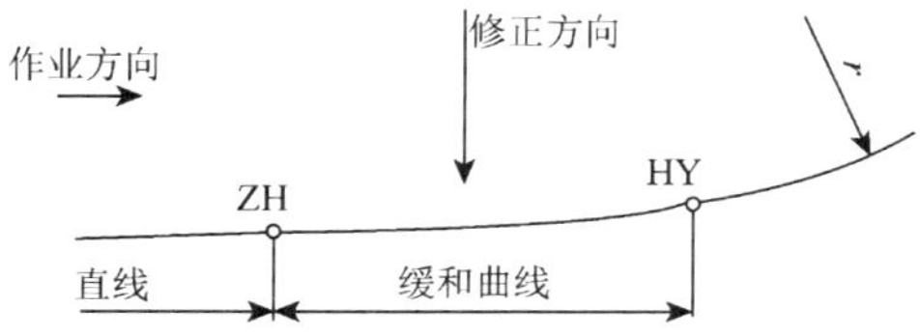

图 3-28　直线-缓和曲线-圆曲线

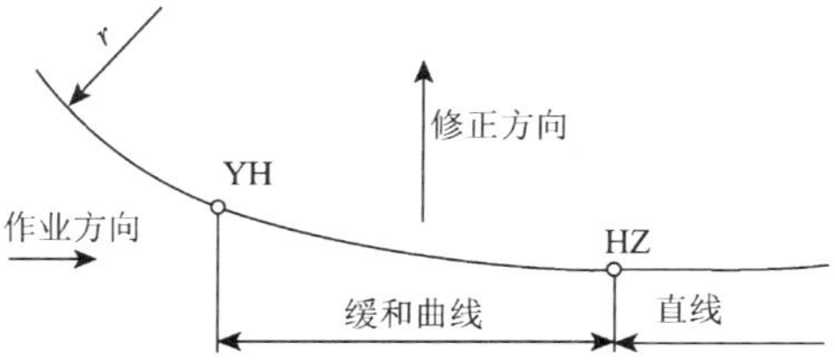

图 3-29　圆曲线-缓和曲线-直线

（3）拨道作业在复心圆曲线，且复心圆曲线的圆曲线半径 $r_1<r_2$ 时，修正方向如图 3-30 所示，手动修正方向开关置于曲线的里股钢轨位置。

（4）拨道作业在复心圆曲线，且复心圆曲线的圆曲线半径 $r_1>r_2$ 时，修正方向如图 3-31 所示，手动修正方向开关置于曲线的里股钢轨位置。

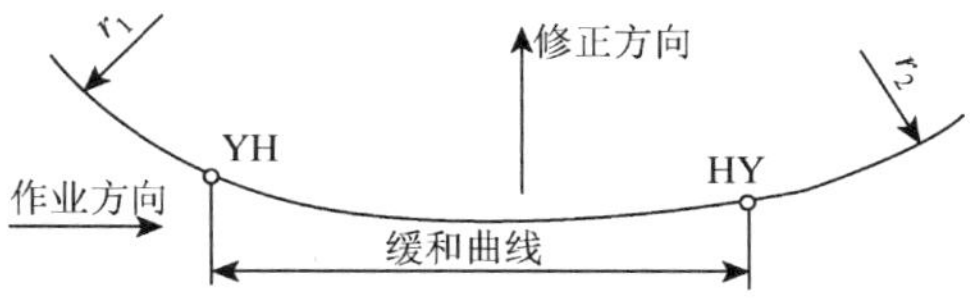

图 3-30　复心圆曲线 $r_1<r_2$

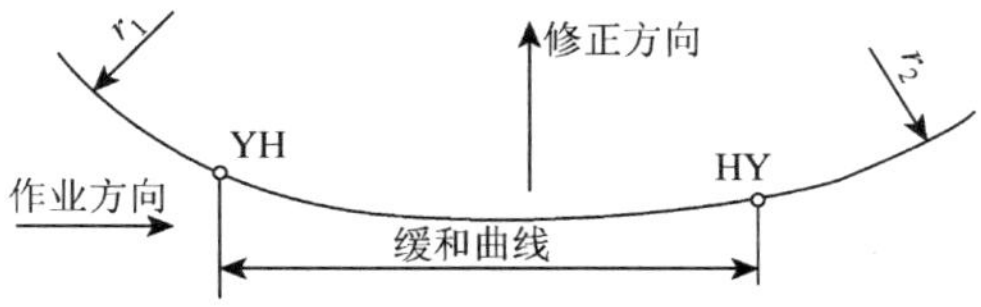

图 3-31　复心圆曲线 $r_1>r_2$

（5）在反向圆曲线上进行拨道作业时的修正方向如图 3-32 所示，拨道作业从圆曲线进入第一缓和曲线时，手动修正方向开关置于曲线里股钢轨位置；拨道作业从第二缓和曲线进入圆曲线时，手动修正方向开关置于曲线外股钢轨位置。

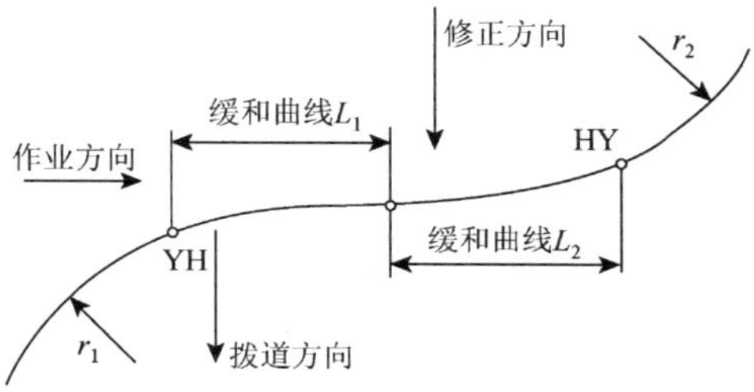

图 3-32　反向圆曲线

（6）无缓和曲线的直线-圆曲线线型，拨道作业从直线进入圆曲线时的修正方向如图 3-33 所示；拨道作业从圆曲线进入直线时的修正方向如图 3-34 所示。

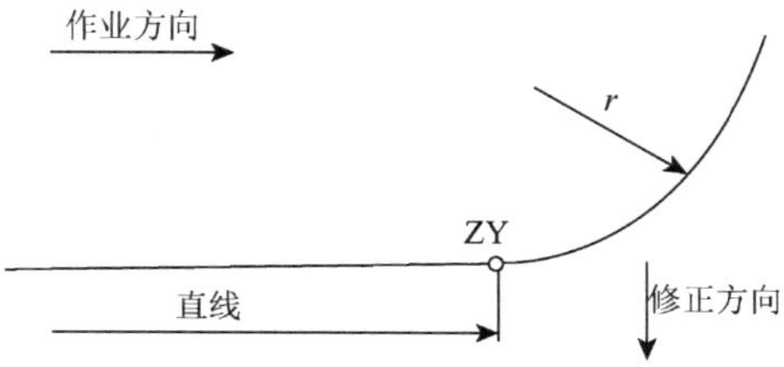

图 3-33　直线-圆曲线

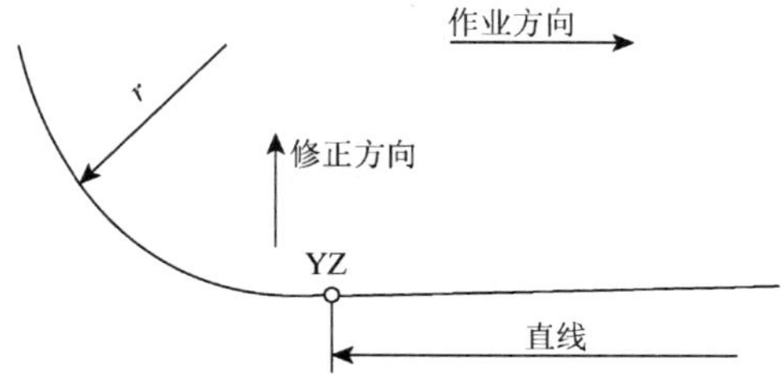

图 3-34　圆曲线-直线

（7）两圆曲线相连接的复心圆曲线，复心圆曲线半径 $r_1>r_2$ 时的修正方向如图 3-35 所示；复心圆曲线半径 $r_1<r_2$ 时的修正方向如图 3-36 所示。

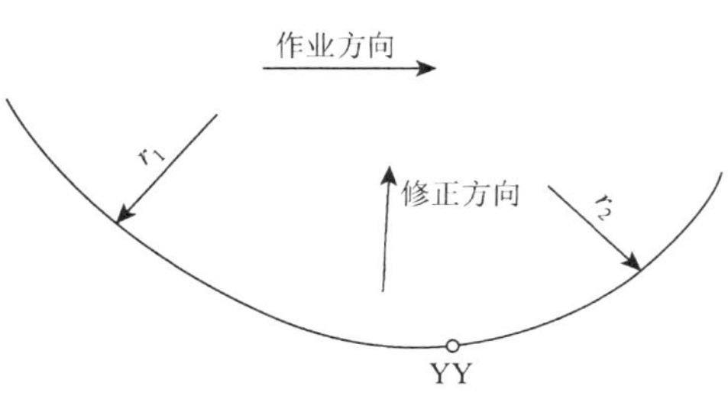

图 3-35　无缓和曲线的复心圆曲线 $r_1>r_2$

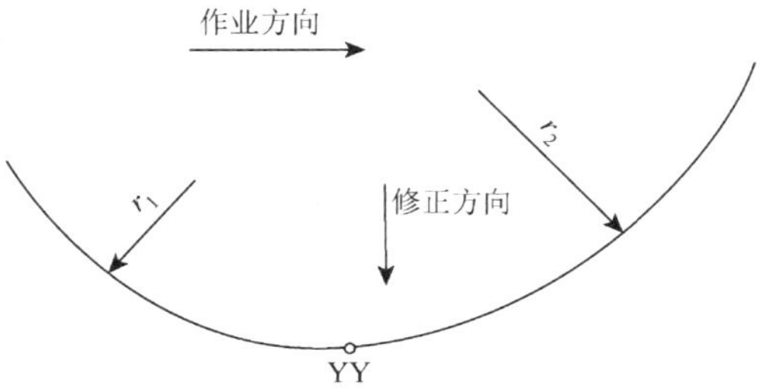

图 3-36　无缓和曲线的复心圆曲线 $r_1<r_2$

（8）两圆曲线相连接的反向圆曲线的修正方向如图 3-37 所示。

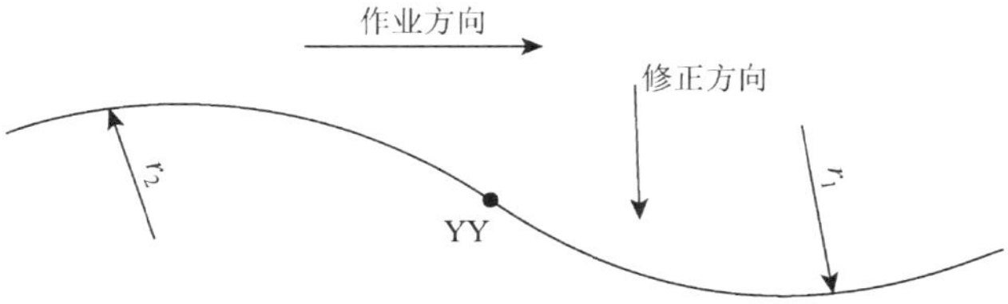

图 3-37　无缓和曲线的反向圆曲线

用三点法检测拨道时，在缓和曲线和圆曲线上都是把手动修正方向开关置于曲线的外股钢轨位置上。

3.5　起道抄平系统原理

线路水平包括横向水平和纵向水平。纵向水平检测装置和横向水平检测装置同时进行测量，起道量要考虑横向水平偏差和纵向水平偏差，使起道作业后的线路轨道的前、后、左、右都处在同一平面内，符合《铁路线路维修规则》的要求。通常将这一作业过程称为起道抄平作业。捣固车测量系统的布置图如图 3-38 所示，图中详细确定了各部分检测点的具体位置。

捣固车起道抄平系统要完成两个方向上的道床几何尺寸检测及整正作业：纵向水平和横向水平。横向水平简称横平或超高，并且两者在同一起道作业过程中同时完成。线路纵向水平检测是通过三点法检测系统来实现的。在线路左右两轨上各有一套相同的纵向水平检测装置分别对两轨进行纵向水平检测。左右两轨间具有对称性，了解其中一轨的情况，也就了解了另一轨的情况。线路横向水平检测是通过横平检测装置——电子摆来实现的。一般全车配有三个结构相同的电子摆，分别布置在纵平三点法检测弦线系统的三个点处，检测三个点处的横向水平，称为两轨间在竖直平面内的超高。

在起道抄平系统内部，横平和纵平相互联系、相互作用，共同完成起道抄平作业。虽然在起道作业时两者需要同时考虑，但为了简化理解和阐述，可分别对横平和纵平进行研究讨论，而将另一者的作用假设为零，且这种假设的情况在实际作业中确实存在。

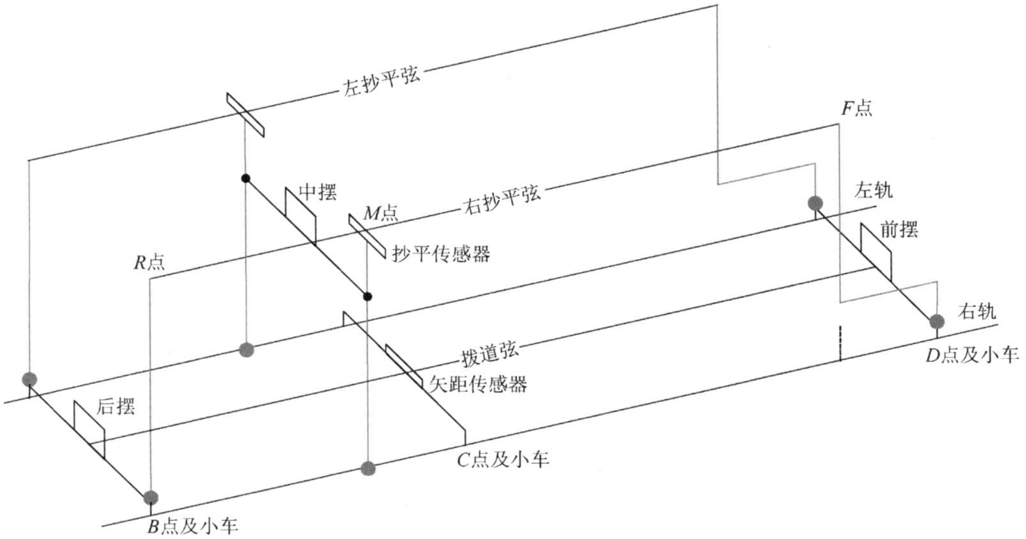

图 3-38　捣固车测量系统布置图

3.5.1　纵向水平检测及起道原理

从线路纵向水平整正的角度来看，线路纵向水平检测原理与线路方向偏差检测的三点法检测原理完全相同，只是各检测点间距离、传感器的结构以及检测参考平面不同。

以竖曲线为研究对象，如图 3-39 实线所示，*R*、*M*、*F* 点都在竖曲线上。

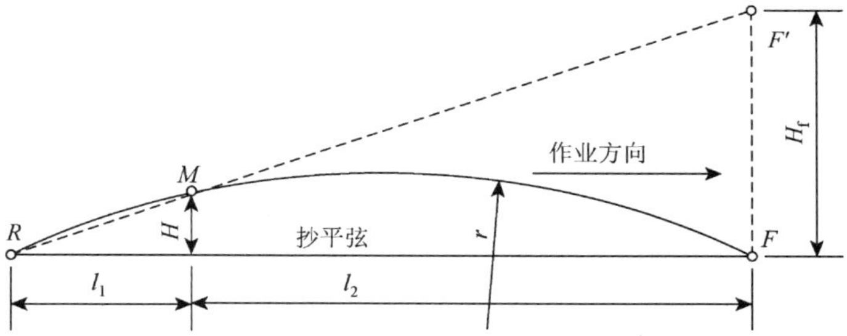

图 3-39　纵向水平检测原理

在 r 较大的情况下，有

$$H \approx \frac{\overline{RM} \cdot \overline{MF}}{2r} = \frac{l_1 \cdot l_2}{2r} \tag{3-40}$$

一旦弦线系统给定，H 仅与 r 有关。对一条给定的竖曲线，H 是定值。捣固车对竖曲线作业时，已经作业过的 R 点在已整正的竖曲线上，假设未经作业的 F 点也在竖曲线上，则起道作业过程就是把 M 点起道至满足式（3-40），或者说把 M 点起道至与给定的理论起道量相等，此时 R、M、F 点在同一条竖曲线上。当半径无穷大时，圆曲线变成直线，所以三点法纵平检测原理对直线也适用，只是 H 恒等于 0。可见，三点法纵平检测起道系统不需要系统外任何输入或输入为零，就可做直线，实质上是一个做直线的装置。

与线路方向三点法检测原理相同，线路纵平检测原理在竖平面内不同线型变更点或竖曲线上作业时也存在修正值。其修正值的计算方法与线路方向三点法检测无缓和曲线修正值的计算方法相同，可由手工或专用计算机计算完成。另外，工程上，当 $r>50000\text{m}$ 时，可不进行修正，竖曲线作为直线来处理。同理，线路纵平检测原理也存在残留偏差，残留系数为 $\overline{RF}/\overline{RM}$，因此也有近似法和精确法两种检测起道作业方式。表 3-3 给出纵平检测与线路方向三点法检测的对应关系。

表 3-3　纵平检测与线路方向三点法检测的对应关系

内容项目	线路方向三点法检测	纵平检测
在整正线路上的点	B	R
检测传感器点	C	M
在未整正线路上的点	D	F
检测系统所在面	水平面	竖直面
检测传感器	正矢传感器	高度传感器
作业修正量	拨道量（正矢），C 点	起道量，M 点
在整正线路上的点的量	无	R 点起道量
在未整正线路上的点的量	D 点偏移量	F 点起道量
偏差残留系数	$\overline{BD}/\overline{BC}$	$\overline{RF}/\overline{RM}$
作业方法	近似法和精确法	近似法和精确法

虽然纵平检测从原理上可以整正线路的高低点，但是捣固车只有提升轨道（起道）的能力而没有下压轨道的能力，因此起道作业时总希望在线路最高点处具有一定的起道量，这可以通过人为给定前端基本起道量来实现。其原理如图 3-39 虚线所示，当 F 点处给定前端基本起道量 H_{f} 时，M 点处有起道量为

$$H = H_{\text{f}} \times \frac{\overline{RM}}{\overline{RF}} = H_{\text{f}} \times \frac{l_1}{l_1 + l_2} \tag{3-41}$$

综合式（3-40）和式（3-41），有

$$H_{\text{f}} \times \frac{l_1}{l_1 + l_2} = H \approx \frac{l_1 \cdot l_2}{2r} \tag{3-42}$$

进而有

$$H_{\text{f}} = \frac{(l_1 + l_2) \cdot l_2}{2r} \tag{3-43}$$

即 M 点处起道量 H 与 F 点处起道量 H_{f} 相当，两者可等价代换。

左右两轨纵平检测系统在不考虑超高的情况下相对独立、自成系统，捣固车实际作业中超高（横平检测）使左右两套纵平检测系统联系起来，并不真正独立。但是起道修正值和前端基本起道量总是同时加到左右两轨系统中，因此作业完成后左右两轨纵平变化趋势相同。

3.5.2 横向水平检测及起道原理

线路横向水平检测是通过电子摆来实现的，全车共三个，分布在 *R*、*M*、*F* 点处。仅仅依靠三个电子摆是不能完成横向水平起道作业的，必须借助纵平检测弦（简称纵平弦）把 *R*、*F* 点的检测值传递到 *M* 点处。也就是说，横平检测系统必须依赖纵平检测系统而存在。针对不同系列的车型，其横向水平检测系统在方式和原理上有所不同。就 09 系列捣固车而言，前后摆对起道系统有补偿；而中摆不参加起道作业，只供显示和观察。其横向水平检测原理如图 3-40 所示。

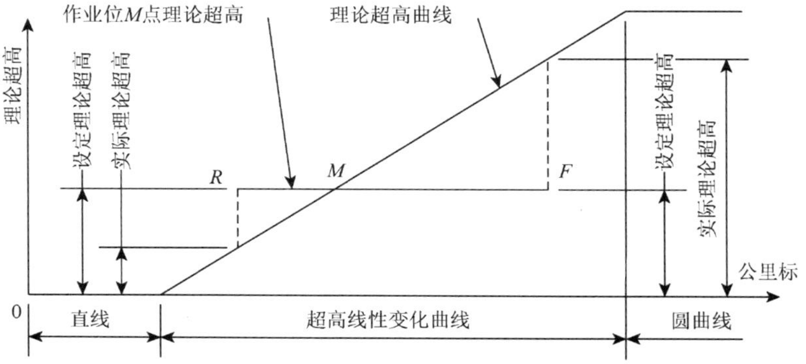

图 3-40 横向水平检测原理

从图 3-40 可以看出，09 系列捣固车在线路上任一点处作业时，总是把 *F* 点和 *R* 点处的理论超高设定为与 *M* 点的理论超高相等。起道抄平系统作业时，在 *R*、*F* 点处设定的理论超高值与来自横平检测装置（电子摆）的实际超高值相比较形成超高差；此超高差通过纵平弦传递到 *M* 点处，使 *M* 点处高度传感器产生检测值；然后横平超高差与纵平高度传感器检测值在起道抄平系统内通过运算相抵消，最终相当于 *R* 和 *F* 点处同时有与 *M* 点理论超高值相当的起道量，再次通过纵平弦的传递作用使 *M* 点处有与 *M* 点理论超高值相当的实际起道量，进而使 *M* 点处的实际超高与理论超高相等，满足作业要求。计算时有关超高量是相对于过参考轨的水平面来设定的。

横平检测起道原理是基于纵平检测起道原理来实现的。纵平检测起道原理可以独立运用，但横平检测起道原理必须基于纵平检测起道原理来实现。捣固车所处的线路线型不一样，以下分情况来进一步阐述横向水平检测及起道原理。

1. 在平直的线路上作业

如图 3-41 所示，整车在平直的线路上作业，理论超高恒等于零，左轨为参考轨，右轨为超高轨。若由于某种原因使 *F* 点处升高，则 *F* 点处电子摆检测到线路实际超高值，由于此时线路的理论超高为零，*F* 点处超高差在数值上等于实际超高值；同时，测量杆使 *F* 点处纵平弦升高了相当于超高差的起道量，通过纵平弦又使 *M* 点处高度传感器检测出按纵平弦比例折算的检测值；*F* 点处超高差与 *M* 点处高度检测值同时进入起道抄平系统，在系统中按比例合成后，其综合效果为零，即在 *M* 点处不产生起道量。

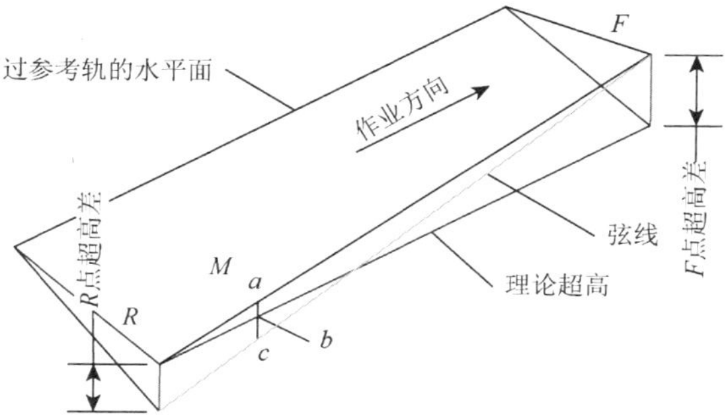

图 3-41　整车在平直的线路上作业 1

F 点处出现低点的情况与出现高点的情况相同，只是数值的符号可能相反。*R* 点处的情况与 *F* 点的情况类似，只是纵平弦折算系数不同。*F* 和 *R* 点同时出现以上情况时，可理解成单点分别作用后的叠加，如图 3-42 所示。原理同前，*F* 点超高差与 *M* 点处 *ab* 段抵消；*R* 点超高差与 *M* 点处 *ac* 段抵消，*M* 点处起道量为零。

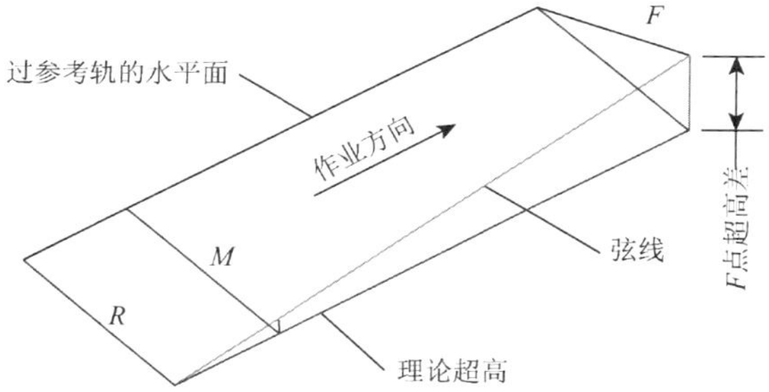

图 3-42　整车在平直的线路上作业 2

2. 在圆曲线上作业

如图 3-43 所示，整车在圆曲线上作业，理论超高为常数，左轨为参考轨，右轨为超

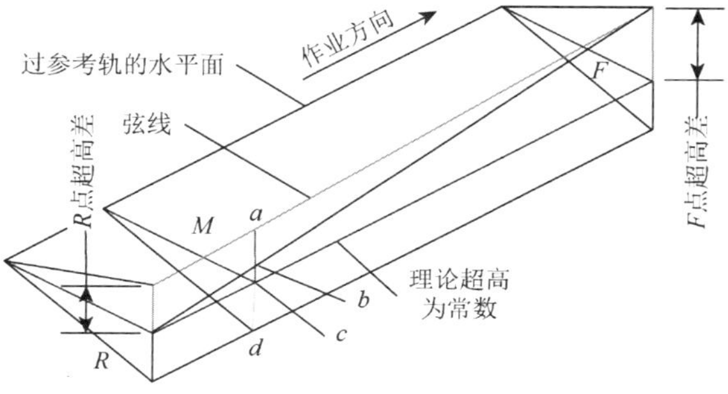

图 3-43　整车在圆曲线上作业

高轨。原理同前，*F* 点超高差与 *M* 点处 *bc* 段抵消；*R* 点超高差与 *M* 点处 *ab* 段抵消。另外，由于 *R*、*F* 点处抵消后仍然存在在数值上等于理论超高的起道量，同样通过纵平弦使 *M* 点处产生与理论超高相当的起道量 *cd* 段，从而在 *M* 点产生与理论超高相等的超高。

特例如下。当超高差为零时，*M* 点起道量相当于在 *R*、*F* 点处给定与理论超高相等的起道量，如图 3-44 所示。

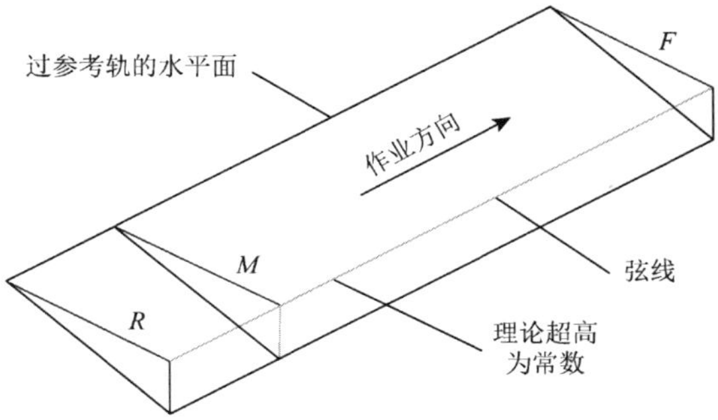

图 3-44　特例

3. *F*、*M* 点在曲线上而 *R* 点在直线上作业

此情况为 *R*、*F* 点处同时出现超高差与圆曲线上超高差为零的两种情况的叠加，*M* 点起道量相当于在 *R*、*F* 点处给定与理论超高相等的起道量，如图 3-45 所示。

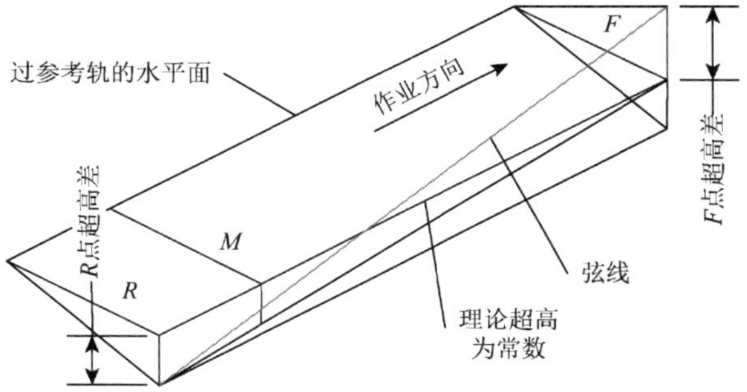

图 3-45　*F*、*M* 点在曲线上而 *R* 点在直线上作业

4. *F*、*M*、*R* 点在曲线上作业

此情况与情况 3 完全相同，如图 3-46 所示。

5. 超高参数计算

超高分为理论超高和实际超高。理论超高来自人工输入和 AGC 系统；实际超高来自电子摆的测量，反映该摆所在的小车轮点的线路实际超高。对于 AGC 系统，主要涉及表 3-4 所示的理论超高。

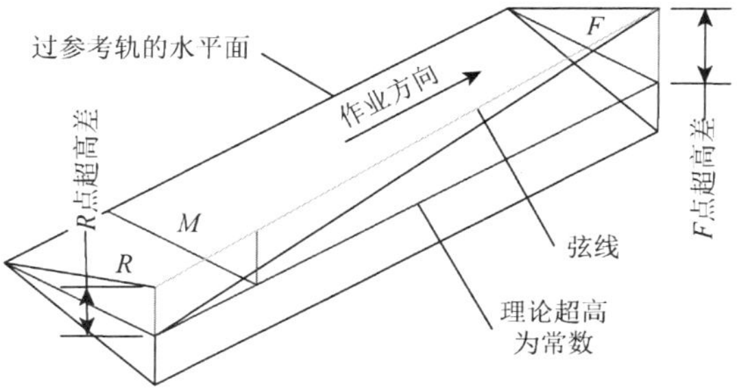

图 3-46　*F*、*M*、*R* 点在曲线上作业

表 3-4　理论超高的设置

中文名称	英文名称	点位	定义变量名
前小车	front trolley	*D* 点	cant_nominal_D
前位	front position	*F* 点	cant_nominal_F
作业位	working position	*M* 点	cant_nominal_M
后位	rear position	*R* 点	cant_nominal_R
自定义位	defined position	自定义点（Ref. D）	cant_nominal_Dx
参考测量	cant ref. measurement	V1D	cant_nominal_V1D
DGS	cant for DGS	V2D、DGS 点	cant_nominal_V2D

08 系列、09 系列捣固车均输出 front trolley、working position、cant ref. measurement。另外，08 系列捣固车输出 front position；09 系列捣固输出 cant for DGS。

实际超高由安装在各小车上的电子摆测量线路而得，如表 3-5 所示，一般有 3 或 4 处。

表 3-5　实际超高的设置

中文名称	英文名称	点位	定义变量名
前摆	front pendulum	*D* 点	cant_actual_D
中摆	middle pendulum	*M* 点	cant_actual_M
后摆	rear pendulum	*B* 点	cant_actual_B
DGS 摆	DGS pendulum	自定义点	cant_actual_DGS

线路实际超高值由电子摆来进行测量；各摆所测得的实际超高值是其所安装在的小车车轮所在线路点的实际超高值。

在铁路轨道参数计算中，线路横向水平检测是通过电子摆来实现的，全车共三个，分布在 *R*、*M*、*F* 点处，分别为后测量位小车超高、作业位超高、前测量位超高。AGC 系统必须解算这三个参数，用于显示与观测。图 3-47 为超高曲线的几何形状和坐标设置情况，依此可获得式（3-44）所示的超高对应的计算方程。

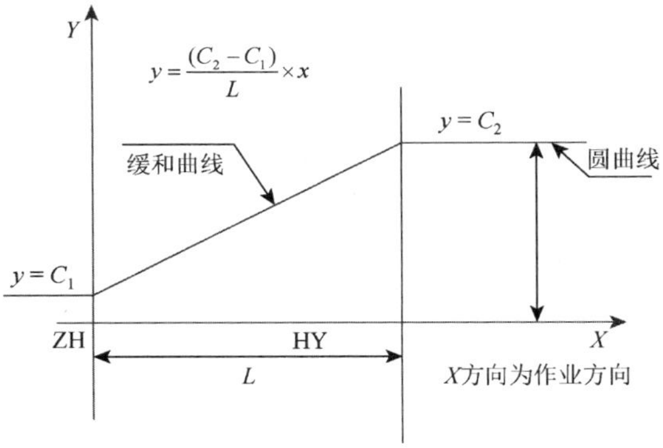

图 3-47　超高曲线

$$y=\frac{(C_2-C_1)}{L}\times x \tag{3-44}$$

综上所述，横平检测起道原理具有以下特点：

（1）所有的量都是相对于过参考轨的（水）平面而言的。

（2）横平检测起道原理以纵平检测起道原理为基础和前提。

（3）*R*、*F* 点处的超高差补偿了相应点处由超高差引起的测量杆升降对 *M* 点的影响，使超高差在 *M* 点处不产生起道量，为系统设定 *R*、*M*、*F* 点具有相同理论超高奠定了基础。

（4）系统设定 *R*、*F* 点的理论超高与 *M* 点的理论超高相等，即 *R*、*M*、*F* 点处理论超高始终相等，具体的值由 *M* 点在线路上的位置决定。

（5）*M* 点处起道量相当于在 *R*、*F* 点处给定与理论超高相等的起道量在 *M* 点的作用效果。

3.5.3　横纵平综合检测及起道原理

以上分别分析了纵平检测起道抄平原理和横平检测起道抄平原理，也明确了两者的相对独立性和必然联系性。从原理上来说，纵平离开横平仍然能够独立成为系统，但横平离开纵平则不能独立成为系统；从捣固车作业实践来看，两者密不可分，必须协调一致才能完成起道抄平作业。横纵平综合检测在原理上可以理解为横平检测和纵平检测原理的叠加，但是这种叠加并不简单的加和，而是在起道抄平系统内部有机的综合效果，如图 3-48 所示。

参考轨最终起道量为基本起道量在 *M* 点的折算；超高轨最终起道量为参考轨起道量加上理论超高在 *M* 点的作用效果的总量。由于起道抄平系统同时完成两个方向上的起道作业，相对于拨道系统来说较为复杂，从原理理解和调试上都带来一些难度。

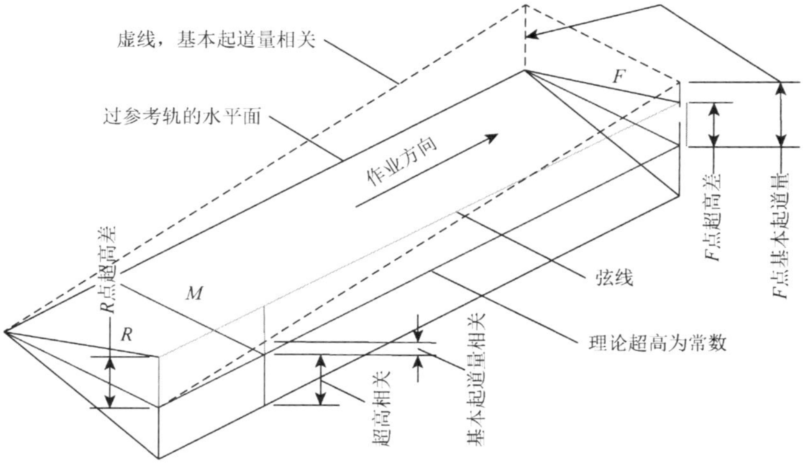

图 3-48　纵平综合检测及起道原理

3.5.4　起道减少量原理和计算

起道减少量是由 AGC 系统根据输入的轨道几何尺寸经内部计算而输入作业控制系统中的；在 AGC 系统外部，作业电路中没有相应的电位器来控制输入和进行调整。这进一步给起道减少量的理解带来困难。

1. 起道减少量产生原因的定性分析

依据不同轨道几何线型起道减少量的输出情况，假设以下四种线型：

（1）直线无超高线型；

（2）直线有超高线型；

（3）曲线无超高线型；

（4）曲线有超高线型。

对这四种线型进行分析、观察后发现：

（1）直线无超高线型没有起道减少量输出；

（2）直线有超高线型没有起道减少量输出；

（3）曲线无超高线型没有起道减少量输出；

（4）曲线有超高线型没有起道减少量输出。

另外，通过对电气控制系统的分析发现，起道减少量同时作用于左右两条钢轨上。因此，可得以下初步结论：

（1）起道减少量由线路方向（偏离）和超高同时引起，其中，线路方向引起纵平弦偏离，超高引起轨面与基准平面的夹角；

（2）起道减少量同时作用于左右两条钢轨上。

因此，起道减少量是由线路轨道的物理构造和捣固车本身的物理结构引起的。

2. 起道减少量的原理及定量计算方法

1）起道纵平系统简介

捣固车起道纵平系统由两套相对独立的三点法检测系统构成，两套系统基本原理相同。三点法检测系统如图 3-49 所示。*R*、*F* 点固定在车体上，*M* 点处安装抄平传感器；*R*、*F* 点间张紧抄平弦，弦线与 *M* 点抄平传感器连接，弦线可沿传感器横向移动，且弦线与基准轨平行。当 *R*、*M*、*F* 点小车在一条直线上时，*M* 点在 *R*、*F* 点的连线上；从线路纵向看，*R*、*M*、*F* 点重合。

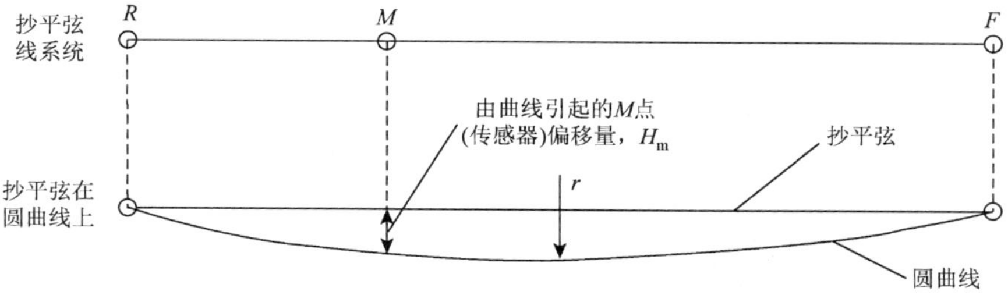

图 3-49　三点法检测系统

当 *R*、*M*、*F* 点中至少有一点在曲线（缓和曲线或圆曲线）上时，由于弦线在车上布置的物理结构，*M* 点并不在 *R*、*F* 点的连线上；从线路纵向看，*R*、*M*、*F* 点不重合，且 *M* 点偏离 *R*、*F* 点连线一个距离 H_m。

路线任意位置的 H_m 值可以用三点法检测原理计算得到。

2）起道减少量的原理

起道减少量由线路方向偏离和超高同时引起。

（1）设 *R*、*M*、*F* 点同时在有超高的直线上。

如图 3-50 所示，*R*、*M*、*F* 点同时在超高为 *C* 的直线上：由超高 *C* 引起角度 *α*；*R*、*M*、*F* 点重合，*M* 点没有偏移量；系统没有需要的补偿量，起道减少量为零。

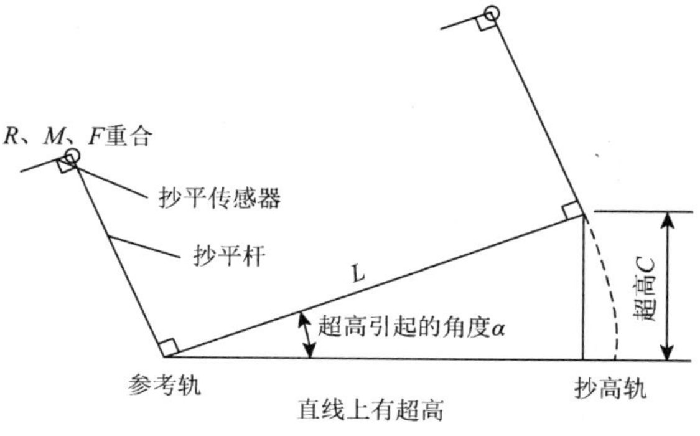

图 3-50　*R*、*M*、*F* 点都在超高为 *C* 的直线上

（2）设 R、M、F 点同时在无超高的一般曲线上。

如图 3-51 所示，R、M、F 点同时在无超高的一般曲线上：由超高 C 引起的角 α 为 0；R、M、F 点不重合，M 点偏移至 m 处，偏移量为 H_m；系统没有需要的补偿量，起道减少量为零。

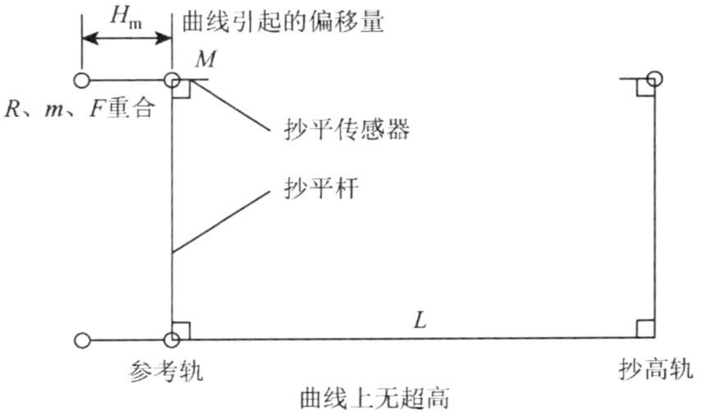

图 3-51　R、M、F 点都在无超高的曲线上

（3）设 R、M、F 点同时在有超高的一般曲线上。

如图 3-52 所示，R、M、F 点同时在超高为 C 的一般曲线上：由超高 C 引起角度 α；R、M、F 点不重合，M 点偏移至 m 处，偏移量为 H_m；由于抄平杆的高度是固定的，在 M 点处传感器检测到变化量 δ，δ 就是系统需要在 M 点处对起道系统的补偿量，即 M 点的起道减少量。

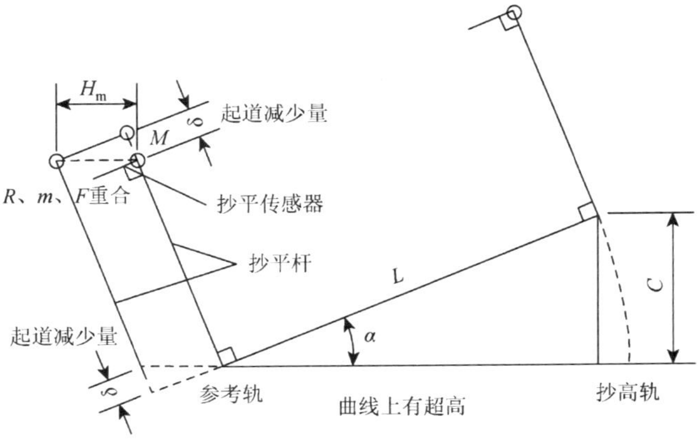

图 3-52　R、M、F 点同时在有超高的一般曲线上

由图 3-52 可得

$$\delta = \frac{C \times H_m}{L} \tag{3-45}$$

应当注意，式（3-45）中计算的起道减少量是 M 点处的值；对于 09 型捣固车，起道减少量是同前端起道量叠加后一起从前端输入系统的，因此前端 F 点处的起道减少量应

为 M 点处的起道减少量乘以纵平弦的折算系数 $\overline{RF}/\overline{RM}$，即前端起道减少量为

$$\delta_{\mathrm{F}}=\frac{C\times H_{\mathrm{m}}\times\overline{RF}}{L\times\overline{RM}} \tag{3-46}$$

（4）设 R、M、F 点同时在有超高的圆曲线上。

圆曲线是一般曲线的特例。由三点法检测原理知，

$$H_{\mathrm{m}}=\frac{\overline{RM}\times\overline{MF}}{2r} \tag{3-47}$$

将式（3-47）代入式（3-45）和式（3-46），可得

$$\delta=\frac{C\times\overline{RM}\times\overline{MF}}{2\times r\times L} \tag{3-48}$$

$$\delta_{\mathrm{F}}=\frac{C\times\overline{MF}\times\overline{RF}}{2\times r\times L} \tag{3-49}$$

式中，$L=1.435\mathrm{m}$。对于 09 型捣固车，$\overline{RM}=3.91\mathrm{m}$，$\overline{MF}=8.94\mathrm{m}$，$\overline{RF}=12.85\mathrm{m}$，将其代入式（3-48）和式（3-49），得

$$\delta=12.18\times C/r \tag{3-50}$$

$$\delta_{\mathrm{F}}=40.03\times C/r \tag{3-51}$$

由于 R、M、F 点在圆曲线上时，r 最小而 C 最大，式（3-50）和式（3-51）中计算结果为最大值。

3. 起道减少量的变化规律

起道减少量由线路方向偏离和超高同时引起。结合以上计算可得起道减少量变化的一般规律，如图 3-53 所示。

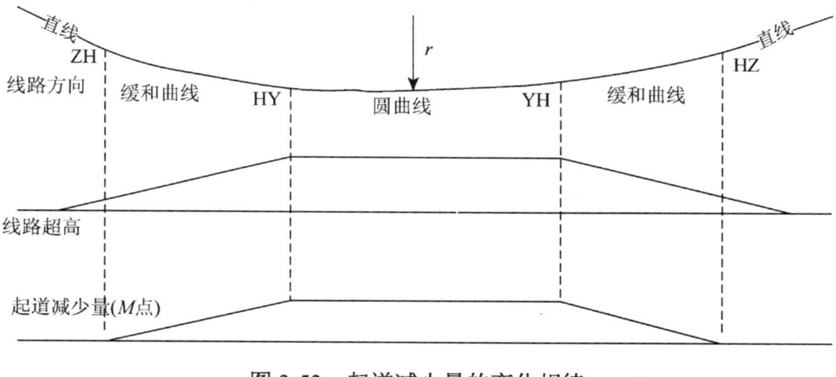

图 3-53　起道减少量的变化规律

4. 起道减少量的意义及作业处理方法

图 3-52 中 M 点抄平传感器检测到纵平变化量 δ，如果不对它进行修正补偿，相当于系统检测到 M 点下数值为 δ 起道量，那么系统就会自动将轨道提起 δ 以达到平衡，这与实际线路情况显然不符。因此要对其进行补偿修正，这也是起道减少量的真实意义。

起道减少量是由 AGC 系统根据输入的轨道几何尺寸经内部计算而输入作业控制系统中的；在 AGC 系统外部，作业电路中没有相应的电位器来控制输入和调整，即人工不能干预。

由式（3-45）知，起道减少量与 M 点超高 C 和 M 点偏移量 H_m 有关。弦线系统确定后，H_m 主要与曲线方向即曲率半径有关。由式（3-50）、式（3-51）可知，其最大值与超高成正比，与曲率半径成反比。在小半径、大超高的线路上作业时，起道减少量较大，不能忽略；一般要使用 AGC 系统辅助才能作业。在大半径、小超高的线路上作业时，相当于图 3-49、图 3-50 的情况，起道减少量较小，在线路要求较低时可以忽略起道减少量；此时不使用 AGC 系统也能作业。

由于抄平杆固定在车体上，车体与轨道间由于存在转向架减振系而构成一个弹性系统，这给抄平杆与轨道平面间真实夹角 α 以及起道减少量始、终点的确定带来困难。在现有车的起道减少量计算中，使用理论超高来决定夹角，认为起道减少量（以 F 点为参考点）始、终点与理论超高始、终点重合。这主要是为了简化系统，应该说这种理论值和人为规定与现场作业情况是不符合的，存在误差。另外，计算偏移量 H_m 时，线路方向偏差也会影响 H_m，进而影响起道减少量。

3.6　计算方程的正确性验证

为了保证所有计算方程的正确性，选择一段线型线路的数据，一方面，采用手动计算的方式对计算方程进行演算，获得正矢的计算结果；另一方面，利用同一组数据，采用 Mathematica 对相应的计算方程进行演算，对计算结果进行比对，确保计算方程的正确性。对涉及的所有轨道线型方程都要进行正确性验证，以保证系统的正确性。所有的曲线方程和约束条件在《铁路线路设计规范》中都有详细规定，在所有的线路计算中完全遵照此规范。

在前期论证阶段，已确定第一期 AGC 系统只需具备目前国内的铁路线型的处理能力，即第一期 AGC 系统必须具备的水平线型为直线、缓和曲线、圆曲线；必须具备的纵平线型为直线、圆曲线和缓和曲线。

3.6.1　对线路平面的线型方程验证的方法

线路平面的线型方程是由一系列的直线、缓和曲线、圆曲线构成的。除《铁路线路设计规范》明确给出的例外情形外，《铁路线路设计规范》要求线段的曲率必须是连续变化的，不能有突变点。例如，两圆曲线的曲率差大于《铁路线路设计规范》中表 3.1.5-4 所规定的数值，就应设中间缓和曲线。缓和曲线的长度应根据曲线半径、路段旅客列车设计行走速度和工程条件确定，应优先采用《铁路线路设计规范》中表 3.1.5-1 规定的数值。缓和曲线的长度应满足超高顺坡的要求，并根据计算确定。直线与圆曲线之间应采用三次抛物线型缓和曲线连接。直线的曲率是 0，圆曲线的曲率为 $1/r$（r 为圆半径）。缓和曲线是连接两段曲线的过渡曲线，在连接点上缓和曲线的曲率必须与被连接曲线的曲率相等。以最常见的直线-缓和曲线-圆曲线为例。铁路轨道由直线轨道转入圆曲线轨道时，若接头处的曲率突然改变，容易发生事故。为了保证火车运行平稳，往往在直线轨道和圆曲线轨道之间连接一段缓和曲线，使曲率连续地由 0 过渡到 $1/r$（r 为圆曲线轨道的半径）。通常用三次抛物线方程作为缓和曲线的方程，如下所述：

$$y=\frac{1}{6rL}x^3,\quad x\in[0,x_0] \tag{3-52}$$

式中，L 为缓和曲线的长度；对应 x_0 为缓和曲线在水平方向的坐标。根据《铁路线路设计规范》的要求，依据该方法对系统中设计的轨道线路数学模型的正确性进行验证。下面，就以图 3-54 所示的直线-缓和曲线-圆曲线构成的线路线型为例，具体介绍验证的方法。

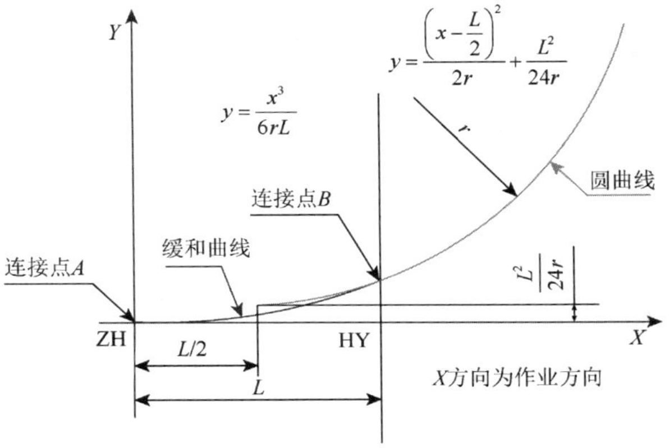

图 3-54　直线-缓和曲线-圆曲线的构成

问题：构成铁路线路的缓和曲线与直线的连接点曲率为 0，并且当 L/r 很小时，与圆曲线的连接点曲率也为 $1/r$？

证明：设轨道线路的线型方程为 $y=f(x)$，则曲线在 x 处的曲率 k 为

$$k=\frac{y''}{(1+(y')^2)^{\frac{3}{2}}} \tag{3-53}$$

缓和曲线的方程为

$$y'=\frac{1}{2rL}x^2 \tag{3-54}$$

则

$$y''=\frac{1}{rL}x \tag{3-55}$$

那么，在 $x=0$ 处，$y'=0$；$y''=0$。

故缓和曲线起始点的曲率 $k_0=0$。当 $L=x_0$ 时，有

$$y'\big|_{x=x_0}=\frac{1}{2rL}x_0^2\approx\frac{1}{2rL}L^2=\frac{L}{2r}$$

$$y''\big|_{x=x_0}=\frac{1}{rL}x_0\approx\frac{1}{rL}L=\frac{1}{R} \tag{3-56}$$

故在缓和曲线与圆曲线的交点即缓和曲线的终点的曲率为

$$k_A=\frac{|y''|}{(1+y'^2)^{\frac{3}{2}}}\Bigg|_{x=x_0}\approx\frac{\frac{1}{r}}{\left(1+\frac{L^2}{4r^2}\right)^{\frac{3}{2}}} \tag{3-57}$$

因为 $\frac{L}{r}\ll 1$，略去二次项 $\frac{L^2}{4r^2}$，得

$$k_A\approx\frac{1}{r} \tag{3-58}$$

由以上计算可以证明，对直线-缓和曲线-圆曲线的线型组合，缓和曲线方程 $y=\frac{x^3}{6RL}$ 和圆曲线方程 $y=\frac{\left(x-\frac{L}{2}\right)^2}{2r}+\frac{L^2}{24r}$ 是正确的。

根据以上情况确定的曲率的变换曲线如图 3-55 所示。

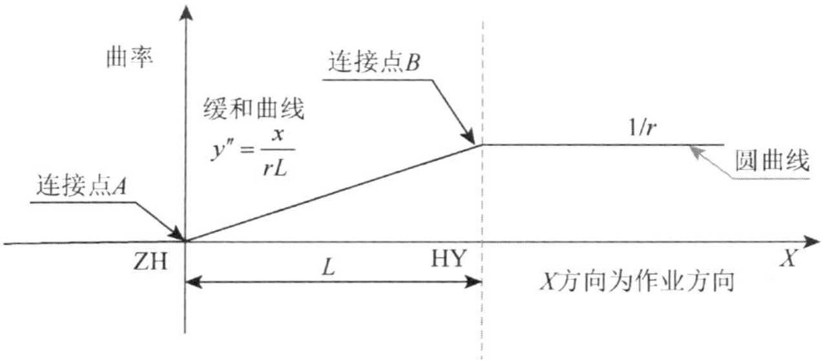

图 3-55　曲率的变换曲线

其他线型方程的正确性也可用相同的方法进行正确性验证。其中，对于《铁路线路设计规范》中 3.1.4 节规定的当曲率变化小于一定值时可以不用缓和曲线连接的情形有如下几种铁路线路线型。

（1）直线-圆曲线，线路线型及对应线型的方程如图 3-56 所示。直线与圆曲线的连接点是它们之间的切点，否则连接点将发生曲率突变。

（2）圆曲线-直线，线路线型及对应线型的方程如图 3-57 所示。理由同上。

（3）圆曲线-圆曲线，线路线型及对应线型的方程如图 3-58 所示。如果两圆曲线的曲率差如表 3-6 所示，就可不设中间缓和曲线。

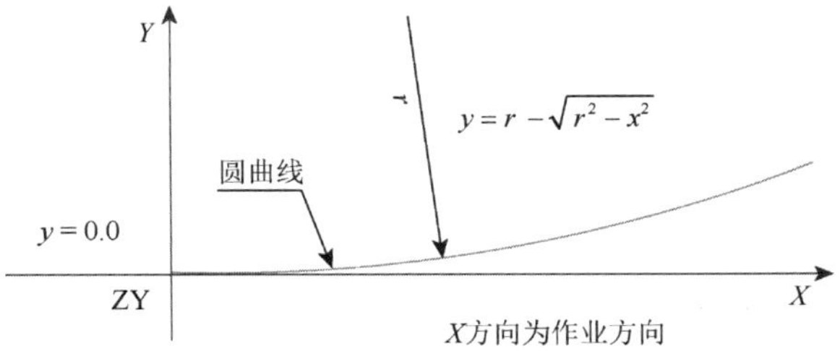

图 3-56　直线-圆曲线的线型组合

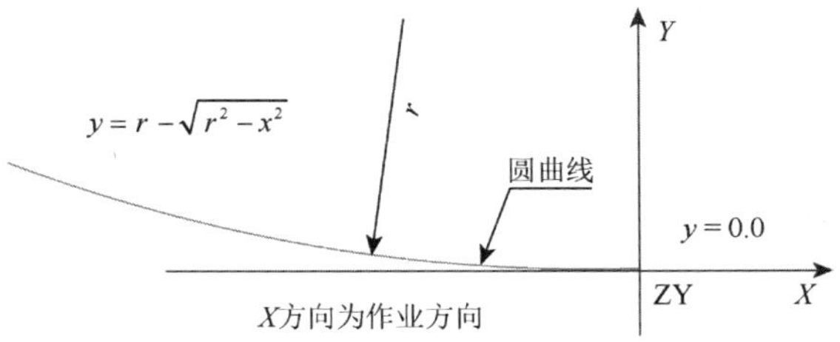

图 3-57　圆曲线-直线的线型组合

表 3-6　复心圆曲线可不设中间缓和曲线的两圆曲线的最大曲率差

路段旅客列车设计行车速度/(km/h)	140	120	100	80
可不设中间缓和曲线的两圆曲线的最大曲率差	1/6000	1/4000	1/2000	1/1000

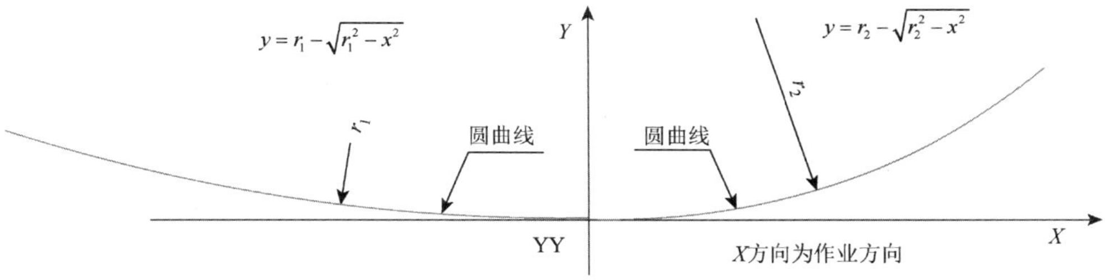

图 3-58　圆曲线-圆曲线的线型组合

3.6.2　对轨道线路数学模型人工验算的方法

对轨道线路数学模型采用人工验算的方法进行验证，对典型线路的数据进行抽样验算，确定人工验算的结果与 AGC 系统计算结果的误差是否在允许的范围内。具体验证方法采用 Mathematica 软件，针对 AGC 系统设计中所完成的所有轨道线路线型都进行人工验算，验算结果与 AGC 系统的计算结果进行比对，保证轨道线路数学模型所涉及的所有计算公式都是正确的。

下面，以直线-缓和曲线-圆曲线所构成的典型线路为例，介绍设计中对拨道、超高等参数计算方法进行验证的方法。图 3-59 为 D09-32 型捣固车的测量系统。图 3-54 为直线-缓和曲线-圆曲线的线型组合及坐标系设置。

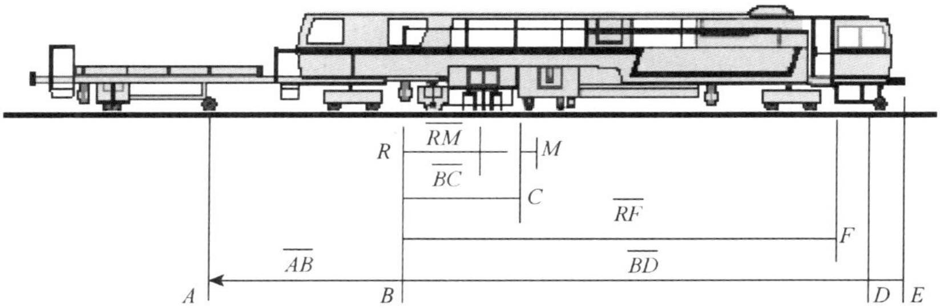

图 3-59　D09-32 型捣固车的测量系统

1. 拨道值的人工验算

具体的参数设置、验算程序以及计算结果如下所述。

缓和曲线基本公式为 $y=\dfrac{x^3}{6rL}$；

圆曲线基本公式为 $y=-\sqrt{r^2-\left(\dfrac{L}{2}+x\right)^2}+\dfrac{L^2}{24r}+r$。

D09-32 型捣固车测量系统参数如下所示：

Clear[x];

$\overline{CB}=4.75$（等于测量弦中 l_2 的数值）；

$\overline{DC}=10.05$（等于测量弦中 l_3 的数值）；

$K_d=\overline{CB}/(\overline{CB}+\overline{DC})$；

$K_b=\overline{DC}/(\overline{CB}+\overline{DC})$。

线路基本参数如下所述：

$L=25.0$；

$r=500.0$；

(*Clear[L, r]*)

$$\text{FZ}[x]:=\text{Piecewise}\left[\{0,x\leqslant 0\},\left\{\frac{x^3}{6.0\times r\times L},0<x\leqslant L\right\};\left\{\frac{\left(\frac{x-L}{2}\right)\left(x-\frac{L}{2}\right)}{2r},x>L\right\}\right] \tag{3-59}$$

$$\text{FA}[x]:=\text{Piecewise}\left[\{0,x\leqslant 0\},\left\{\frac{x^3}{6.0\times r\times L},0<x\leqslant L\right\};\left\{-\sqrt{r\cdot r-\left(-\frac{L}{2}+x\right)^2}+\frac{L^2}{24r}+r,x>L\right\}\right] \tag{3-60}$$

$$\text{Di}[x]:=\text{Piecewise}\left[\{0,x\leqslant 0\},\{0,0<x\leqslant L\},\left\{r-\sqrt{r\cdot r-\left(-\frac{L}{2}+x\right)^2}-\frac{\left(x-\frac{L}{2}\right)^2}{2r},x>L\right\}\right] \tag{3-61}$$

式（3-59）～式（3-61）是图 3-59 所示的曲线阶段函数的数学表达式，按上述的编制格式代入 Mathematica 中进行运算；其中式（3-59）中 FZ[x]为图 3-54 所示曲线的精确数学表达式，式（3-60）中 FA[x]为图 3-54 所示曲线的简化数学表达式，式（3-60）中 Di[x]为式（3-59）与式（3-60）之间的计算误差结果。分别将式（3-59）、式（3-60）代入式（3-62）所示的正矢计算公式，并将 D09-32 型捣固车测量系统的参数和系数代入式（3-62），即可得下述正矢的计算结果。

$$\mathrm{Ver}[x]=(K_d\times \mathrm{FZ}[x]-\mathrm{FA}[x-\overline{DC}]+K_b\times \mathrm{FZ}[x-\overline{CB}-\overline{DC}])\times 1000.0 \tag{3-62}$$

```
Ta=Table[FZ[x],{x,10,28,1.0}]
Tb=Table[FA[x],{x,10,28,1.0}]
Td=Table[Di[x] *1000,{x,10,39,1.0}]
(*D[FZ[W],W]
D [FA[W],W]
D[Di[W],W]*)
Table[Ver[x],{x, 10,40,1.0}]
```

给出 x 的计算区间后，输出计算结果，共获得 39 个计算数据，如表 3-7 所示，相关输出结果如图 3-60～图 3-62 所示。

表 3-7　FZ[x]、FA[x]、Di[x]、Ver[x]的计算结果

x/m	FZ[x]	FA[x]	Di[x]	Ver[x]	x/m	FZ[x]	FA[x]	Di[x]	Ver[x]	x/m	FZ[x]	FA[x]	Di[x]	Ver[x]
−10	0	0	0	0	4	0.00085	0.00085	0	0.2738	18	0.0778	0.0778	0	18.544
−9	0	0	0	0	5	0.00167	0.00167	0	0.5349	19	0.0915	0.0915	0	20.463
−8	0	0	0	0	6	0.00288	0.00288	0	0.9243	20	0.1067	0.1067	0	22.373
−7	0	0	0	0	7	0.00457	0.00457	0	1.4677	21	0.1235	0.1235	0	24.282
−6	0	0	0	0	8	0.00683	0.00683	0	2.1909	22	0.142	0.142	0	26.192
−5	0	0	0	0	9	0.00972	0.00972	0	3.1195	23	0.1622	0.1622	0	28.101
−4	0	0	0	0	10	0.01333	0.01333	0	4.2792	24	0.1843	0.1843	0	30.011
−3	0	0	0	0	11	0.01775	0.01775	0	5.6842	25	0.2083	0.2083	0	31.92
−2	0	0	0	0	12	0.02304	0.02304	0	7.2957	26	0.2343	0.2344	0.0001	33.825
−1	0	0	0	0	13	0.02929	0.02929	0	9.0592	27	0.2623	0.2624	0.0001	35.705
0	0	0	0	0	14	0.03659	0.03659	0	10.92	28	0.2923	0.2924	0.0001	37.533
1	1.00E-05	1.30E-05	0	0.0042	15	0.045	0.045	0	12.825					
2	0.0001	0.00011	0	0.034	16	0.05461	0.05461	0	14.735					
3	0.0004	0.00036	0	0.1155	17	0.06551	0.06551	0	16.644					

```
Plot[{FZ[x],FA[x]},{x,10,38}]
Plot[{Di[x]},{x,10,38}]
Plot[{Ver[x]},{x,10,38},AxesLabel{“机车 D 点位置 m”,“拨道正矢 mm”}]
```

从输出结果可以看出，FZ[x]、FA[x]两条曲线的计算结果在方程中 x 的取值区间为

[−10，28]m 39 个点的取值几乎是相等的，两条曲线几乎重合在一起，只是在直线与缓和曲线的接点和缓和曲线与圆曲线的接点两个点的位置处断开。该计算结果表明，使用精确的数学模型和在设计所采用的简化数学模型的计算结果基本上是完全一致的，误差在 0.5mm 之内，针对该种线型组合的计算公式是完全正确的。

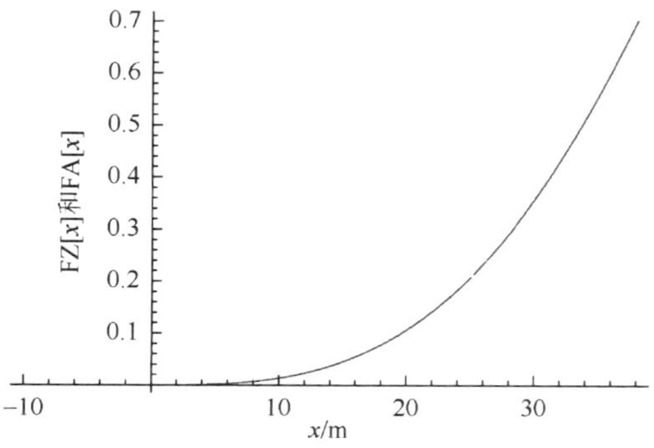

图 3-60　不同 x 值对应的输出结果

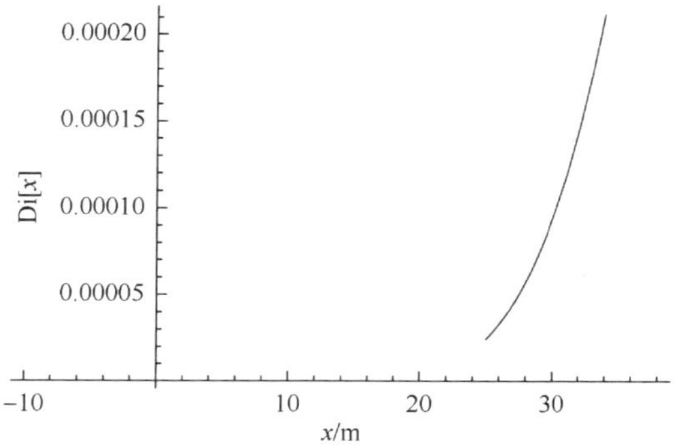

图 3-61　在不同 x 取值下对应的误差值

Di[x]是 FZ[x]和 FA[x]两条输出曲线之间的误差曲线。在 x 的取值区间[−10，25]m，误差都为 0；只是在区间[26，28]m，在小数点后第四位产生了误差。

Ver[x]是在区间[−10，38]m 上正矢的计算结果，计算结果与输入的数据是完全吻合的。

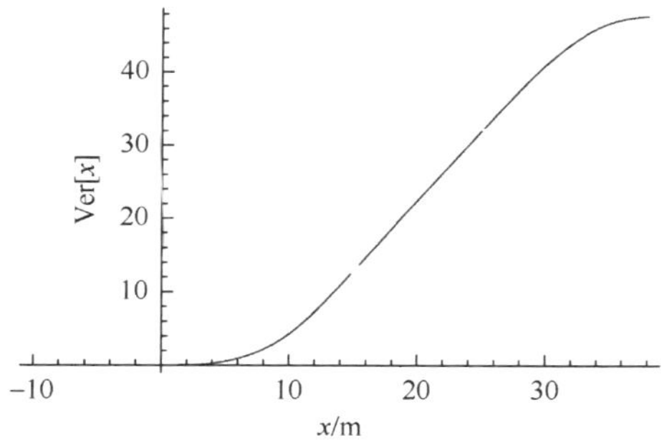

图 3-62　拨道的人工验算结果

2. 超高的计算

超高测量系统如图 3-63 所示。超高的参数设置、计算公式、计算程序及计算结果如下所述。其中，D、M、R 点的三个电子摆处有三个超高值，具体的测量方法如图 3-63 所示。图中 x 坐标以 D 点为参考。

捣固车的参数如下所述：

Clear[x]

$\overline{RM} = 3.91$;

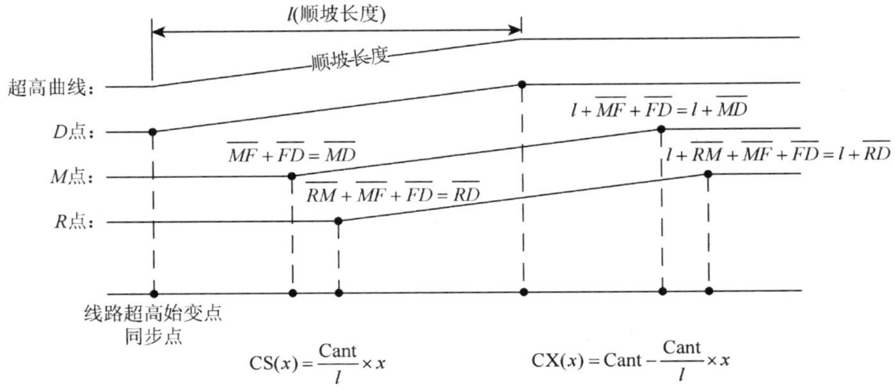

图 3-63　超高测量系统

Cant 是常数

$\overline{MF}=8.94$；

$\overline{FD}=1.95$；

$\overline{FR}=\overline{RM}+\overline{MF}$。

线路参数如下所述：

Cant = 75.0；

$rL=40.0$；

Foffset = $\overline{FD}$；

Moffset = $\overline{MF}+\overline{FD}$；

Roffset = $\overline{RM}+\overline{MF}+\overline{FD}$。

超高的计算公式为

$$f\text{Cant}D(x):=\text{Piecewise}\left[\{0,x\leqslant 0\},\left\{\frac{\text{Cant}x}{r\times L},0<x\leqslant L\right\},\{\text{Cant}x,rL<x\}\right] \tag{3-63}$$

```
Plot[{fCantD[x],fCantD[x-Foffset],fCantD[x-Moffset],fCantD[x-Roffset]},{x,10,80},AxesLabel{“机车 F 点位置 m”,“超高 mm”}]
TD=Table[fCantD[i],{i,10.0,74,0.50}]
TF=Table[fCantD[i-Foffset],{i,10.0,74,0.50}]
TM=Table[fCantD[i-Moffset],{i,10.0,74,0.50}]
TR=Table[fCantD[i-Roffset],{i,10.0,74,0.50}]
Export[“CANT.DAT”,{TD,TF,TM,TR}]
Plot[{fCantD[x],fCantD[x-Foffset],fCantD[x-Moffset],fCantD[x-Roffset]},{x,10,80},AxesLabel{“机车 F 点位置 m”,“超高 mm”}]
```

不同超高点 *D*、*F*、*M*、*R* 的计算结果如表 3-8 所述，输出结果如图 3-64 所示。由于 *D*、*F*、*M*、*R* 点在捣固车上的位置不一样，体现在图 3-64 上也仅仅为在 *X* 轴上有不同。

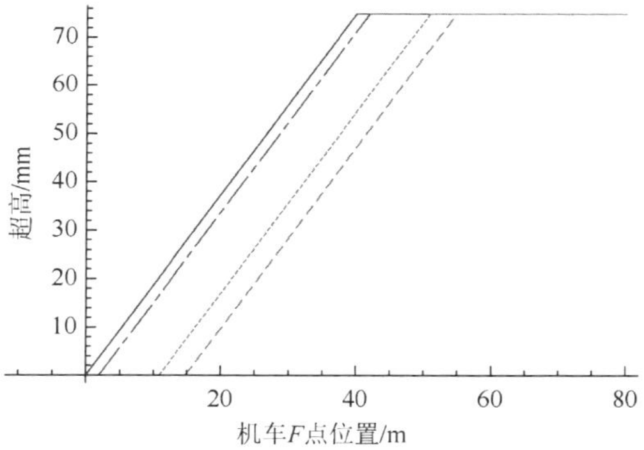

图 3-64　超高的输出结果

不同图例代表不同检测点

表 3-8　超高的计算结果　（单位：mm）

D 点的超高输出值	*F* 点的超高输出值	*M* 点的超高输出值	*R* 点的超高输出值	*D* 点的超高输出值	*F* 点的超高输出值	*M* 点的超高输出值	*R* 点的超高输出值	*D* 点的超高输出值	*F* 点的超高输出值	*M* 点的超高输出值	*R* 点的超高输出值
0	0	0	0	15.625	13.1875	2.0125	0	43.125	40.6875	29.5125	24.625
0	0	0	0	16.25	13.8125	2.6375	0	43.75	41.3125	30.1375	25.25
0	0	0	0	16.875	14.4375	3.2625	0	44.375	41.9375	30.7625	25.875
0	0	0	0	17.5	15.0625	3.8875	0	45	42.5625	31.3875	26.5
0	0	0	0	18.125	15.6875	4.5125	0	45.625	43.1875	32.0125	27.125
0	0	0	0	18.75	16.3125	5.1375	0.25	46.25	43.8125	32.6375	27.75
0	0	0	0	19.375	16.9375	5.7625	0.875	46.875	44.4375	33.2625	28.375
0	0	0	0	20	17.5625	6.3875	1.5	47.5	45.0625	33.8875	29
0	0	0	0	20.625	18.1875	7.0125	2.125	48.125	45.6875	34.5125	29.625
0	0	0	0	21.25	18.8125	7.6375	2.75	48.75	46.3125	35.1375	30.25
0	0	0	0	21.875	19.4375	8.2625	3.375	49.375	46.9375	35.7625	30.875
0	0	0	0	22.5	20.0625	8.8875	4	50	47.5625	36.3875	31.5
0	0	0	0	23.125	20.6875	9.5125	4.625	50	48.1875	37.0125	32.125
0	0	0	0	23.75	21.3125	10.1375	5.25	50	48.8125	37.6375	32.75
0	0	0	0	24.375	21.9375	10.7625	5.875	50	49.4375	38.2625	33.375
0	0	0	0	25	22.5625	11.3875	6.5	50	50	38.8875	34
0	0	0	0	25.626	23.1875	12.0125	7.125	50	50	39.5125	34.625
0	0	0	0	26.25	23.8125	12.6375	7.75	50	50	40.1375	35.25
0	0	0	0	26.875	24.4375	13.2625	8.375	50	50	40.7625	35.875
0	0	0	0	27.5	25.0625	13.8875	9	50	50	41.3875	36.5
0	0	0	0	28.125	25.6875	14.5125	9.625	50	50	42.0125	37.125
0.625	0	0	0	28.75	26.3125	15.1375	10.25	50	50	42.6375	37.75
1.25	0	0	0	29.375	26.9375	15.7625	10.875	50	50	43.2625	38.375
1.875	0	0	0	30	27.5625	16.3875	11.5	50	50	43.8875	39
2.5	0.0625	0	0	30.625	28.1875	17.0125	12.125	50	50	44.5125	39.625

续表

D 点的超高输出值	F 点的超高输出值	M 点的超高输出值	R 点的超高输出值	D 点的超高输出值	F 点的超高输出值	M 点的超高输出值	R 点的超高输出值	D 点的超高输出值	F 点的超高输出值	M 点的超高输出值	R 点的超高输出值
3.125	0.6875	0	0	31.25	28.8125	17.6375	12.75	50	50	45.1375	40.25
3.75	1.3125	0	0	31.875	29.4375	18.2625	13.375	50	50	45.7625	40.875
4.375	1.9375	0	0	32.5	30.0625	18.8875	14	50	50	46.3875	41.5
5	2.5625	0	0	33.125	30.6875	19.5125	14.625	50	50	47.0125	42.125
5.625	3.1875	0	0	33.75	31.3125	20.1375	15.25	50	50	47.6375	42.75
6.25	3.8125	0	0	34.375	31.9375	20.7625	15.875	50	50	48.2625	43.375
6.875	4.4375	0	0	35	32.5625	21.3875	16.5	50	50	48.8875	44
7.5	5.0625	0	0	35.625	33.1875	22.0125	17.125	50	50	49.5125	44.625
8.125	5.6875	0	0	36.25	33.8125	22.6375	17.75	50	50	50	45.25
8.75	6.3125	0	0	36.875	34.4375	23.2625	18.375	50	50	50	45.875
9.375	6.9375	0	0	37.5	35.0625	23.8875	19	50	50	50	46.5
10	7.5625	0	0	38.125	35.6875	24.5125	19.625	50	50	50	47.125
10.63	8.1875	0	0	38.75	36.3125	25.1375	20.25	50	50	50	47.75
11.25	8.8125	0	0	39.375	36.9375	25.7625	20.875	50	50	50	48.375
11.88	9.4375	0	0	40	37.5625	26.3875	21.5	50	50	50	49
12.5	10.063	0	0	40.625	38.1875	27.0125	22.125	50	50	50	49.625
13.13	10.688	0	0	41.25	38.8125	27.6375	22.75	50	50	50	50
13.75	11.313	0.1375	0	41.875	39.4375	28.2625	23.375				
14.38	11.938	0.7625	0	42.5	40.0625	28.8875	24				
15	12.563	1.3875	0								

依据以上验算过程和演算方法，构建铁路线型的所有组合的计算数学模型，包括正矢、超高、起道量等计算方法全部利用 Mathematica 软件进行演算。通过演算结果可以确定，所创建的正矢、超高、起道量等作业参数的计算方程是正确的，为下一步的参数计算奠定了正确的基础。

3.7　本 章 小 结

针对在《铁路线路设计规范》的框架内铁路线型的多种组合情况，本章详细分析了按相关行业标准可能出现的全部线路组合，针对目前正在生产的 D08-32 型和 D09-3X 型捣固车的测量系统，建立的算法可以处理全部可能出现的线路情况；运用数学分析的方法，根据现有捣固车的测量系统，论述了检测铁路轨道几何参数的数学原理，提出捣固车在分别运用三点法、四点法进行作业时所对应的计算作业控制系统所需作业参数的理论数学模型，推导出不同线型线路在采用三点法、四点法时分别对应的正矢、超高、起道量等参数的计算方法和公式，阐明了工程修正值的用途，并详细论述了修正值与作业参数的关系和计算方法。此外，用 Mathematica 软件对所创建的计算公式进行了正确性验证，结果表明所创建的计算模型全部是正确的。

第 4 章　捣固车自动引导控制系统的实现

本章在捣固车自动引导控制系统结构性能分析的基础上，对其进行结构改进以及模型建立，建立捣固车自动引导控制平台，并给出依据轨道几何参数自动引导控制的具体实现案例。

4.1　捣固车自动引导控制系统的组成

捣固车自动引导控制系统的主要功能是根据预先输入的轨道理论几何数据，包括公里标、曲线半径、超高、基本起道量、坡度等数据，利用捣固车测量系统实时测量的各种参数值，自动计算出捣固车起道、拨道和抄平时所要参与控制的作业给定值，替代复杂且频繁的人工给定值，以实现自动作业，提高作业效率。

捣固车自动引导控制系统主要用于控制捣固车作业时主控制系统需要的线路几何参数的给定值的计算。硬件主要是一些输入/输出（I/O）外围设备及接口电路板；软件则基于硬件平台协调各硬件之间的联系。根据各测量装置的输入情况，按照事先编制的程序进行逻辑运算，输出指令控制各部件的动作，满足设计要求。

捣固车自动引导控制系统的原理如图 4-1 所示，整个系统从功能上完成线路参数输入、当前位置确定、各种参数输出等计算。

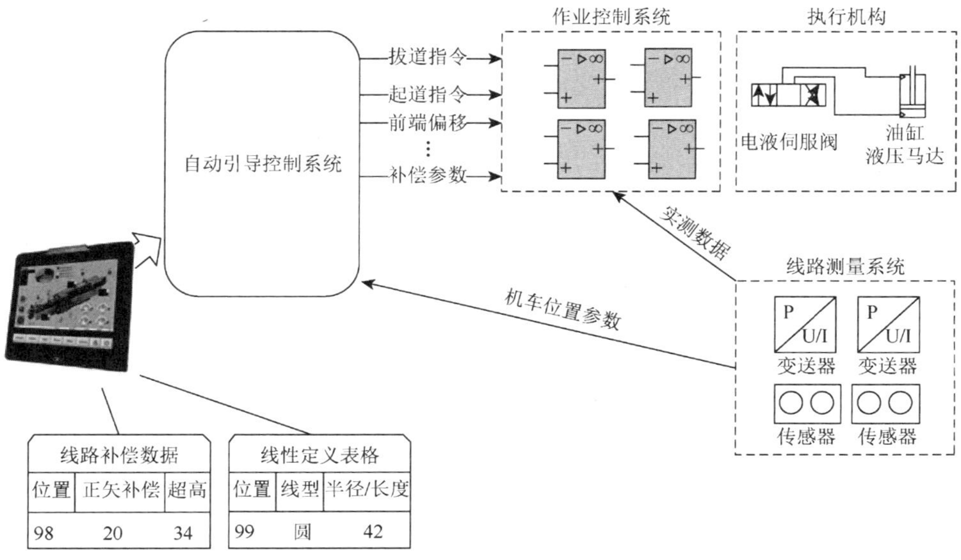

图 4-1　捣固车自动引导控制系统的组成

（1）线路参数输入。自动引导控制系统能通过专用键盘输入线路参数，也能通过USB、光驱等外部设备输入线路参数，包括基本起道量、位置以及对应的超高、正矢等，还能在设备启动前预先设置作业参数，如超高、三点法和四点法的选择和车体长度。

（2）当前位置确定。自动引导控制系统作业前需人工确认起始位置，然后根据测量轮计算作业位置。测量轮会随捣固车的移动而转动，同时会发出两路脉冲，每移动700mm，每路都会发出 700 个脉冲。脉冲之间有 90°的相位差，而且这个相位差会随车的方向的改变而改变 180°。因此自动引导控制系统首先通过脉冲的相位差判断车的方向，然后根据单路脉冲个数计算走行距离。为了提高缓和曲线的作业精度，消除由位置引起的累计误差，自动引导控制系统在进入实际控制前通过设置同步点将软件和缓和曲线的起点严格同步。

（3）各种参数输出。自动引导控制系统能根据当前的位置、车体参数、理想曲线和线路的算法计算并输出捣固车作业所需的各种参数，包括前端超高、作业位超高、拨道正矢、基本起道量等。

自动引导控制系统必须具备强大的数据计算、模拟量的输入、数字量的输入、数据存储和良好的人机交互功能。而捣固车本身工况很差，振动大、灰尘多、温度变化大，这些对自动引导控制系统的性能提出很高的要求。其中，作业控制系统、线路测量系统、程序控制系统的相关介绍见 2.3 节。

自动引导控制系统原理图见图 4-2。

4.2 自动引导控制体框架设计

捣固车的自动引导控制系统采用稳定、可靠、成熟、通用的工控机技术完成操作界面管理和线路数据存储的任务，具体介绍见 2.4 节。自动引导控制系统的硬件组成如图 4-3 所示。

捣固车自动引导控制系统主要包括两大部分：编辑系统和工作系统。在编辑系统中需要输入、编辑并存储线路几何数据和修正数据，并在输入过程中进行语法检查，若输入数据不符合规定的语法规则，立刻给出提示，但并不影响数据的继续编辑。在编辑数据的同时，应该通过图形实时表现数据的变化，使得工作人员能够通过图形直观地看到线路变化。在工作系统中要能够根据编辑系统中的数据计算出工作数据，并控制机车工作。要求能够根据机车在线路的实际位置，实时计算出该位置（公里标）的理论工作参数，并把这些参数传递给捣固车，使捣固车正确工作。捣固车自动引导控制系统整体设计示意图如图 4-4 所示。

编辑系统主要负责铁路线路数据的输入、编辑、保存等，主要为工作系统提供正确的线路数据，并通过语法检查为工作系统中机车参数的正确、安全提供保障。编辑系统主要由表格控件和图形控件组成，表格控件用来输入、编辑铁路线路原始数据，图形控件用来显示表格控件中的原始数据经过转换后得到的图形。表格和图形有一一对应关系，图形能够实时根据表格数据的变化而变化。在编辑系统中，以表格控件为主，以图形控件为辅。

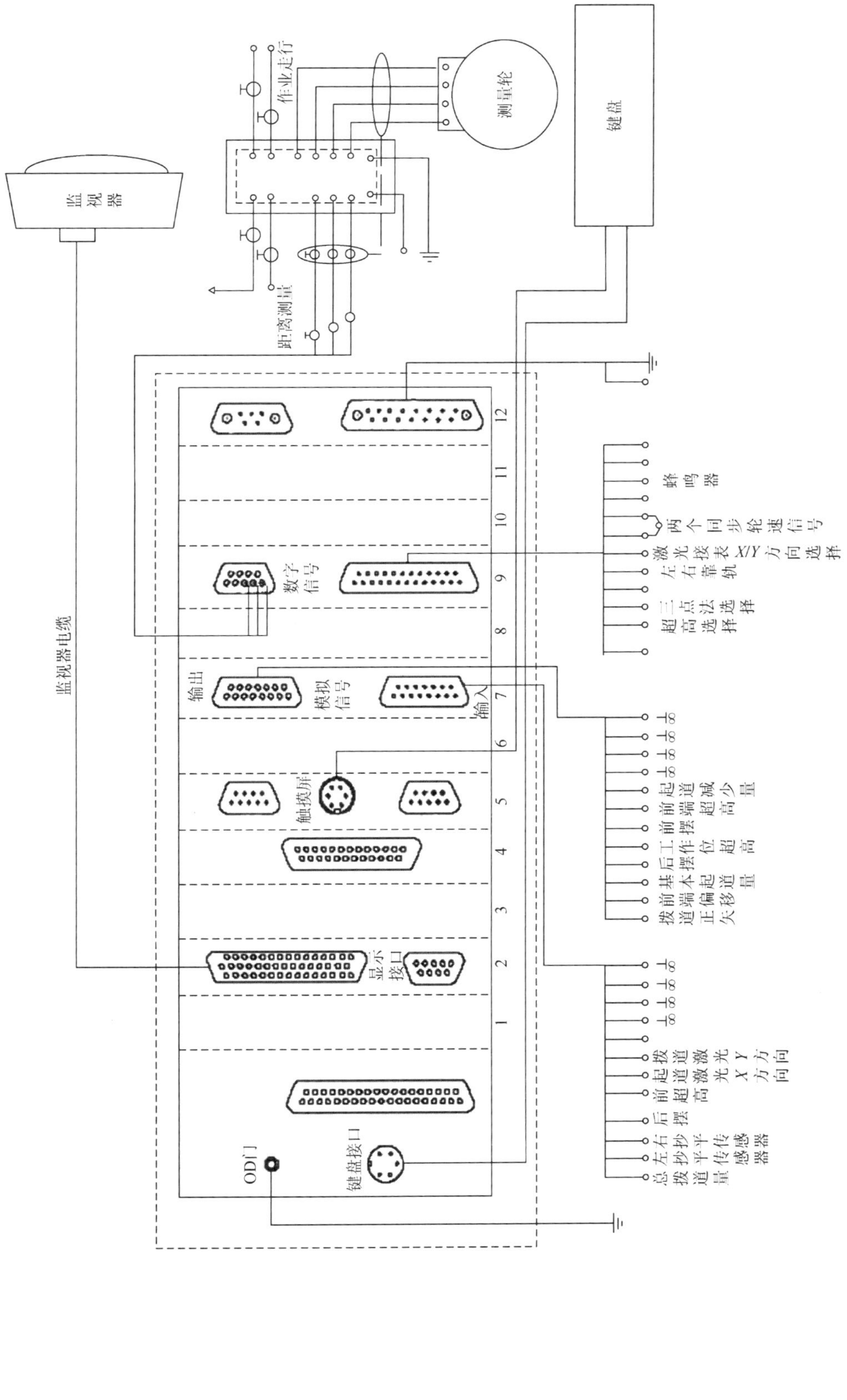

图 4-2　自动引导控制系统原理图

OD 门指漏极开路门

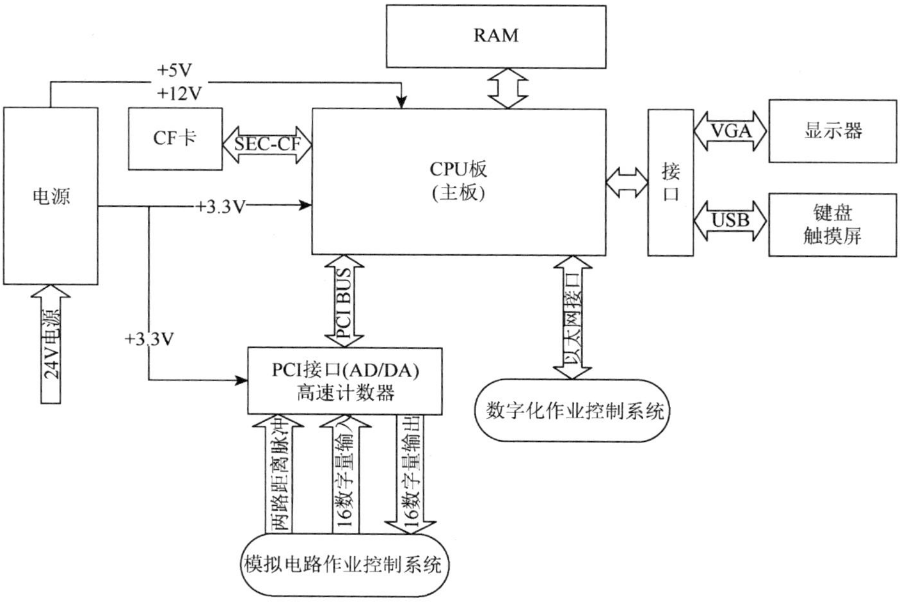

图 4-3　自动引导控制系统的硬件组成

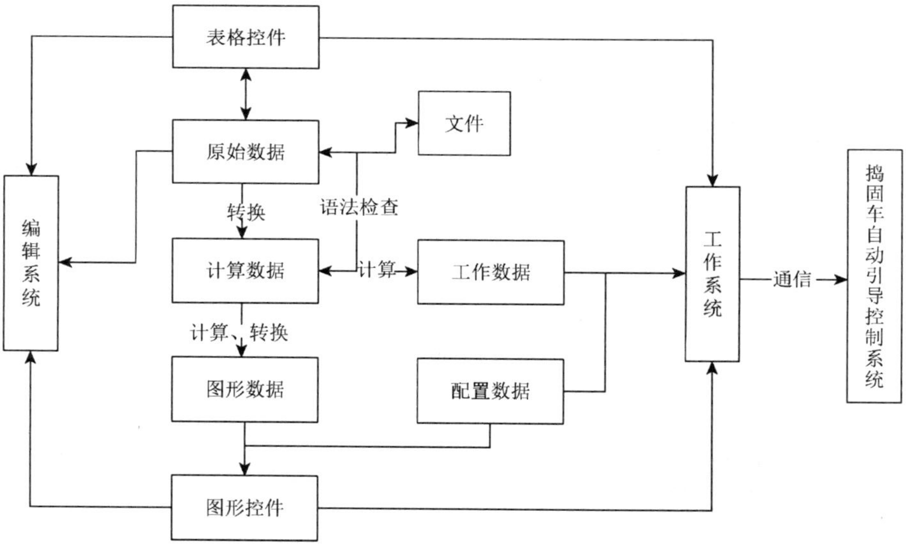

图 4-4　捣固车自动引导控制系统整体设计示意图

工作系统主要根据编辑系统得到的线路数据计算得到捣固车实际作业的各种参数值，控制捣固车作业。工作系统从界面组成来看也主要由表格控件与图形控件组成，同时能够计算并显示机车工作时需要的各种参数值。工作系统的表格控件仅仅显示线路数据而不能修改数据，图形控件虽然仍然显示由表格控件中数据转换得来的图形，但是图形中的游标随着捣固车的前进而前进，实时表现捣固车的实际工作位置，显示各种工作参数、同步点位置等。在工作系统中，以图形控件为主，以表格控件为辅。工作系统最主要的功能是计算出线路工作时需要的各种参数值，并控制机车工作。

4.3　基于智能控制方法的捣固车故障诊断

不同数据融合过程模型通常包含不同的融合层次，故障诊断领域一般将信息融合过程分为数据层、特征层和决策层三个层次，每一个层次代表了对原始数据不同程度的抽象。

捣固车故障诊断的根本目的就是获取机器运行时的状态信息，并对机器性能进行评价。如何对大量信息进行处理和综合利用是当前乃至今后机械故障诊断技术需要重点研究的问题。数据融合技术是当前迅速发展的热门技术，在人工智能、目标识别、医学诊断等领域虽然已经得到广泛的研究，但是在机械故障诊断领域仍然处在初级阶段。当前基于数据融合技术的捣固车故障诊断过程主要归纳为信号处理、参数优化、模式识别、智能诊断。

按照数据抽象的三个层次，信息融合可以分为三级，即数据级融合、特征级融合和决策级融合。

（1）数据级融合。数据级融合是直接在采集的原始信息上进行的融合，在各种传感器的原始信息进行处理之前就进行信息的综合与分析，如图 4-5 所示。

（2）特征级融合。特征级融合属于中间层次，它先将来自传感器的原始信息进行特征提取，再对特征信息进行综合分析与处理，如图 4-6 所示。

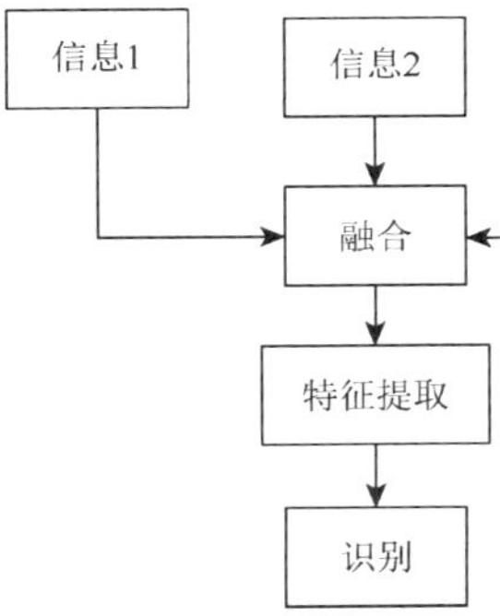

图 4-5　数据级融合

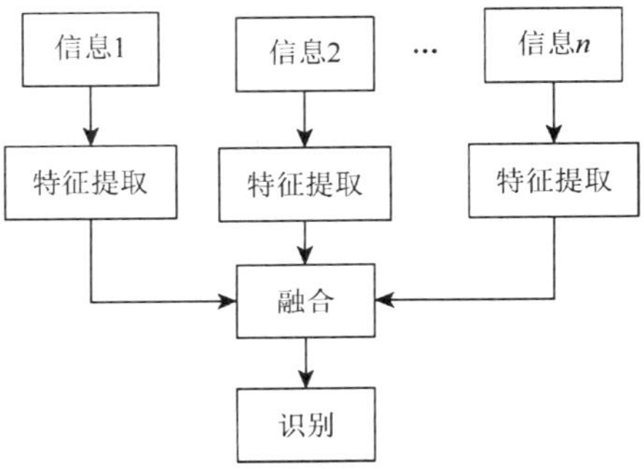

图 4-6　特征级融合

特征级融合的优点在于实现了可观的信息压缩，有利于实时处理，并且所提取的特征直接与决策分析有关，因而融合结果能最大限度地给出决策分析所需要的特征信息。

（3）决策级融合。决策级融合是一种高层次融合，即根据一定的准则以及每个决策的可信度作出最优决策，如图 4-7 所示。

决策级融合从具体决策问题的需求出发，充分利用特征级融合所提取的测量对象的各类特征信息，采用适当的融合技术来实现。决策级融合是三级融合的最终结果，是直接面对决策目标的。融合结果直接影响决策水平。

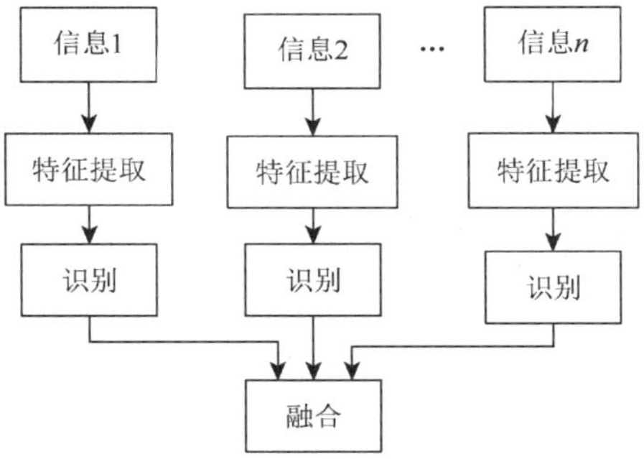

图 4-7　决策级融合

决策级融合的优点为通信量小、传输带宽要求低、抗干扰能力强、融合中心处理代价低，同时它对传感器的依赖性小，传感器可以是同质或异质，并且在某一个或几个传感器出现错误时，通过适当的融合方法仍能获得正确的结果，因此它具有较好的容错性与鲁棒性。

根据捣固车故障诊断领域信息的特点（监测手段的多样性、信息表示的多样性、信息的复杂性），以及三种级别融合的优缺点，在本系统实现中主要考虑特征级融合和决策级融合。

4.4　捣固车自动引导控制平台的开发与实现

捣固车自动引导控制平台主要由三部分构成：

（1）数据录入/编辑模块；

（2）线路运行状态模块；

（3）参数配置模块。

捣固车自动引导控制平台的主要工作流程如下：在捣固车作业时，预先输入并存储线路的几何数据和修正数据，然后根据公里标的位置，计算出捣固车作业当前位置的作业控制系统参数，并作为系统的给定量输入作业控制系统，以实现自动引导捣固车完成精准作业。捣固车自动引导控制平台的线型采集、录入及编辑窗口如图 4-8 所示。

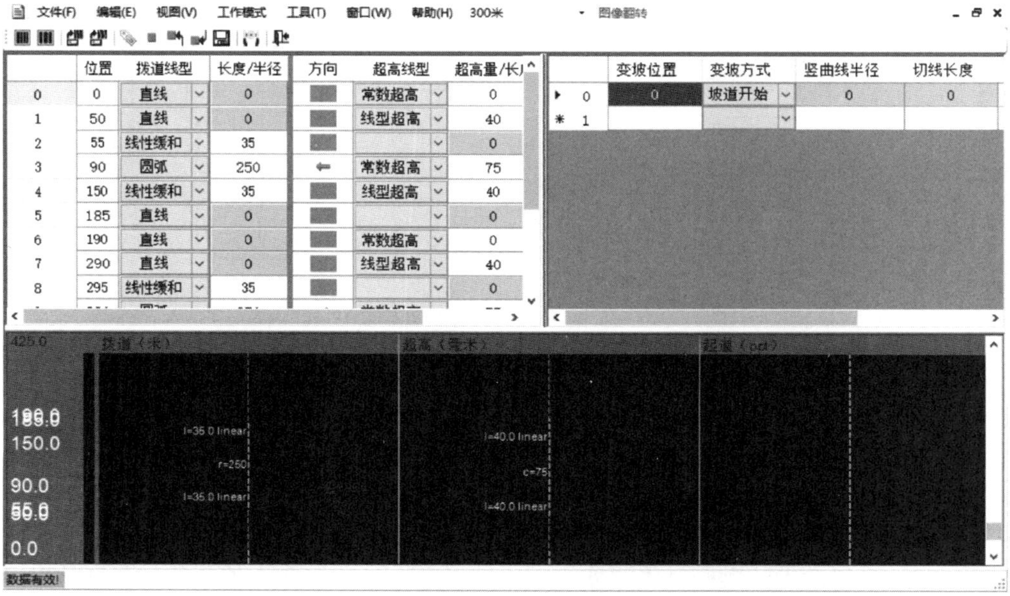

图 4-8　捣固车自动引导控制平台线型采集、录入及编辑窗口

捣固车自动引导控制平台根据捣固车单弦起道、拨道等理论以及整车主控电路的设计要求，主要完成以下功能。

（1）采集、输入和编辑功能。包括线路几何形状参数的采集、输入和编辑，线路方向和坡度修正值的输入和编辑等。在作业控制系统参与控制作业之前，可采集、输入线路的几何形状数据，在作业过程中可用输入线路补偿数据，以操控系统的动态运行。另外，系统 I/O 板卡参数设定和校准、捣固车测量系统参数设定等亦可在此处完成。

（2）修改功能。借用输入功能，以公里标为关键字，当第二次输入同公里标的数据时，系统就自动实现数据修改功能，同时提供数据删除功能。

（3）输出功能。在操作界面上显示各种操作信息和输入输出的数据，在图形界面上显示线路几何形状的图形信息，输出由系统计算转换好的控制信号。

（4）存储线路数据功能。通过随机存取存储器（random access memory，RAM）板存储 40 个曲线点的数据，通过后备电池实施保护。另外，系统运行的控制软件固化存储在 CPU 板和 RAM 板中，以提高系统的鲁棒性。

（5）测距功能。通过距离测量轮传感器，经处理后获取距离控制信号，送到 CPU 供控制使用。

（6）计算功能。由预先编制好的程序，根据获得的距离信号快速准确地计算出输出值。

下面对捣固车自动引导控制平台以功能模块为单位进行设计过程的介绍。

4.4.1 系统数据结构设计

在捣固车自动引导系统设计中，对铁路几何数据进行了三种结构的数据定义，分别为原始数据定义、计算数据定义和图形数据定义。主要数据类型定义如表 4-1 所示。

表 4-1　主要数据类型定义

类名	含义
LineGeometryRecode	方向与超高原始数据
LevelGeometryRecode	起道原始数据
LineCalculatelRecord	方向计算数据
CantCalculatelRecord	超高计算数据
LevelCalculatelRecord	起道计算数据
SyncMarkRecode	同步点数据
LineCant	超高线型分类
LineGeometry	方向线型分类
PathGraphics	图形数据

1. 原始数据定义

在原始数据定义中，为了和捣固车上的进口 ALC 系统兼容，把方向数据和超高数据定义到同一个类中，起道数据单独定义在一个类中，方向数据和超高数据的原始数据放在同一个集合中，起道数据单独放在一个集合中。

由于起道数据的原始数据的定义与方向数据和超高数据的原始数据的定义方法类似，这里只列举方向数据和超高数据的原始数据的定义。LineGeometryRecode 类中各属性的类型和含义如表 4-2 所示。

表 4-2　LineGeometryRecode 类中各属性的类型和含义

属性名	属性类型	属性含义
Position	Double	位置
LengthLine	Double	长度/半径
LengthCant	Double	超高量/长度
LiningGeo	LineGeometry	方向线型
CantGeo	LineCant	超高线型
LineDirect	System.Drawing.Bitmap	方向
CantDirect	System.Drawing.Bitmap	超高轨
ErrorText	String	错误信息

2. 计算数据定义

计算数据主要为了方便数据的解算而设计。计算数据定义把方向数据和超高数据分开，使得方向数据、水平数据、起道数据单独为一个集合，并对原始数据进行了简单的语法检查，例如，把类型为“直线-直线”的两段线合为同一段线。同时为后面的图形数据做准备，把线路分成段，增加每段线路的起始位置、线段的长度、对应原始数据的线路段数、圆弧的起始点、半径等。具体各数据定义如下。

方向数据包括线路起始位置、线段长度、开始点曲率半径、结束点曲率半径、对应的原始数据行号、线段几何类型。

水平数据包括线路起始位置、线段长度、开始点超高、结束点超高、对应的原始数据行号、超高类型。

起道数据包括线路起始位置、线段长度、竖曲线半径、开始点坡度、结束点坡度、变坡方式、对应的原始数据行号。

以上数据都包括线路起始位置和线段长度两项，所以把它们单独做成一个接口，同时为后续研究的数据搜索做准备。

由于超高和起道计算数据的定义与方向计算数据的定义类似，下面只列举方向计算数据类中各属性的类型及含义，如表 4-3 所示。

表 4-3　方向计算数据类中各属性的类型及含义

属性名	属性类型	属性含义
Location	Double	线路起始位置
Len	Double	线段长度
RI	Double	开始点曲率半径
EndRi	Double	结束点曲率半径
SourceIndex	Int	对应的原始数据行号
LineGeo	LineGeometry	线段几何类型

3. 图形数据定义

图形数据主要为了图形数据的显示而设计，是由计算数据转换得来的，同时增加了画图时所需要的文字信息、颜色信息等。在图形数据定义中，方向数据、水平数据、起道数据定义相同的类。

PathGraphics 类各属性的类型及定义如表 4-4 所示。

表 4-4　PathGraphics 类各属性的类型及定义

属性名	属性类型	属性含义
Path	GraphicsPath[ ]	线路数据
StartPoint	Double	线路的开始点
EndPoint	Double	线路的结束点
Direction	Bool	线路是否递增
LinesStr	List<DrawingText>	线路文字
HeadText	String	标题文字
HeadTextFont	Font	标题文字格式
LinesStrFont	Font	线路文字格式
HeaderBrush	SolidBrush	标题文字颜色
LinesStrBrush	SolidBrush	线路文字颜色
PathPen	Pen	线路画笔
Name	String	线路名字
Scales	Double	水平比例
nLinePen	Pen	竖直坐标线画笔
FrameBgroundColor	Color	标题背景颜色
CursorPen	Pen	游标画笔

以上是系统中主要数据的三种定义。由铁路线路原始数据到计算数据再到图形数据，使得铁路线路的原始数据最后能在界面中显示为直观的表格和图形数据，给铁路工作人员以数据和图形的对照，方便铁路工作人员操作。

4.4.2　通信数据定义与转换及通用接口的设计

1. 通信数据定义与转换

捣固车自动引导控制系统的重要工作之一就是实时计算出捣固车工作需要的参数值，并把这些参数值转换成控制信号来控制捣固车工作。通信数据类型及含义如表 4-5 所示。

表 4-5　通信数据类型及含义

名称	类型	含义
Versine	Float	矢距
Frontoffset	Float	方向偏移量
LevelTotal	Float	起道修正量
CantRef	Float	后小车超高
CantWorking	Float	作业位超高
CantX	Float	参考点 V2 超高
CanFronttrolley	Float	前超高
LoweringCorrection	Float	起道减小量

由铁路线路原始数据到通信数据的转换如图 4-9 所示。

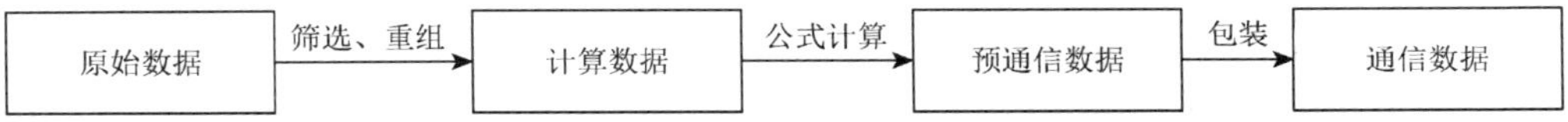

图 4-9　原始数据到通信数据转换图

其中，原始数据到计算数据的转换所做的工作如下：

（1）合并类型重复的线段；

（2）去掉无效数据；

（3）明确线路分段；

（4）分开方向数据与超高数据；

（5）记录计算数据对应的原始数据段号。

预通信数据到通信数据的转换所做的工作主要是根据不同的通信设备，对预通信数据进行相同的封装。最后，通信数据通过通用的接口来调用不同的硬件驱动，实现数据的通信。

2. 通用接口的设计

计算机与通信设备通信时，通用接口的主要操作步骤如下：

（1）获取设备名称或者 ID；
（2）启动（打开）设备，与设备建立连接；
（3）读/写数据；
（4）读/写地址；
（5）停止（关闭）设备，断开与设备的连接。
通用接口的类型及含义如表 4-6 所示。

表 4-6　通用接口的类型及含义

名称	类型	含义
IName	String	设备名
IOpenDevice（）	Int	打开一个 I/O 设备，打开失败时返回–1
ICloseDevice（）	Int	关闭设备，关闭失败时返回–1
Online	Bool	获取 I/O 设备的通信状态，在线状态返回 1
IoExchange（）	Void	预通信数据类型及含义
ReadPosition（）	Long	读位置
ProSetPosition（long Pos）	Bool	设置位置记录系统的值
IReadAI（）	Int[]	读模拟量，返回 Int[16]和时间
IWriteAO（int[]data，intlength）	Int	写模拟量
IWriteAO（float[] data，intlength）	Int	写模拟量（重载）
IReadDi（）	BitArray	读开关量，返回 BitArray 和时间
IWritedDo（BitArray Do）	Void	写开关量，返回 Byte[256]和时间
IWritedDo（short Dow）	Void	写开关量，返回 Byte[256]和时间（重载）
StartRecord（）	Bool	启动 I/O 设备记录过程
IReadRecord（）	Object	读取记录过程数据
StopRecord（）	Bool	停止 I/O 设备记录过程
Shutdown（）	Void	停止运行
Config（）	Void	配置 IoDevice，该方法必须有读取和保存 I/O 配置的功能和界面

捣固车自动引导控制系统定义一个接口 IO_Interface 作为通用设备接口，在 IO_Interface 中声明了表 4-6 中提到的各个属性及函数，但是没有给出函数定义，具体定义在不同设备类中。不论通信设备是何种设备，在系统中都添加一个新类，该类继承以上接口（IO_Interface）。在该类中对在以上接口声明的各个属性以及函数，根据各自硬件的不同情况做详细的定义。系统中凡是有数据通信时，系统会调用通用接口中声明的相应的方法，通用接口会自动转到实际连接设备所定义的方法中去执行任务。

3. 实时多任务管理的实现

捣固车自动引导控制系统要控制捣固车完成作业，需要同时处理数据的计算、数据的转换、数据的通信、数据的显示等问题，本系统利用多线程技术来解决这些问题。具体算法的思想如下。

1）数据的通信独自占用一个线程，该线程只负责数据的通信

不管其他线程的执行顺序或者执行结果，该线程在与通信设备连接以后，就不断地重复相同的工作。

（1）获取操作类型（读/写），若操作类型是读操作，执行步骤（3），若操作类型是写操作，执行步骤（2）。

（2）从指定位置获取要写入的数据，执行步骤（3）。

（3）到指定位置获取标志，判断要读/写的数据是否已经准备好，若准备好，执行步骤（4），若没准备好，继续执行步骤（3）。

（4）进行读/写操作，若读/写成功且执行的是读操作，继续执行步骤（5），若读/写成功且执行的是写操作，返回步骤（1）继续执行下次通信，若读写不成功，重复执行步骤（4）。

（5）把数据写入指定位置，返回步骤（1）继续执行下次通信。

2）数据的计算与转换分配同一个线程

多线程技术执行时存在不确定性，因此计算结束的时间和数据转换的时间不确定，在多个线程之间无法做到一定按照既定的顺序执行，而数据的计算与转换必须是按照一定顺序执行的，若顺序稍有颠倒，最后得到的数据结果一定是错误且不确定的。捣固车自动引导控制系统传递给捣固车的数据必须是正确的、确定的，使数据计算与转换在同一个线程中就能保证程序执行顺序的确定性，只要程序公式不错，就能保证程序结果的正确性。

3）数据的显示界面也与数据的计算、转换在同一个线程中

显示界面根据数据的变化而变化。每次当数据发生变化时，先进行数据的计算与转换，后进行显示界面的重画，数据不发生变化时，显示界面不发生变化。只要不触发显示界面的重画机制，显示界面就不变化，所以显示界面占用的CPU资源很少，没必要独自占用一个线程。此外，若显示界面独占一个线程，会增加线程间数据的通信，增加线程管理的难度。

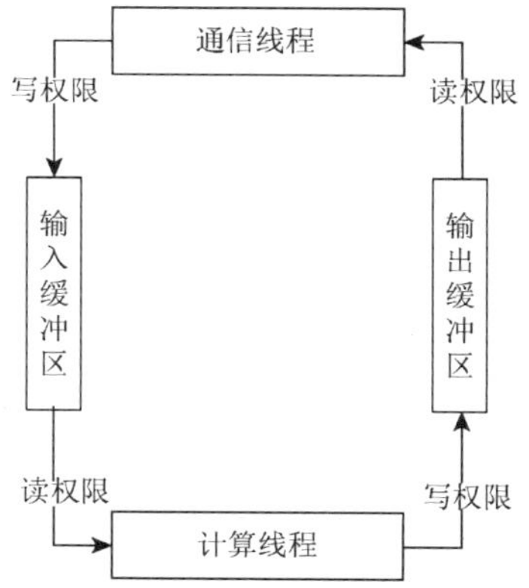

图 4-10　通信线程与计算线程的权限

4. 线程间的通信

本系统涉及的线程间的通信主要是通信线程与计算线程的通信。为了防止数据通信出错，在通信线程与计算线程间建立两个缓冲区：一个是输入缓冲区；另一个是输出缓冲区。通信线程对输入缓冲区有写的权限，对输出缓冲区只有读的权限；计算线程对输入缓冲区只有读的权限，对输出缓冲区有写的权限（图 4-10）。每个缓冲区都有一个标志来标识该缓冲区中的数据是否可以被写入新的数据。

4.5　捣固车自动引导控制平台运行实例

捣固车自动引导控制平台工作前，首先需要录入、确认机车参数。机车参数是后续实测、校准、计算的基础，其确认界面如图 4-11 所示。

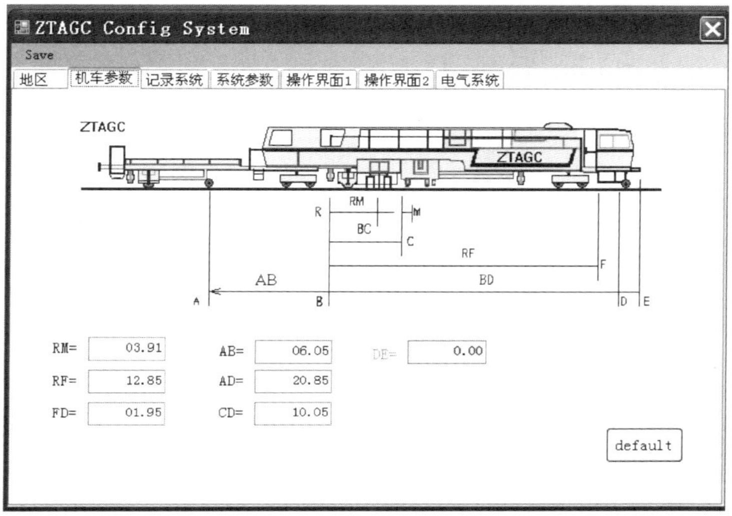

图 4-11　机车参数确认界面

捣固车自动引导控制平台工作的主要流程如下：启动自动引导控制系统，CPU 经短暂的上电复位后自动进入运行状态，根据操作者的操作完成一系列的功能。操作者选择新建或者导入方式预先输入线路的几何数据，CPU 将其保存在存储器中备用，如图 4-12 所示。

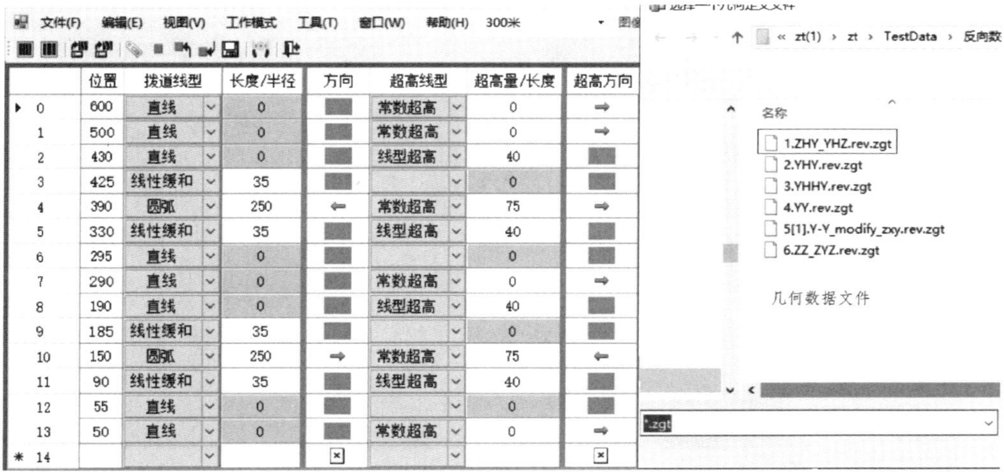

图 4-12　几何数据导入

在图 4-12 中可以看到，数据导入或新建后，还允许用户进行数据的追加、修正。在数据的显示方面，系统提供数据查证功能，当发现输入的数据有错时，可以以公里标为关键字重新选择输入功能。系统遇到第二次输入同公里标数据时提供修改、删除的功能。一段线路的数据输入完毕后，可以选择距离模拟功能以实现仿真运行。系统运行前设置情况如图 4-13 所示。

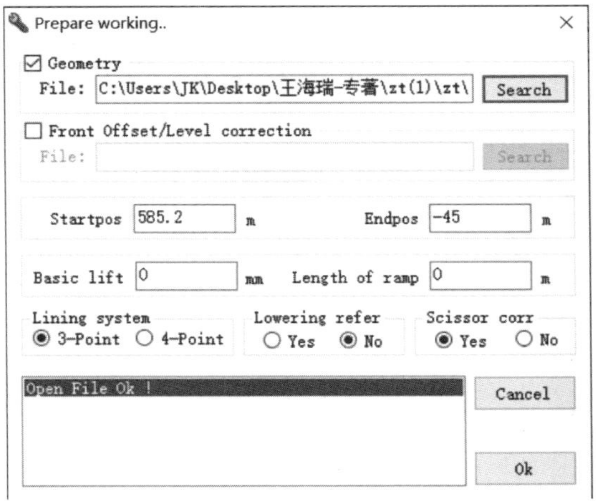

图 4-13　系统运行前的设置

当捣固车开始工作（如启动抄平起拨道）时，选择开始工作功能。此时系统就会自动采集测距脉冲以确定抄平起拨道捣固车的作业位置，同时实时地自动计算并输出前述的五种控制信号，参与作业控制。系统运行情况如图 4-14 所示。

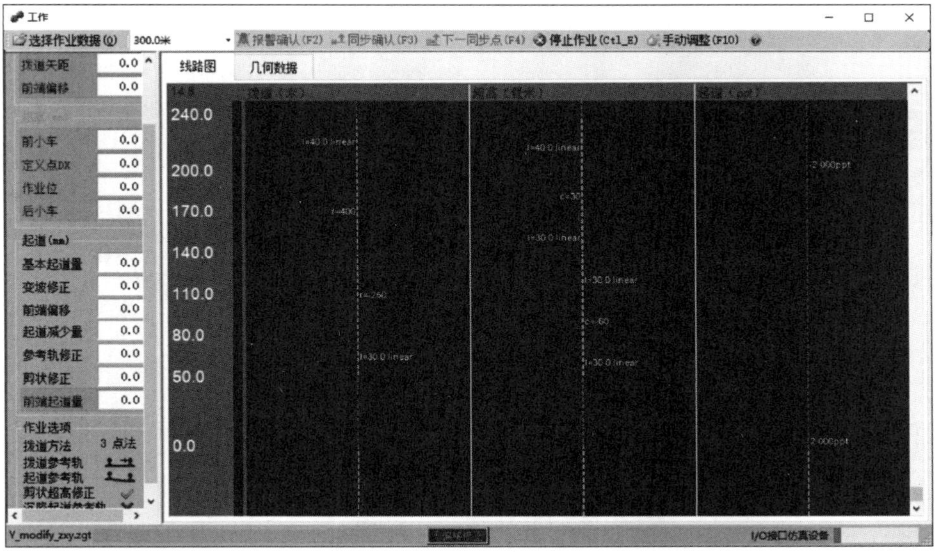

图 4-14　系统运行情况

4.6 本 章 小 结

捣固车自动引导控制系统在捣固车作业时，一方面对收集信息进行处理，挖掘关键信息，进行数据融合，以完成捣固车自动引导控制系统的实时智能决策和评估；另一方面预先输入并存储轨道线路理论几何数据和修正数据，根据公里标的位置，利用捣固车上的测量系统实时测量系统所需的实际数值，自动比对计算出捣固车作业时作业控制系统所需的线路几何偏差数值，替代复杂且频繁的人工给定值计算，并作为系统的给定量输入捣固车作业控制系统，以实现捣固车的自动作业。研究效果图如图 4-15 所示。该系统经上车验证，达到了预期的目标。

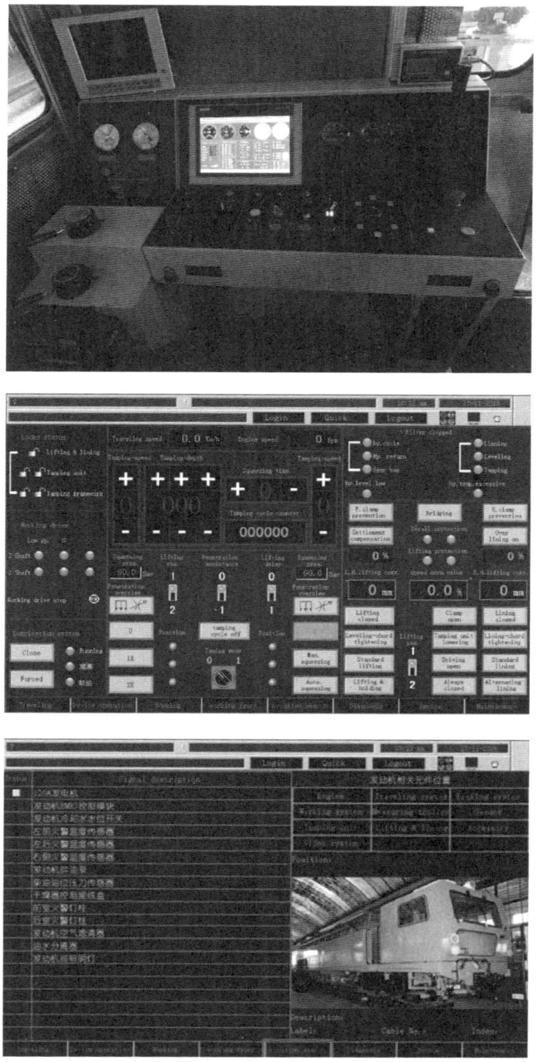

图 4-15　研究效果图

第5章　捣固车远程故障诊断系统技术实现

远程故障诊断系统是一个集成系统，是将数据集成、服务集成、用户集成统一的故障诊断平台。远程故障诊断系统可以充分保障以捣固车为代表的大型铁路养护设备的运行安全和作业效率，提高此类设备的维护和检修效率，降低维护成本。因而，远程故障诊断系统的整体性、可成长性、动态性都要得到充分保证。

5.1　远程故障诊断系统整体架构与工作流程

5.1.1　远程故障诊断系统整体架构

远程故障诊断系统在逻辑上由两个部分组成：车载信号诊断系统与专家诊断系统，而专家诊断系统又分为 Web 服务器端系统、客户端系统，如图 5-1 所示。

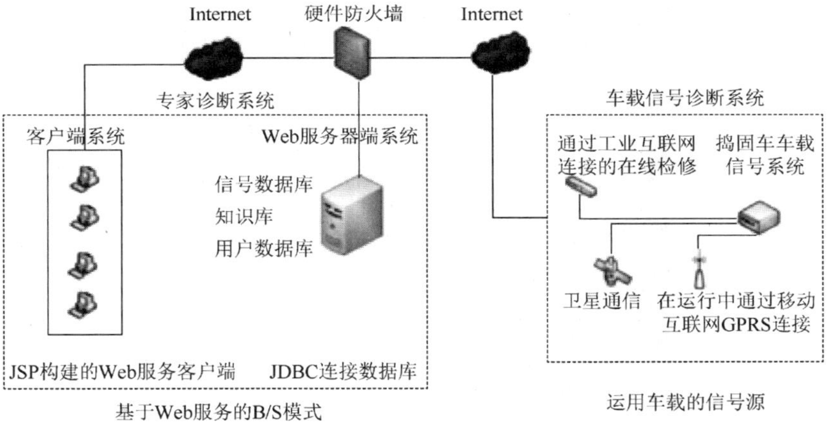

图 5-1　远程故障诊断系统结构图

5.1.2　专家诊断系统结构图

专家诊断系统由 Web 服务器端系统与客户端系统组成，接收来自大型铁路养护设备车载信号诊断系统的信号，进行存储、处理、推理，进而转化成故障知识进行故障诊断。其结构图如图 5-2 所示。

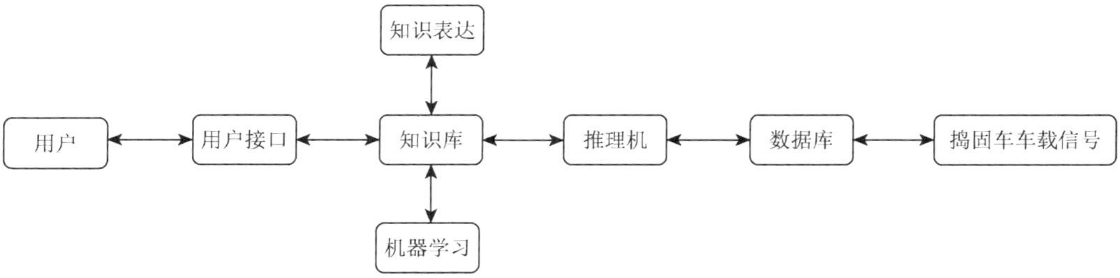

图 5-2　专家诊断系统结构图

专家诊断系统整体分为以下三层。

（1）大型铁路养护设备车载信号源。将大型铁路养护设备的信号整理发送到专家诊断系统的 Web 服务器端系统中，作为诊断的数据源。

（2）数据库、知识库与处理系统。系统运行在专家诊断系统的 Web 服务器端系统上，将存储在信号数据库中的信号源进行推理，进行诊断，形成诊断知识存储在知识库中。

（3）客户端系统。客户端系统是远程维护人员的工作系统，对知识库表达的故障知识进行全面分析，给出完整准确的诊断结果。

5.1.3　客户端系统体系结构

客户端系统是大型铁路养护设备远程故障诊断系统的人工处理与服务器系统维护的操作平台。远程故障诊断人员通过用户认证进入系统，对故障的大型铁路养护设备进行远程诊断，同时系统维护人员通过认证进入服务器操作界面，对服务器进行远程维护。客户端系统体系结构如图 5-3 所示。

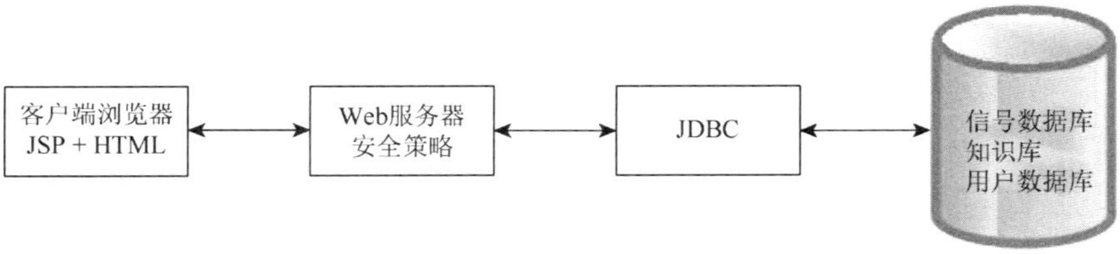

图 5-3　客户端系统体系结构

（1）客户端浏览器是人机交互界面，通过浏览器的操作菜单进入知识库得到诊断的结果和分析，编辑诊断结果并发回大型铁路养护设备车载信号诊断系统。

（2）Web 服务器安全策略是保护数据库的重要安全手段，对 Web 服务进行全面的防护，保障数据安全、系统稳定。

（3）中间件是客户端浏览器与数据库操作的中间必备技术，将浏览器的操作转化成数据库的相关操作。

5.1.4　远程故障诊断系统工作流程

远程故障诊断系统的流程图如图 5-4 所示。

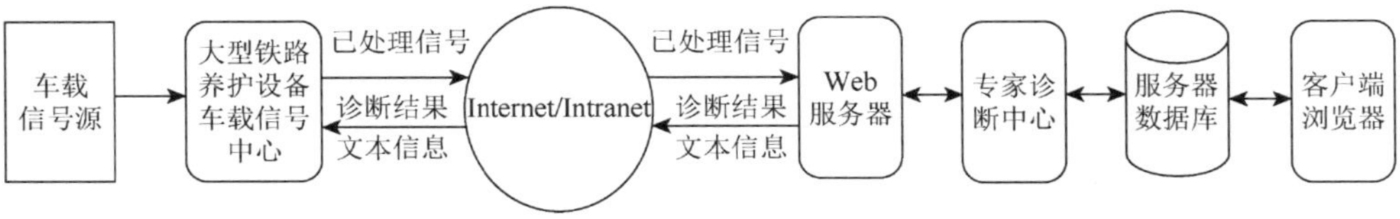

图 5-4　远程故障诊断系统的流程图

（1）车载信号源。远程故障诊断系统的数据来源是大型铁路养护设备的车载信号源，这些信号源是大型铁路养护设备各机械部件和电子元件的数据信号。这些信号将充分反映大型铁路养护设备的各部件的工作状态和故障信息，是大型铁路养护设备诊断的原始数据。

（2）大型铁路养护设备车载信号中心是大型铁路养护设备的车载信号诊断系统，是嵌入式设备集成开发的系统，功耗低、稳定性高。系统将大型铁路养护设备已有的信号进行综合收集处理，并按照系统规定的包文件格式进行打包处理，同时将包文件进行加密处理，保证数据的完整性和安全性。系统将打包处理好的信号通过车载网络发送到远程故障诊断系统的服务器。系统既是故障信号的发送端，也是故障诊断结果的接收端。大型铁路养护设备的远程故障诊断结果是通过网络发回的纯文本信息，系统接收并显示这个文本数据。

（3）Web 服务器是数据处理的核心，存储和处理大型铁路养护设备发来的故障信号，并进行故障诊断。

（4）专家诊断中心是集成推理机、机器学习等功能的诊断中心，形成大型铁路养护设备的诊断结果和故障信息。

（5）客户端浏览器。远程故障诊断的维护人员通过客户端访问服务器，并进行故障诊断和故障确认，发送纯文本信息的故障诊断结果。

5.2　网络通信技术方案

远程故障诊断系统是基于互联网技术的 Web 服务系统平台，因而网络通信是保证系统正常运行的基础。选用合适的通信方式是系统的关键技术。连接服务器的大型铁路养护设备车载信号诊断系统和专家诊断客户端系统通过互联网连接服务器。

专家诊断客户端系统连接服务器的方案非常成熟，有两种方案：一种是采用工业级网络；另一种是采用 Internet/Intranet 网络，这两种方案都具有很高的可行性。关键的技术难点在于大型铁路养护设备与服务器的通信。由于大型铁路养护设备的作业环境具有特殊性，时常作业的地点是人烟稀少的山区、受到恶劣天气的影响、路况多变（经常进入隧道进行作业），这对大型铁路养护设备连接服务器的网络要求比较高，困难也很大。

5.2.1　网络通信设计方式

充分考虑如上所述的作业环境，提出以下通信方式。

（1）工业级网络。大型铁路养护设备在非作业时段是在车库内进行检修和故障诊断的，因而大型铁路养护设备在库阶段可以通过工业级网络连接服务器。

（2）WiFi 无线网络。WiFi 无线网络是传输速率很高、安全性很强的无线传输方式。在外作业时 WiFi 无线网络在铁路沿线的覆盖率很低，很难找到信号源基站，因而目前并不适用。但是我国正在建设 WiFi 无线网络，铁路线也正在铺设，因而在大型铁路养护设备车载信号诊断系统上应该预留 WiFi 无线网络的安装接口，同时预留 USB-Host 接口，当网络成熟时可以安装 USB 无线网卡来扩展系统的连接方式。

（3）通用分组无线服务（general packet radio service，GPRS）移动互联网。在 WiFi 无线网络方案不成熟的阶段，大型铁路养护设备在外作业的情况下唯有使用 GPRS 移动互联网。我国手机信号基站覆盖率很高，可以移动互联，这为大型铁路养护设备车载信号诊断系统提供了非常便利的网络连通方式。

（4）卫星网络。大型铁路养护设备作业环境非常复杂，受到复杂多变的天气影响和地势影响，而 GPRS 移动互联网的信号质量受天气条件的影响很大，当大型铁路养护设备进入隧道作业时 GPRS 移动互联网的信号几乎为零。这样的情况在大型铁路养护设备作业时经常发生。为了防止大型铁路养护设备遇到故障需要远程故障诊断系统的服务时 GPRS 信号中断，方案中选择卫星网络作为应急通信方式。卫星网络的通信费用昂贵，因此这种通信方式只在特殊条件下使用，只作为应急方案。

上述通信方式中，费用最高的是卫星网络，最低的是工业级网络，架设在设备间的互联网是免费的。采用卫星网络、工业级网络、设备间互联网络相结合的三级网络通信模式，可以有效节省通信费用，从而降低远程故障诊断系统的运行成本。

网络通信协议是一种规则，信息在网络传输的过程中要遵循一定的规则。实际应用中会根据不同的网络通信方式采用不同的通信协议，主要采用 TCP/IP 协议，以 HTTP 技术传输。

5.2.2　网络参数设定

远程故障诊断系统在网络上运行时，参数使用可以采用如下三种方式：全局使用参数、本地（每个服务器和客户机的本地）使用参数或同时全局和本地使用参数。在工程数据库中设置的任何参数都会应用到所有客户机，在控制客户机的 lrmerfds.ini 文件中设置了参数的情况除外。本地 lrmerfds.ini 文件中设置的参数值优先于仅用于该客户机的工程数据库，如图 5-5 所示。

此处，参数 x 在工程数据库（在文件服务器上）中设置为参数值 n。系统运行时，参数值 n 会应用到告警服务器以及两种客户端。相同参数对于 I/O 服务器和趋势服务器设置为不同的值（在各自的 lrmerfds.ini 文件中本地设置）。系统运行时，I/O 服务器使用参数值 p，趋势服务器使用参数值 m。参数设定对话框如图 5-6 所示。

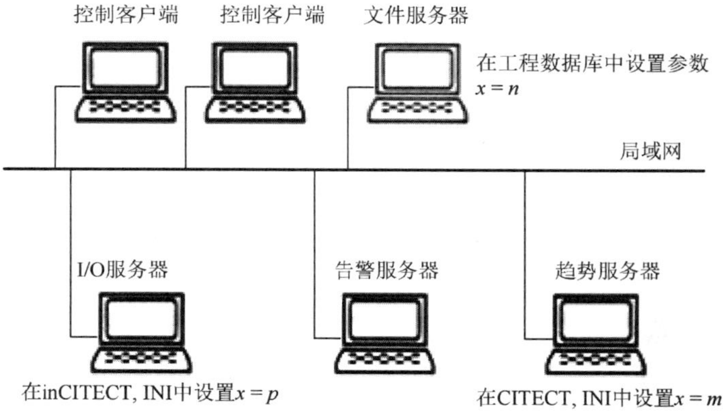

图 5-5　网络参数设定结构

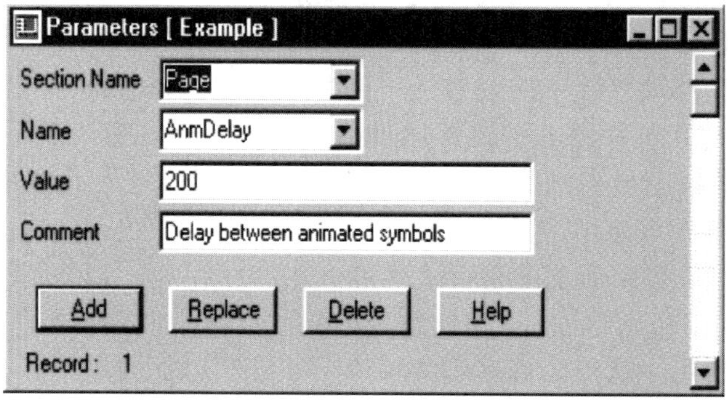

图 5-6　参数设定对话框

5.3　大型铁路养护设备车载信号诊断系统

大型铁路养护设备车载信号诊断系统由嵌入式设备构成，与 AGC 系统关联，采集 AGC 系统的相关状态信号，按照定义的数据包格式进行打包处理，同时进行加密，保障信号数据在传输中的完整性和安全性。

大型铁路养护设备车载信号诊断系统是基于 Linux 内核开发的，采用触摸屏技术和图形用户界面（graphical user interface，GUI）技术进行人机交互。人机交互界面简单、操作方便，提供如下功能：故障检测；接入网络方式切换；一级动力系统故障快速检测；诊断结果显示。人机交互界面如图 5-7 所示。

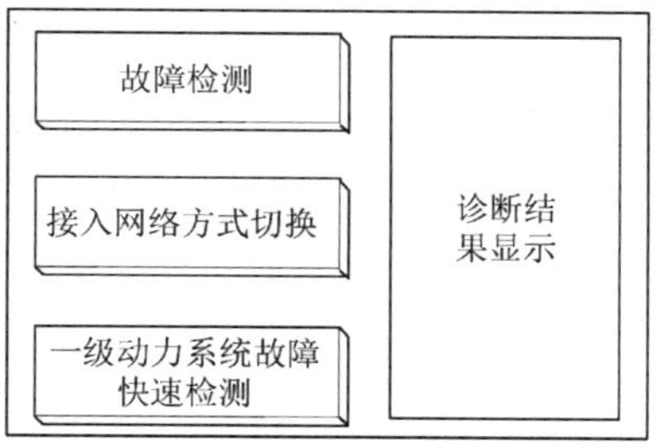

图 5-7　人机交互界面示意图

（1）故障检测。将大型铁路养护设备车载信号源的实时数据进行采集，然后打包发送到远程故障诊断系统的服务器。该检测方式将对全车的信号进行采集，可以进行全面的故障诊断。大型铁路养护设备的故障原因复杂，同一个故障现象可能由多种故障原因综合效应产生，因而需要采集全部信号数据并进行全面分析诊断。

（2）接入网络方式切换。大型铁路养护设备的通信方式选用三种方案和一种预留方案，因而需要在不同情况下切换接入网络的方式。在库检修时切换成工业级网络，在轨作业时切换成 GPRS 移动互联网，在特殊情况下切换到卫星网络。不同的接入网络方式有效地变换网络、节省通信费用。采用人工手动切换方式可以避免自适应方式的复选模式，避免在库维修时依然采用 GPRS 移动互联网；避免在野外良好通信环境下作业采用应急的卫星网络。通过接入网络方式的切换有效减少网络通信费用，同时避免误操作产生高昂卫星网络通信费用的可能。

（3）一级动力系统故障快速检测。由于大型铁路养护设备作业在正在运行的国家铁路网上，大型铁路养护设备的作业时间是国家铁路网进行全网调度安排的作业时间，而大型铁路养护设备的特殊作业环境要求大型铁路养护设备一旦出现故障不能停滞在轨道上影响列车的正常运行。大型铁路养护设备是在轨运行作业，而且体积和重量庞大，无法通过其他方式运送回车库，只能在轨行驶。因而大型铁路养护设备的动力系统故障是大型铁路养护设备最为严重的故障；同时由于大型铁路养护设备的自身结构特点以及大型铁路养护设备的动力系统与捣固系统分开的特点，在方案的设计中应充分考虑故障的特殊性。在大型铁路养护设备车载信号诊断系统中设置一级动力系统故障快速检测按键，便于快速检测动力系统故障，得到正确的诊断结果，采用相应的解决方案。

（4）诊断结果显示。该结果是由远程故障诊断系统的专家诊断系统经过诊断后得到的，由客户端系统编辑纯文本信息发送到大型铁路养护设备车载信号诊断系统中，将诊断结果显示给现场维护的工作人员。

大型铁路养护设备车载信号诊断系统可以选用如上所述的嵌入式设备，亦可对大型铁路养护设备现有的计算机设备系统进行改造使用。通过这两种方案对大型铁路养护设备的车载信号进行收集处理，作为远程故障诊断系统的信号数据源。

5.4 数据库、知识库技术应用

5.4.1 服务器的设计方案

由于服务器是专家诊断系统的核心，服务器的设计要保证数据存储的完整性、操作的快捷性等重要指标。

1. 服务器设计原则

在选择服务器的设计方案时要充分考虑以下因素。

（1）具有大容量的存储设备。服务器需要存储大量的共享数据，同时需要运行的操作系统和应用软件的功能与规模增加，因而对存储空间的需求也越来越高。一般建议服务器的硬盘容量在 1TB 以上，对于专用服务器，容量要求更高。

（2）具有足够的内存和运行速度。服务器的操作系统同时需要接受多个终端的访问，服务器操作系统提供的图形用户界面，一方面，可以满足终端用户的使用方便性，具有良好的人机交互性；另一方面，对计算机的性能要求相应提高。因此，网络中的服务器在内存的容量和 CPU 的处理能力上提出很高的要求。

（3）较好的可扩展性。由于计算机技术的迅速发展，计算机的硬件性能也在不断提高。根据摩尔定律，设备的价格将周期性降低，这给服务器的选择提供了很多优越条件，同时意味着选定的服务器面临淘汰的危险。因此在选择服务器时，需要考虑服务器的可扩展性，例如，升级面临淘汰的、不能满足运算需求的 CPU，可以选择采用性能更好的替代型号，也可以选择更换更大容量的内存和硬盘存储器等。

2. 服务器设计分层与选型

利用悉雅特组态软件——Citect SCADA 支持集群和在一台机器上运行多个同一类型服务器的功能，有时需要将服务器组件参数（告警、报告、趋势和 I/O 服务器）调整至比机器层更细的层次。因此，这些参数是可以在多个层次上实现的分级参数。

（1）组建类型层。最宽的范围，此参数值将应用于所有服务器类型实例。

（2）集群层。此参数值将应用于在指定集群内运行的所有服务器实例，如图 5-8 所示。

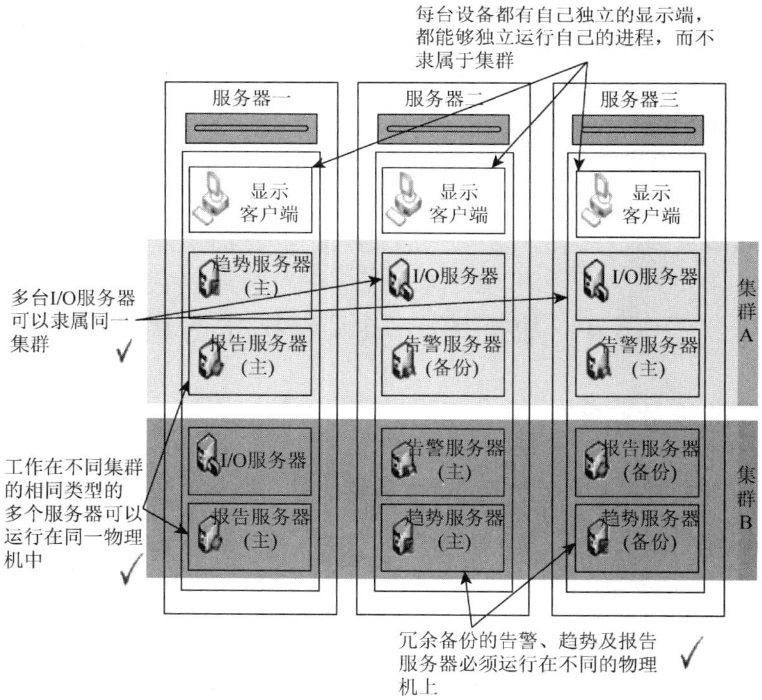

图 5-8　集群层示意图

（3）服务器层。此参数值将应用于在指定机器上的指定集群内运行的所有服务器实例，如图 5-9 所示。

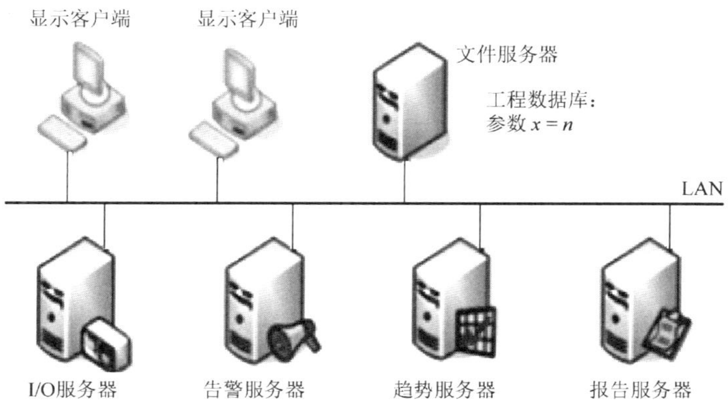

图 5-9　服务器层示意图

通过对服务器的对比，选择 IBM System X3650 M4 型号的服务器作为本方案的服务器。该服务器的配置如表 5-1 所示。

表 5-1　IBM System X3650 M4 型号的服务器配置列表

处理器	CPU 类型：Intel 至强 E5-2600 CPU 型号：Xeon E5-2650 CPU 频率：2GHz 智能加速主频：2.8GHz
内存	内存类型：ECC DDR3 内存容量：8GB 内存插槽数量：24 最大内存容量：768GB
存储	硬盘接口类型：SATA/SAS 最大硬盘容量：9TB 内部硬盘架数：最大支持 8 块 2.5in 或 3 块 3.5in 硬盘 RAID 模式：M5110E RAID 0，1 光驱：DVD（可选）
网络	网络控制器：7×USB 端口（2 个前置、4 个后置、1 个内置） 2×VGA 端口（1 个前置、1 个后置）
管理及其他	系统管理：带可选 FoD 远程在线支持的 IBM IMM2、预测性故障分析、诊断 LED、光通路诊断面板、自动服务器重启、IBM Systems Director 和 Active Energy Manager 系统支持：Windows Server、Red Hat Enterprise Linux、SUSE Linux Enterprise Server
电源性能	电源功率：750W

注：1in = 2.54cm

5.4.2　数据库设计技术

数据库是专家诊断系统的核心，因而数据库的设计必须满足系统的正常使用要求，实现数据库的快速响应。这些是数据库设计必须满足的条件。数据库的稳定性是数据库另一个重要指标。因而，选择数据库系统和数据库管理系统采用成熟的方案。

1. 数据库系统

数据库系统即服务器系统，本方案选择 SQL Server 作为数据库系统。此数据库系统是性能良好、系统稳定、可视化操作的全面支持操作系统。系统维护方便、可操作性强、服务完整、产品丰富、管理效率高，所属团队拥有多年开发经验，全面支持 Java 和 JDBC 开发。

2. 数据库管理系统

为满足开发的适用性和快捷性，选用 SQL Server/Windows Server，达到数据库管理系统与数据库系统的良好兼容。

5.4.3　信号数据库设计技术

信号数据库是针对远端大型铁路养护设备车载信号诊断系统发来的数据进行处理、存储的数据库。信号数据库将信号按照包格式解密、解压后存储，其意义在于为推理机进行推理提供完整的数据信息源，同时解决知识库的数据来源问题。

信号数据库定义和信号数据库各表结构如下。

（1）设备系统名称表，用来保存设备的各系统。表结构如表 5-2 所示。

表 5-2　设备系统名称表

数据字段名称	数据字段类型	数据字段长度	备注
系统编号	Int	4	定义设备的系统编号
系统名称	Varchar	20	表示系统的名称

（2）设备故障现象表，包括系统编号、故障现象编号以及对应的故障现象的描述。表结构如表 5-3 所示。

表 5-3　设备故障现象表

数据字段名称	数据字段类型	数据字段长度	备注
系统编号	Int	4	定义设备的系统编号
故障现象编号	Int	4	定义系统的故障现象编号
故障现象	Varchar	200	设备故障现象的描述

（3）故障隶属度表，反映每个故障现象和故障原因的关联程度。大型铁路养护设备的结构复杂，因而故障现象会对应多种故障原因，由不同设备故障产生。故障隶属度表用于区分故障的关联性，合理找出故障的根本原因。表结构如表 5-4 所示。

表 5-4　故障隶属度表

数据字段名称	数据字段类型	数据字段长度	备注
系统编号	Int	4	定义设备的系统编号
故障原因编号	Int	4	定义系统的故障原因编号
故障现象编号	Int	4	定义系统的故障现象编号
隶属度	Float	8	故障隶属度描述

（4）设备故障原因及处理表，包括故障系统编号、故障原因编号以及故障原因和处理意见。表结构如表 5-5 所示。

表 5-5　设备故障原因及处理表

数据字段名称	数据字段类型	数据字段长度	备注
系统编号	Int	4	定义设备的系统编号
故障原因编号	Int	4	定义系统的故障原因编号
故障原因	Varchar	200	设备故障原因的描述
处理意见	Varchar	200	设备故障的处理意见

（5）设备故障诊断结果表。表结构如表 5-6 所示。

表 5-6　设备故障诊断结果表

数据字段名称	数据字段类型	数据字段长度	备注
系统编号	Int	4	定义设备的系统编号
诊断时间	Datetime	8	表示故障诊断系统的时间
故障原因编号一	Int	4	定义系统的故障原因编号一
故障原因编号二	Int	4	定义系统的故障原因编号二
故障原因编号三	Int	4	定义系统的故障原因编号三

（6）设备诊断日志表，包括系统编号、诊断时间和结果编号等，为知识库提供数据源。表结构如表 5-7 所示。

表 5-7　设备诊断日志表

数据字段名称	数据字段类型	数据字段长度	备注
系统编号	Int	4	定义设备的系统编号
诊断时间	Datetime	8	表示故障诊断的时间
结果编号	Int	4	表示故障诊断结果编号
结果值	Float	8	表示故障诊断的结果
是否学习	Char	1	表示是否需要对知识库更新

5.4.4　用户数据库设计技术

用户在使用中需要登录系统进行操作，不同级别的用户所访问的数据信息的权限不同。本方案选择用户数据库来实现此功能，通过对用户的不同授权来控制其访问的能力。表结构如表 5-8 所示。

表 5-8　用户数据表

数据字段名称	数据字段类型	数据字段长度	备注
UserName	Char	8	记录用户名
PassWord	Char	40	记录用户密码
Flag	Char	2	定义用户权限

远程故障诊断系统所需的知识和数据信息分别以知识库和信号数据库两种数据库组成形式存储在数据库服务器上，通过 Web 服务器访问。诊断服务器读取远程车载信号诊断系统传来的故障状态信息作为诊断的依据，并通过访问数据库中存储的特征数据信息，利用专家诊断系统进行推理得出诊断结论或建议，并将诊断结果经数据库服务器回传至用户浏览器。

5.4.5　服务器集群的分类

本节提出针对不同应用工程与服务器设计方案的集合，实现高度自定义功能与可伸缩性的服务器集群设计方案。其分类如下。

1. 冗余服务器系统

为了有效防止以下状况的发生，如某个服务器的错误导致整个系统不可用，在工程中有充分的必要性和能力采用主服务器和备份服务器的硬件冗余系统，从而保障服务连续性和安全数据采集。

在 I/O 服务器冗余的情况下，备份服务器将平行保存在主服务器中。如果检测到硬件错误，则备份服务器可以重新控制设备通信，而系统几乎不会中断。此外，也可以使用冗余 I/O 服务器分解处理负载。告警、报告和趋势服务器也可以作为冗余服务器。在客户机访问主服务器连接失败或无法访问数据的情况下，通过备份服务器访问数据。Citect SCADA 将在两个服务器上保存相同的数据。

在图 5-10 中，主 I/O 服务器和备份 I/O 服务器独立进行部署，同时，告警、趋势和报告服务器作为独立进程在通用主计算机和备份计算机上运行。在这种情况下，整个系统将作为单个集群进行配置。

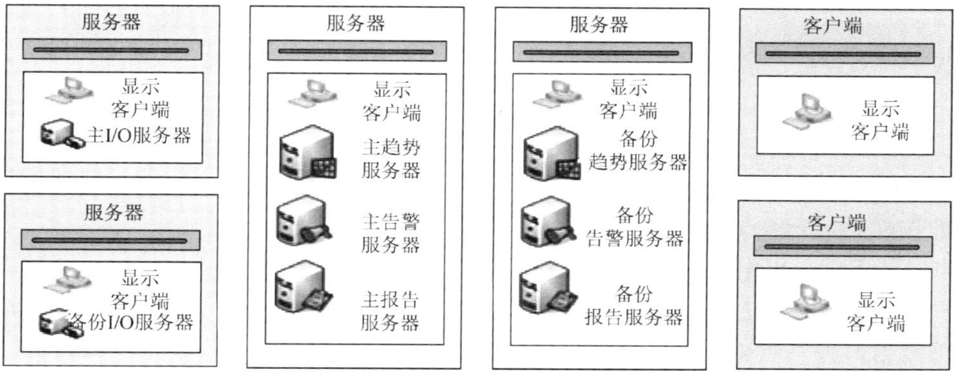

图 5-10　冗余服务器系统结构

2. 集群式服务器系统

在此方案下，系统的组成为多个本地冗余服务器系统相关联形成服务节点。此外，存在一个管理级别，要求系统中的所有站点从一个中心控制室同时进行监控。

在工程应用中结构式主服务器与备份服务器构成独立集群。本地集群的访问情况只反映在本地客户端，而能够查看所有集群工作状态的权限是中心控制室的客户端。

由于本地客户端可以查看本地集群服务器的情况，中心控制室本身只需要控制客户端。其结构如图 5-11 所示。

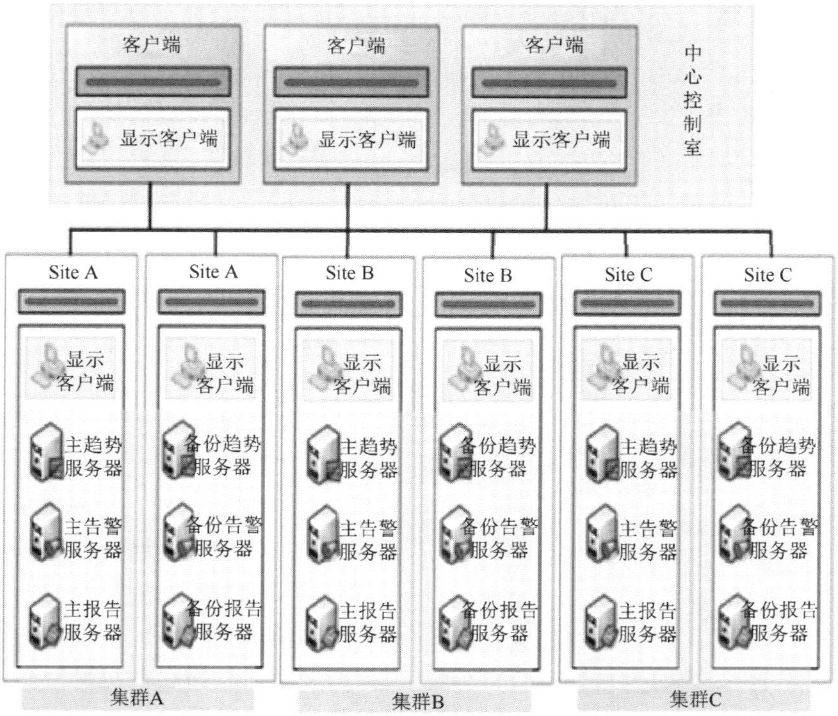

图 5-11　集群式服务器系统结构

3. 冗余和分布式服务器系统

在此方案中，工程代表一系列本地操作站点，每个站点都包含其自身的服务器和客户机，如某个水分布系统中的一些泵站或生产流程中的多条生产线。要求对其中的某个站点进行监控，以便在系统发生故障时能够继续运行。要满足这一要求，可将主服务器和备份服务器分布于多个站点，或将所有备份服务器置于中心位置。

可以使用集群来定义每个站点上的不同服务器的角色，而这些服务器可以通过在每个客户机上运行的普通工程来查看。也就是说，如果在某个站点上发生系统故障，则可以通过站点 B 来监控站点 A，反之亦然。其结构如图 5-12 所示。

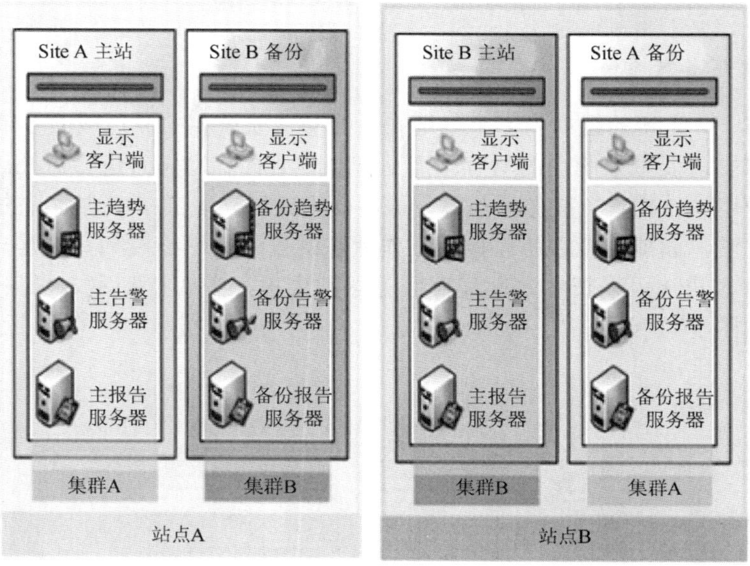

图 5-12　冗余和分布式服务器系统结构

4. 负载分担服务器系统

系统组件在不同计算机和 CPU 之间的负载分担意味着可以在多台计算机之间分摊可能给一个系统造成压力的工作负荷，从而更好地利用基础设施。

如图 5-13 所示，两个服务器互为备用单元，从而支持两个系列的冗余趋势和告警服务器。两台机器都有均匀平衡的趋势和告警服务器，从而确保 CPU 和磁盘空间的有效利用。通过在两个集群上分布这些服务器，它们相互之间能够作为彼此的冗余单元。这样可将所需计算机的数量从至少 8 台减少为只需要 2 台。

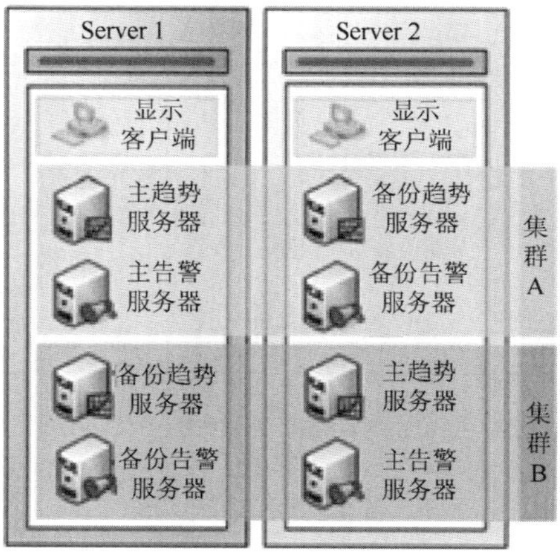

图 5-13　负载分担服务器系统结构

5.5　专家诊断系统客户端技术

需求分析提出了客户端的实现要求。根据需求，客户端的技术方案是 JSP + HTML + JDBC。这个技术方案是非常成熟的技术路线，成功的案例非常多，符合设计原则中根据已有的成熟架构平台开发稳定系统的原则。

HTML 语言是 Web 服务器的通用编程语言，为客户端提供人机交互界面的技术。HTML 语言支持 JavaScripts 技术，通过 JavaScripts 技术可以将复杂的功能和人机交互的方式通过浏览器呈现，提供丰富的操作功能和菜单功能。

客户端要对 Web 服务器的数据库进行访问，提供动态的数据交换功能，而 HTML 技术只能满足静态的网页设计，因而将动态网页访问技术（JSP 技术）与 HTML 技术相结合，以充分满足需求。JSP 技术是基于 Java 技术开发的，因而拥有 Java 技术的特点：跨平台。这样无论客户端的操作人员在何种操作系统中都能很好地使用专家诊断系统，同时为移动处理办公提供非常全面的支持。

由于客户端需要对 Web 服务器中的数据库和知识库进行操作，需要客户端浏览器能对数据库和知识库的数据进行操作。将 JDBC 技术和 JSP 技术相结合，可以对 Web 服务器上的数据库和知识库进行更新、查找、删除等操作。

HTML + JSP + JDBC 架构的基于服务的浏览器/服务器（browser/server，B/S）模式的客户端技术是完全符合设计要求的。该架构成功案例多、技术成熟，可以在各大网站上查到；同时，该架构稳定、兼容性强、安全，因而专家诊断系统客户端技术方案选用该架构。

Web 客户端通信模式如图 5-14 所示。在 Web 客户端连接到 Runtime 服务器之后，第

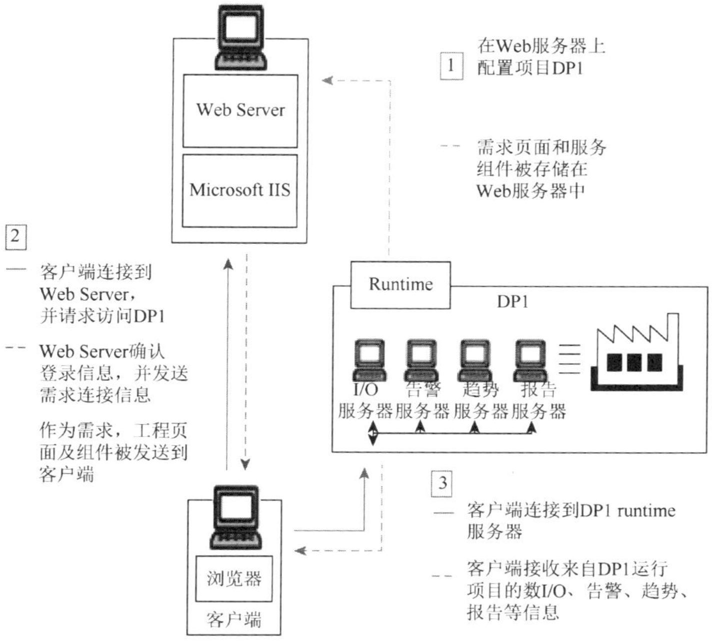

图 5-14　Web 客户端通信模式

2 步和第 3 步成为一个连续的过程，其间所需内容随着用户浏览工程页面而被调用。

Web 客户端使用的 lrmerfds.ini 文件设置是在连接时从 Web 服务器上的 lrmerfds.ini 文件中获取的。

图 5-14 包含在不同计算机上设置的系统组件，其唯一目的是解释通信模型。实际上，架构的灵活性使这些组件可以被分配到任何所需配置中，它们甚至可以共享一个位置。

5.6 E-CFD 任务分解过程模型在远程故障诊断系统协调性处理中的应用

本节采用面向 E-维护模式的远程协同故障诊断（E-maintenance remote collaborative fault diagnosis，E-CFD）技术对功能细化、故障推理以及系统资源调整等问题进行总体设计，其结构如图 5-15 所示。

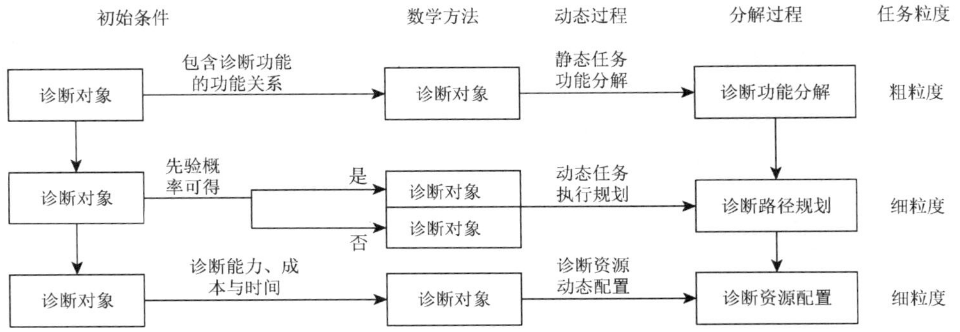

图 5-15　E-CFD 任务分解过程模型

1. 诊断功能分解

在大多情况下，自诊断系统与维护单元已成为现代装备必不可少的组成部分，又由于诊断任务的分解依据是装备的功能分解，本节将以诊断功能分解为基础建立模型。首先利用关系建模方法，综合考虑本地/远程诊断资源所具备的诊断功能，建立复杂装备的粗粒度功能模型。然后以这一模型为基础，利用聚类分析方法得到常规诊断任务的功能调度依据，即对于诊断对象总体诊断任务的粗粒度静态诊断路径规划解。

2. 诊断路径规划

装备故障由故障源看可以分为源发故障和引发故障两种，后一种故障是由前一种故障引起的。由于诊断对象具有复杂性，诊断问题呈现强烈的非线性化，这使得求解过程表现出复杂性。为了给贝叶斯网络的应用提供条件，需要有效降低求解问题的复杂度，通过建立复杂装备的粗粒度功能模型来达到目标。故此，在先验概率可得的前提下，当前故障状态的最大可能性故障源可由贝叶斯网络推理得到。在先验概率难以求得时，需要对邻接关系矩阵反求，找到当前疑似故障状态的影响因素及其影响因子，然后根据当前疑似故障状态动态规划诊断功能的执行路径，以降低诊断功能的相关性及最小化涉及的诊断资源。

3. 诊断资源配置

通过前面的步骤得到诊断任务功能层上分解的结果。由于任意诊断功能的执行都需要依靠一定的资源来完成，合理分配诊断资源是其本质，需要对诊断资源建立多目标线性问题模型并简化为整数规划问题，以准确为各功能优化资源配置并保证任务完成。

5.7　远程故障诊断系统的安全策略级实现技术

互联网时代最大的考验是数据安全、通信安全。基于 Web 服务的远程故障诊断系统的互联网系统正是以计算机数据通信为基础的，因此，其安全性是非常重要的环节。以下简要介绍网络安全技术的安全策略。

1. 防火墙技术

防火墙（Firewall）是一个为系统安全访问提供保护的安全系统，主要为专用网络与 Internet 之间的相互访问进行受限设置，一方面控制来自 Internet 的外部用户对系统的受限访问，另一方面控制来自专用网络的内部用户对外部 Internet 的访问，防止数据泄露，是网络安全的重要保障。为实现全面的安全防护，防火墙由两个部分组成：软件内部和硬件设备。为保障远程故障诊断系统的访问安全性，本节提出在远程故障诊断系统的专用数据采集通信网络与远程故障诊断客户端 Internet 网络之间设置防火墙。

2. 数据库安全访问

在利用 JSP 编写 Web 应用程序时，一般采用相对安全的 SQL Server 数据库系统作为后台数据库。SQL Server 数据库系统的 sa 密码在缺省安装时为空，安装结束后要及时对其进行更改。与此同时，应当将数据库添加为系统的数据源名称（data source name，DSN）而不能直接将数据库的密码和物理路径写在程序中，在对 DSN 进行高级选项设置时设置对数据库的用户名和密码访问。由此，在程序中使用 DSN 即可有效保护数据库名、用户名和密码等重要信息。而 JSP 应用程序与数据的物理位置无关，改变数据物理位置之后只需在 JDBC 数据源里重新配置 DSN。

3. 客户端访问权限控制策略

通过在 JSP 页面中嵌入认证代码，可以实现开发者需要实现的远程故障诊断系统权限认证功能。用户权限数据库建立需要包含用户信息、组信息、权限信息。采用类 JSP 页面（如 JSP 或 PHP 页面）做系统中使用权限管理的 HTML 文档页面，并在对其编程时加入适当算法或使用相关技术实现对访问权限控制，在相关验证后才可以进一步提交用户服务器进行认证。

4. 数据加密技术

数据加密是一种安全措施，其本质是保护在通信中的数据安全。数据在网络各个节点中均可被捕捉，为保证数据的安全，在数据处理中需对重要部分的数据进行加密。加密的数据，在未解密的情况下，若被捕捉，只是一些不可识别的且不具有规律性的乱码。接收端在数据处理中，需对加密数据进行解密方可得到有用的数据。数据加密由两个主要算法构成：一个是加密算法；另一个是解密算法。现有成熟的数据加密技术有很多，本节采用公开密钥密码体制。其主要的特点就是针对加密和解密两个算法所使用的密钥不同，加密处理和解密处理都拥有一对密钥：公开密钥和秘密密钥，从而保证一方的密钥失窃不致使全部加密信息泄露。

5. JSP 应用程序脚本的安全

利用 JSP 技术实现文件和数据库的存取，而其源文件可以直接写入网站口令和数据库用户名密码。基于此，JSP 源文件的保密十分重要，为了有效保护 JSP 应用程序脚本安全、避免上述漏洞，可以通过以下措施进行防范。

（1）将互联网信息服务（Internet information service，IIS）自带的程序文件删除或禁止访问。

（2）设置含有 HTML 文件的目录为只可读取；设置含有 JSP 文件的目录为不可读但可执行。

（3）JSP 程序中经常需要传递一些口令参数，尽量避免使用明文的方式传递口令参数，即将它们写在一个公共文件中，然后将其包含于 JSP 源程序中。

（4）远程故障诊断服务器采用 MS Windows Server。

5.8　本 章 小 结

铁路大型养护设备在铁路维护、保障铁路安全运行中起到重大作用。远程故障诊断系统针对大型铁路养护设备的故障特点应具有易用性、快速性、可扩展性的研究方法和实现方法。本章所提出的远程故障诊断系统将进一步完善大型铁路养护设备的故障诊断方法，提高故障处理的准确性。本章在理论研究与工程实践方面提出诸多方法，实现了关键技术的突破，具体表现在以下方面。

（1）研究远程故障诊断系统知识获取与知识库组成，并对知识库建立与维护进行技术实现。

（2）研究远程故障诊断系统协同性技术的可行性，采用 E-CFD 任务分解过程模型。

（3）客户端技术采用 JSP + HTML + JDBC 的实现方式。

第 6 章　捣固车滚动轴承故障诊断的实现

6.1　基于谐波小波包捣固车滚动轴承故障特征信号提取

6.1.1　滚动轴承的基本结构和失效表现

滚动轴承是用来滚动的承载运动部件，不断地进行滚转。绝大部分的滚动轴承都是由内圈、外圈、滚动体和隔离滚动体装置（保持架）四部分构成的。内圈通常伴随着轴同步运转。外圈一般安放在固定的位置上，它主要起到支撑的作用。但是，外圈并非全部固定在某个位置不动，也会出现外圈做回转运动但内圈固定不运动的情况或内圈和外圈都转动的情况。滚动体主要在内圈和外圈间比较均匀地分布着，它最为重要的作用就是把相对回转件间的滑动摩擦变换为滚动摩擦，进而减少因摩擦而产生的能量耗损。与此同时，它的大小和数量对整个滚动轴承的载荷能力起着至关重要的、决定性的作用。保持架的作用就是将滚动体均匀地分散开来并且将其安置在比较恰当的位置，它在牵动滚动体回转时也会发挥对滚动体润滑的功能。图 6-1 是一种典型的滚动轴承结构图。

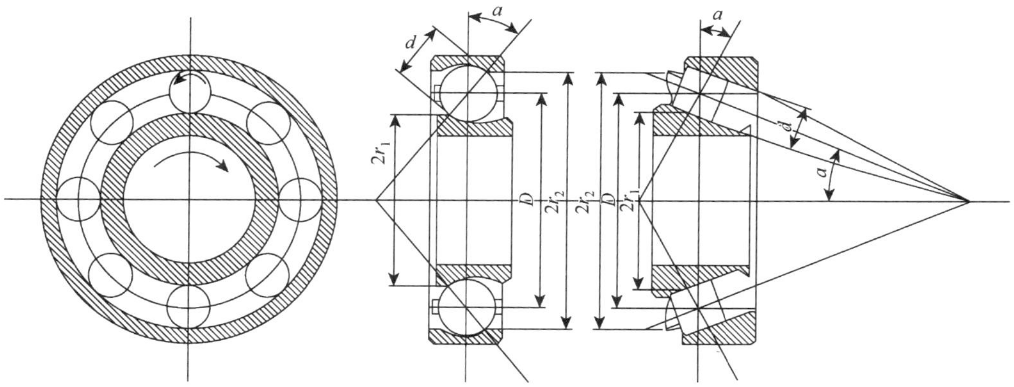

图 6-1　滚动轴承的基本结构图

图 6-1 中各参数的解释如下：D 为滚道中心圆的直径；d 为滚动体的平均直径；r_1 为内圈滚道的平均半径；r_2 为外圈滚道的平均半径；a 为滚动体的受力方向与径向轴间的夹角，又称接触角。

滚动轴承在作业中会受到各种因素的影响，安装不当、润滑状况不佳、强烈冲击、过重载重以及异物侵入等都会造成滚动轴承不同程度的损坏。此外，即便安装正确、保养及时，如果运转周期超长，轴承也会由于磨损和使用寿命期限的问题而报废。依据工程状况和损伤机理，滚动轴承的一般失效形式如表 6-1 所示。

表 6-1　滚动轴承的一般失效形式

失效类型	原因	后果及影响
疲劳剥落失效	轴承内部的各部分之间相互摩擦运动、一起承担机器所产生的负载；轴承一直处在高强度、持续性的各种负载状态下，自然会导致轴承的表面因过度疲劳而出现剥落及裂纹；疲劳应力导致剥落	轴承运转时表皮脱落、工作时振动和噪声变大，甚至影响轴承的使用寿命
磨损失效	异物侵入轴承内部、元器件之间的相对运动产生摩擦、润滑不良、灰尘渗入	轴承内部的间隙变大，导致轴承表面更加粗糙、噪声变大、使用寿命变短
塑性变形失效	外力的作用导致过大的冲击载荷、短时间内的超载或者静载荷	滚道里面会形成严重的凹凸或者压扁的现象、表皮大面积脱落
锈蚀失效	轴承的密封条件不是足够好，水分、酸性物体以及氧化物侵入内部	轴承材料剥落，轴承性能损坏，整个轴承的精度也会丧失
断裂失效	长时间的超负荷工作、元件本身的精度与机器不吻合、组装过程不合理	轴承断裂不能工作、整个机械设备需要停止工作并进行检修

除表 6-1 中所列的一般失效形式外，滚动轴承还存在腐蚀、胶合、保持架损坏以及其他原因引发的失效现象。同时，在所有的失效形式中，点蚀和磨损是最为常见的失效形式。

6.1.2　滚动轴承的振动机理

滚动轴承的振动现象是比较复杂的。它们在作业时往往会遭受两种因素带来的影响：外部因素和内部因素。外部因素侧重于指滚动轴承会对外部振源做出相对的反应，内部因素则是指轴承本身的特点或者轴承因某些部位发生损伤而产生的一些振动变化。滚动轴承产生振动的流程如图 6-2 所示。

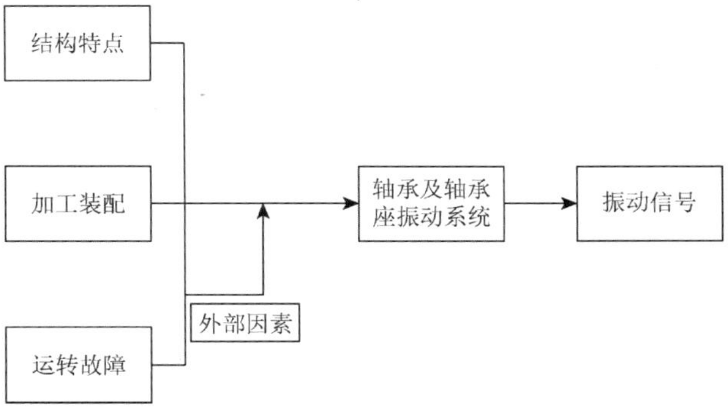

图 6-2　滚动轴承产生振动的流程示意图

1. 滚动轴承的振动

（1）轴承自身结构特点引起的振动。轴承的内圈、外圈在外力的作用下会产生变形以及承受来自不同径向的载荷，使得滚动体受力不均匀，在轴心位置产生波动。同时，滚动轴承在工作的过程中还会因各零部件之间相互碰撞和冲击而产生振动。这种振动往往是由滚动轴承自身和滚动轴承的安装状态造成的，它与轴承的转速和轴承的故障并没有直接的关系。因此，滚动轴承自身的属性以及安装状态产生的固有振动并不能够反映滚动轴承的质量状态，在进行滚动轴承故障诊断时需加以区分。

（2）轴承的加工装配引发的振动。滚动轴承所有组成元件的最外层都有程度不一的纹路或裂纹，正是这些裂纹经常引起轴承的振动以及噪声，同时会造成轴线的偏心运动现象。此外，滚动轴承的圆度误差以及轴承表面的粗糙状况也会产生振动影响。如果轴承的座孔以及轴的位置精度不够高，在轴承安装完成之后，它的套圈会发生变形，从而会引起比纹路或裂纹所造成的振动和噪声更为严重的后果。在安装轴承时，相关工作人员的失误操作同样会造成轴承的振动。

（3）轴承的运转故障引发的振动。在滚动轴承所有组成元件的表面出现点蚀、凹凸坑、裂纹、划痕等损伤时，轴承的这些部件便会随着轴的不停运转而产生具有周期性的脉冲振动。这些具有周期性的脉冲振动信号的振动频率和振幅与轴承的转速和其磨损程度都是成正比的。此外，振动冲击的频率与轴承磨损的位置是直接相关的。轴承的不同零部件或者不同位置出现损伤时，故障的特征频率也是不一样的，这也是滚动轴承诊断最重要的理论基础和依据。

2. 滚动轴承的固有振动频率

当滚动轴承在工作时，自身的各零部件之间的相互冲击和摩擦产生的振动频率是固有振动频率。同时，在所有的元器件的固有振动中，内圈、外圈的振动是最为明显的。它的振动主要分为如下两种：角向固有振动和套圈的径向弯曲固有振动，而其中尤为重要的就是套圈的径向弯曲固有振动，它的振型如图 6-3 所示。

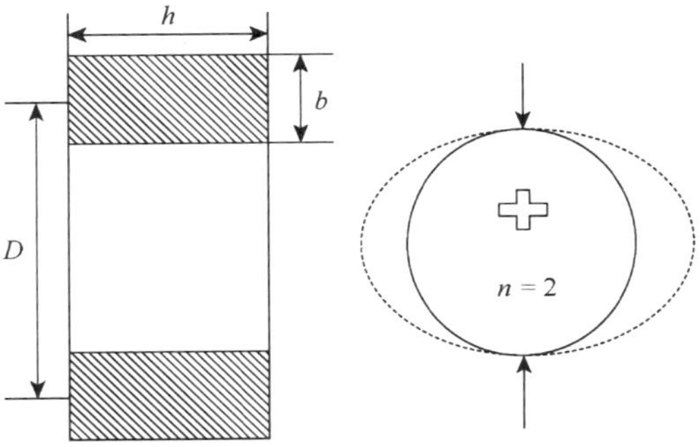

图 6-3　滚动轴承套圈的径向弯曲固有振动振型简图

把自由状态中轴承的套圈抽象成轴承截面是矩形的圆环，从而获得径向弯曲的固有频率的表达式：

$$f_{\mathrm{n}}=\frac{2n(n^2-1)}{\pi D^2\sqrt{n^2+1}}\sqrt{\frac{EIg}{\rho A}} \tag{6-1}$$

式中，n 为振动阶数，$n=2,3,\cdots$；E 为弹性模量，钢材的弹性模量一般为 210GPa；I 为套圈横截面对于中性轴的惯性矩，mm^4；ρ 为密度，钢材的密度为 $7.86\times10^{-6}kg/mm^3$；A 为套圈横截面积，mm^2，$A=bh$；D 为套圈横截面中性轴的直径，mm；g 为重力加速度，$g=9800mm/s^2$。

关于钢制的轴承套圈，把各项已知参数值都代入式（6-1）中，得到固有频率的表达式：

$$f_n = 9.4\times10^5\frac{hn(n^2-1)}{b^2\sqrt{n^2+1}} \tag{6-2}$$

其中，钢球的固有频率为

$$f_{bn} = 0.212\frac{Eg}{R\rho} \tag{6-3}$$

式中，R 为钢球的半径，mm。

以上公式可以计算单体的固有频率；对于不同的具体的结构，计算结果不同。滚动轴承的固有频率一般为几十赫兹到几千赫兹，属于较高的频率。当然，轴承的个别部位或者局部发生故障时，也有很大的概率产生高频的固有振动。该类型的高频振动就形成了轴承振动的载波，轴承故障的振动力会改变载波的振幅，从而使得轴承的最终振动呈现出异常复杂的调制现象。

3. 滚动轴承的故障特征频率

故障特征频率是故障诊断的重要内容，也是故障诊断的重要依据。滚动轴承的故障特征频率一般处在几赫兹到几百赫兹的低频段区间。以球轴承为研究对象，假定轴承的各部分都是刚体，不存在弹性变形的情况，同时各接触点之间也都是纯滚动的形式，滚动体的分布是完全均匀的且每个滚动体默认是完全一样的，从而更准确有效地分析各部分的运动参数以及其故障特征频率。

结合图 6-1 可得滚动轴承在运转的过程中各部分的线速度情况。

内部滚道表面的线速度为

$$v_i = 2\pi r_1 f_i = \pi f_i(D - d\cos\alpha) \tag{6-4}$$

外部滚道表面的线速度为

$$v_o = 2\pi r_2 f_o = \pi f_o(D + d\cos\alpha) \tag{6-5}$$

保持架表面的线速度为

$$v_c = \frac{1}{2}(v_i + v_o) = \pi f_c D \tag{6-6}$$

由上述公式可得，保持架的旋转频率为

$$f_c = \frac{v_i + v_o}{2\pi D} = \frac{1}{2}\left[\left(1-\frac{d}{D}\cos\alpha\right)f_i + \left(1+\frac{d}{D}\cos\alpha\right)f_o\right] \tag{6-7}$$

因为在滚动轴承中滚动体和内圈之间是相对不存在滑动现象的，所以把保持架作为参照物时，二者的比值为 $2r_1/d$。同时钢球和保持架之间的相对旋转频率为 f_{bc}，此频率的值与钢球自转频率的值是一样的。

$$\frac{f_{bc}}{f_{ic}}=\frac{D}{2d}(f_i-f_o)\left[1-\left(\frac{d}{D}\right)^2(\cos\alpha)^2\right] \tag{6-8}$$

这里把内圈相对于外圈的旋转频率记为 f_r。在很多时候，滚动轴承的外圈是固定不变的，而内圈则是运动的，所以得到一组关系式：

$$\begin{cases} f_r=f_i-f_o \\ f_o=0 \end{cases} \tag{6-9}$$

依据以上推导，便可以得到当滚动体的个数是 z 时各部分的特征频率。当滚道外部受损时故障频率 f_{bpo} 为

$$f_{bpo}=zf_c=\frac{zf_r}{2}\left(1-\frac{d}{D}\cos\alpha\right) \tag{6-10}$$

滚动体经过内滚道时磨损位置产生的故障频率 f_{bpi} 为

$$f_{bpi}=z(f_i-f_c)=\frac{zf_r}{2}\left(1+\frac{d}{D}\cos\alpha\right) \tag{6-11}$$

如果滚动轴承中只存在在一个滚动体上的单点故障，且在工作过程中轴承都撞击内外滚道一次，则与该次对应的故障频率 f_{bs} 为

$$f_{bs}=f_{bc}=\frac{Df_r}{2d}\left[1-\left(\frac{d}{D}\right)^2\right](\cos\alpha)^2 \tag{6-12}$$

保持架的磨损位置撞击外圈时的故障频率 f_{cpo} 为

$$f_{cpo}=\frac{f_{bpo}}{z}=\frac{f_r}{2}\left(1-\frac{d}{D}\cos\alpha\right) \tag{6-13}$$

保持架的磨损部位撞击内圈时的故障频率 f_{cpi} 为

$$f_{cpi}=\frac{f_{bpi}}{z}=\frac{f_r}{2}\left(1+\frac{d}{D}\cos\alpha\right) \tag{6-14}$$

通过以上公式可以求出特征频率并进行故障诊断。需要注意：求解故障特征频率的表达式只用思考滚动体碰撞内圈或者外圈的情况，若仅存在单点故障的滚动体与内外圈同一时刻产生碰撞，则故障特征频率的实际值就会是理论值的倍数；在轴承受到滑动、打滑、磨损等因素的影响下，故障频率的实际值因受到各种因素的干扰与理论值会有所不同；在大多数情况下，滚动体发生故障时故障频率就会以偶数倍频率的形式出现。为了方便系统的查看，滚动轴承的各频率如表 6-2 所示。

表 6-2　滚动轴承的各频率

项目	频率	备注
轴内圈旋转的频率	$f_i=n/60$	n 是轴的转速，单位 r/min
内外圈相对旋转的频率	$f_r=f_i-f_o=f_i$	假设外圈固定、内圈旋转
外圈故障的特征频率	$\frac{zf_r}{2}\left(1-\frac{d}{D}\cos\alpha\right)$	

续表

<table>
<tr><th>项目</th><th>频率</th><th>备注</th></tr>
<tr><td>内圈故障的特征频率</td><td>$\frac{zf_r}{2}\left(1+\frac{d}{D}\cos\alpha\right)$</td><td></td></tr>
<tr><td>滚动体的自转频率</td><td rowspan="2">$\frac{Df_r}{2d}\left[1-\left(\frac{d}{D}\right)^2(\cos\alpha)^2\right]$</td><td rowspan="2">单个滚动体损伤之后，并且轴承自转一周损伤位置只参与一次碰撞</td></tr>
<tr><td>滚动体的故障特征频率</td></tr>
<tr><td>故障保持架经内圈频率</td><td>$\frac{f_r}{2}\left(1+\frac{d}{D}\cos\alpha\right)$</td><td></td></tr>
<tr><td>故障保持架经外圈频率</td><td rowspan="3">$\frac{f_r}{2}\left(1-\frac{d}{D}\cos\alpha\right)$</td><td rowspan="3"></td></tr>
<tr><td>保持架旋转频率</td></tr>
<tr><td>滚动体公转的频率</td></tr>
<tr><td>内外圈的固有频率</td><td>$f_n=\frac{2n(n^2-1)}{\pi D^2\sqrt{n^2+1}}\sqrt{\frac{EIg}{\rho A}}$</td><td>$n$ 为振动阶数</td></tr>
<tr><td>钢球的固有频率</td><td>$f_{bn}=0.212\frac{Eg}{R\rho}$</td><td></td></tr>
</table>

6.1.3　滚动轴承故障的振动特性

1. 内圈损伤时的振动特性

如果内圈存在损伤，在对应的频域图中自然相应存在内圈故障频率 f_{bpi} 和它的高次谐波。相对于内圈转动的轴承，在内圈损伤时，会出现大小等于旋转轴的频率。保持架也会传回相应频率的边频带。发生这些情况的原因如下：内圈的损伤位置在轴承转动工作时会随着内圈和转轴的转动与承载区交替性地进行接触，从而产生不同强度的冲击，轴承振动的幅值也会有规律地发生改变，才会形成最终繁杂的变化的振幅调制。与此同时，内圈的特征频率将受到转轴的旋转频率和保持架的旋转频率的调制影响，在频谱图中内圈故障频率的两边就产生 $1\times f_r$ 或 $1\times f_c$ 的边频带。

2. 外圈损伤时的振动特性

如果滚动轴承的外圈出现磨损，在与之对应的频域图中相应存在外圈的故障频率 f_{bpo} 和它的高次谐波。在很多情况下滚动轴承的外圈是固定的，它的外圈在轴承旋转的工作过程中也会承受一定的载荷，并且载荷的方向是固定不变的，因而振幅调制的现象不会出现。

3. 滚动体损伤时的振动特性

滚动体的故障情况与内圈的故障情况比较相似，通常损伤位置在滚动轴承运转的情况下，会在承载区和非承载区之间产生振幅调制的现象。但是，在一般的情况下，滚动体故障频率仅被保持架的旋转频率 f_c 调制。因此，滚动体有磨损时，在与之对应的频域图中就出现滚动体的故障频率 f_{bs} 和它的高次谐波，保持架也会出现回传频率大小为 f_c 的边频带。此外，在大多数情况下，滚动体撞击外圈的强度是远远大于撞击内圈的强度的，因此间谐波也是会出现的。

6.1.4　滚动轴承的振动信号处理

依据不同的振动形式在频谱中的分布状况，可以把滚动轴承的信号频段分为高、中、低三个频段。每个频段的分布范围以及各自具有的特点如表 6-3 所示。

表 6-3　滚动轴承中各频段相关列表

频段	频段范围/Hz	特点
高频段	2000～5000	主要是轴承的固有频率；对前期的轴承故障是最为敏感的
中频段	800～1600	主要是滚动轴承的润滑效果不好导致的摩擦引起的振动频率
低频段	0～800	涵盖滚动轴承的特征频率及其谐波

正常情况下，通过工程中由传感器采集的轴承振动信号的数据里面会包含各种噪声，这些噪声频带宽、特征识别困难、容易与噪声混在一起。因此，为了提高故障的效率和准确率，需要对采集的振动信号进行降噪处理，减小噪声对诊断的干扰。另外，振动信号还可能包含许多与轴承故障诊断不相关的无用的信息，也就是说这些信息不能清晰地反映滚动轴承的本质。同时，这些信息不利于故障类型的模式识别。若要解决原始特征所形成的分类器冗余，由于计算复杂、计算量大，样本总体比较稀疏，就要将高维的振动样本映射到低维的特征空间来，从而获取更容易体现故障本质、更直观、更易识别的低维空间的特征。这种降维的方法称为特征提取。

滚动轴承的振动信号的时域反映的是信号波形与时间之间的关系，能够依据信号时域特征参数的改变来分析信号的变化状况，进而对轴承的质量状态进行判断。影响轴承振动状况的因素很多且很复杂，因此需要由与之对应的函数关系式来表达。但同时大量的随机的无规律的信号不断地增多，也会呈现出一定的规律性。在日常的工程活动中，均值、均方根值、峰值、峭度、脉冲因子等参数用来表现抽象出的振动信号呈现的规律性。这些参数对滚动轴承具有很强的敏感性，能够很好地反映滚动轴承的各类损伤程度不一的故障。因而，可以依据不同问题的特点来选择相对适合的参数作为滚动轴承故障诊断的特征向量。

当滚动轴承遇到大的故障损伤时，反映它特点的参数如均方根值、方根幅值、绝对平均值、峭度等都会相应增大。在这些参数中，峭度的变化是尤为显著的，它能最有力地反映脉冲冲击故障。裕度、峭度以及脉冲指标针对早期的一些故障效果比较显著，但是这些参数的稳定性不够好，参数值并不是伴随着故障的加重而不断递增的，而是具有很大的波动性。均方根值则恰恰相反，它反映不了早期的滚动轴承故障，但是有较好的稳定性。因此，在实际的工程应用中，做到更好更有效地进行故障监测和模式识别需要同时运用多种参数，以满足对敏感性和稳定性的双重需求。

常见的、重要的时域参数对故障敏感性与稳定性的影响情况如表 6-4 所示。

表 6-4　时域参数对滚动轴承磨损的敏感性与稳定性的影响

参数	敏感性	稳定性
峭度	比较好	比较差
均方根值	比较差	比较好
波形指标	比较差	一般
峰值指标	一般	好
脉冲指标	比较好	一般
裕度指标	一般	比较好
峭度指标	好	差

因为时域仅是表现信号的一种形式，而且不能够完全体现信号的相关本质，所以只用时域参数来分析故障的信号是不足的，具有很大的局限性。运用不同的技术方法来分析振动信号，可以提取无量纲参数并将其当作特征向量，如频带相对能量、本征模函数样本熵、分离矩阵奇异值等。其中一些常用的信号特征向量如表 6-5 所示。

表 6-5　轴承振动信号常用的特征向量

特征值	表达式	特征指标	表达式
均值	$\overline{x}=\frac{1}{N}\sum_{i=1}^{N}x_i$	波形指标	$S_\mathrm{f}=\frac{x_\mathrm{rms}}{\lvert\overline{x}\rvert}$
方差	$D_x=\frac{1}{N}\sum_{i=1}^{N}(x_i-\overline{x})^2$	峰值指标	$C_\mathrm{f}=\frac{x_\mathrm{p}}{x_\mathrm{rms}}$
均方根值	$x_\mathrm{rms}=\sqrt{\frac{1}{N}\sum_{i=1}^{N}x_i^2}$	脉冲指标	$I_\mathrm{f}=\frac{x_\mathrm{p}}{\lvert\overline{x}\rvert}$
方根幅值	$x_\mathrm{r}=\left(\frac{1}{N}\sum_{i=1}^{N}\sqrt{\lvert x_i\rvert}\right)^2$	裕度指标	$CL_\mathrm{f}=\frac{x_\mathrm{p}}{x_\mathrm{r}}$
绝对平均值	$\lvert\overline{x}\rvert=\frac{1}{N}\sum_{i=1}^{N}\lvert x_i\rvert$	峭度指标	$K_\mathrm{v}=\frac{\beta}{x_\mathrm{rms}^4}$
偏斜度	$\alpha=-\frac{1}{N}\sum_{i=1}^{N}x_i^3$	偏斜度指标	$S=\frac{\alpha}{x_\mathrm{rms}^3}$
峭度	$\beta=\frac{1}{N}\sum_{i=1}^{N}x_i^4$	频带相对能量	$\overline{E_1}=\frac{E_i}{\sum_i E_i}\overline{E_1}$
最大峰值	$x_\mathrm{p}=\max(\lvert x_i\rvert)$	本征模函数样本熵	$S_i=-\ln\left[\frac{B_{c1}^{m+1}}{B_{c1}^{m}(r)}\right]$
峰-峰值	$x_\mathrm{p}-x_\mathrm{min}$	分离矩阵奇异值	$\sigma_i(w)=\sqrt{c_i(w^\mathrm{T}w)}$

针对各特征向量指标对滚动轴承的敏感性、稳定性的影响，以及滚动轴承自身的特点，本书采用表 6-5 中的某些特征向量和谐波小波包在分解之后的各频段的相对能量来构建轴承故障模式识别所需的特征矩阵。

6.1.5 基于谐波小波包的滚动轴承故障特征提取

在完成谐波小波分解信号过程以后，Newland 给出了新的形式——谐波小波包，它能表示所有层的小波所属的频段，经过不断细化地逐层分解，直至某一层无法获取所有的详细频段，同时另外的某些频段需要进一步细化分解方可获取为止。谐波小波存在盒形谱特点，而且其解析表达式相对简洁，与之对应的频域一般表达式为

$$\omega(\sigma)=\begin{cases}\dfrac{1}{2\pi}, & 2\pi\leqslant\sigma\leqslant4\pi\\ 0, & \text{其他}\end{cases} \tag{6-15}$$

同时时域内的一般表达式为

$$\omega_{m,n}(x)=[\exp(\mathrm{i}n2\pi x)-\exp(\mathrm{i}m2\pi x)]/[\mathrm{i}2\pi(n-m)x] \tag{6-16}$$

小波变换中的层次需要式（6-16）中的 m 和 n 来确定，所以 m 和 n 与 2^{-j} 中的 j 包含一样的效果。谐波小波包有着明显的相位锁定和滤波的特点，还可以屏蔽相关的频率，亦能够保留需要进一步研究的频段。

然而，谐波小波包也包含一定的缺陷：分析结果不可以主观臆断；频段的分解不够详细；时域信号的选取会受到客观的因素制约。因此，将二进制小波包细化理论应用于信号分解中，实现自适应的细分解效果。首先，令频带带宽为

$$B=2^{-j}f_{\mathrm{h}} \tag{6-17}$$

式中，f_{h} 为最高频率。

1. 谐波小波包在频域分布的实现过程

通过对谐波小波包的原理分析，可以画出谐波小波包的频域分析图，具体如图 6-4 所示。

通过图 6-4 能够分析随机的某个频段上的振动信号，当信号分解细到某种程度时，可以由 m 和 n 来决定频段的上下限，其具体变换过程如下。

（1）用信号先验知识、带宽及频段宽等条件来确定与之对应的频段值、层数，通过式（6-17）和式（6-18）来决定频段值和层数 j。

$$m=sB,\ n=(s+1)B,\ s=0,1,2,\cdots,2^{j}-1 \tag{6-18}$$

（2）频域表达式上频段值：

$$\varphi[(n-m)\omega]=\begin{cases}1/[(n-m)2\pi], & 2m\leqslant\omega<2\pi m\\ 0, & \text{其他}\end{cases} \tag{6-19}$$

（3）将离散信号的时间序列 $f^{d}(r)$ 进行快速傅里叶变换（fast Fourier transform，FFT）操作，求解出频域上离散值 $f^{d}(\omega)$。

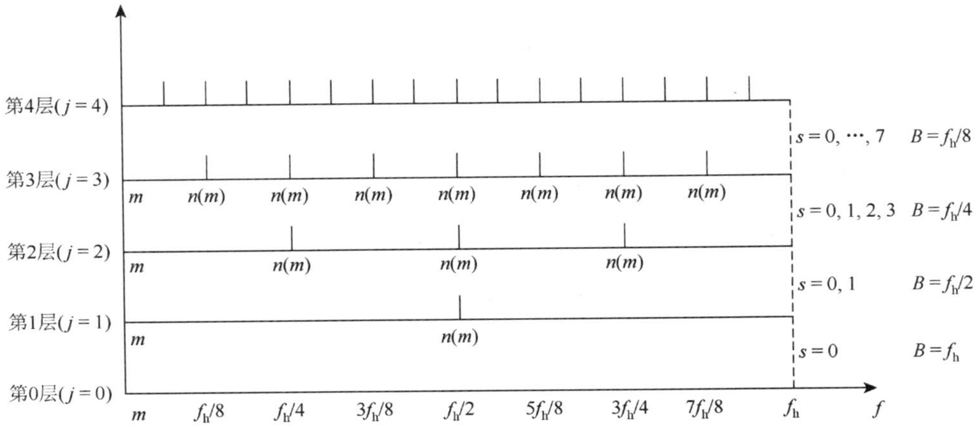

图 6-4　谐波小波包的频域分析图

（4）求所用频段的小波变换：

$$w_{\mathrm{f}}(m,n,\omega)=f^{d}(\omega)\varphi_{m,n}[(n-m)\omega] \tag{6-20}$$

（5）分析时域上的信号特征，进行逆 FFT 操作即可。

2. 谐波小波包提取滚动轴承故障的特征

谐波小波包在特征提取中有着很好的应用效果，因此常应用到轴承故障特征提取中，其提取特征的一般过程如下。

（1）采用谐波小波包分解样本信号数据，求解小波系数。

（2）通过式（6-21）计算并获得不同尺度下小波系数的能量：

$$E_{\mathrm{H}_{N,j}}=\sqrt{\left|E_{\mathrm{H}_{N,i}}\right|^{2}}\mathrm{d}x=\sqrt{\sum_{j=1}^{M}\left|H_{N_{i,j}}\right|^{2}} \tag{6-21}$$

式中，N 为频带的个数；M 为每个频带小波系数所具有的个数。

（3）归一化标准处理小波系数能量：

$$\overline{E_{\mathrm{H}_{N,j}}}=\frac{E_{\mathrm{H}_{N,j}}-\mathrm{mean}(E_{\mathrm{H}_{N,j}})}{D\sigma(E_{\mathrm{H}_{N,j}})} \tag{6-22}$$

式中，mean(为小波频带能量均值；$D\sigma$)为能量的标准差。

（4）信号的特征向量表达式为

$$\overline{E_{\mathrm{H}_{N}}}=\left[\overline{E_{\mathrm{H}_{N,1}}}\ \ \overline{E_{\mathrm{H}_{N,2}}}\ \ \cdots\ \ \overline{E_{\mathrm{H}_{N,M}}}\right] \tag{6-23}$$

谐波小波包包含强大的分解和定位能力，同时谐波小波包表示方法简单、运算简便，根据滚动轴承的四种类型，将分析信号的频段不断进行细化。

6.1.6　仿真实验及结果分析

为了验证谐波小波包方法的有效性，轴承信号数据选取凯斯西储大学（Case Western Reserve University）的轴承数据库，将得到的数据使用谐波小波包的方法进行特征提取，提取特征的一般步骤如下：①采用谐波小波包分解样本信号数据，求解小波系数；②通过表达式计算并获得不同尺度下小波系数的能量；③归一化标准处理小波系数能量；④求解得到特征向量。数据样本为故障直径为 7mil（1mil = 0.0254mm）、转速为 1750r/min 的故障数据。其中一组（凯斯西储大学轴承数据：正常 99.mat、内圈故障 107.mat、滚动体故障 120.mat 和外圈故障 132.mat，其中.mat 是数据文件的扩展名）时域波形如图 6-5 所示。

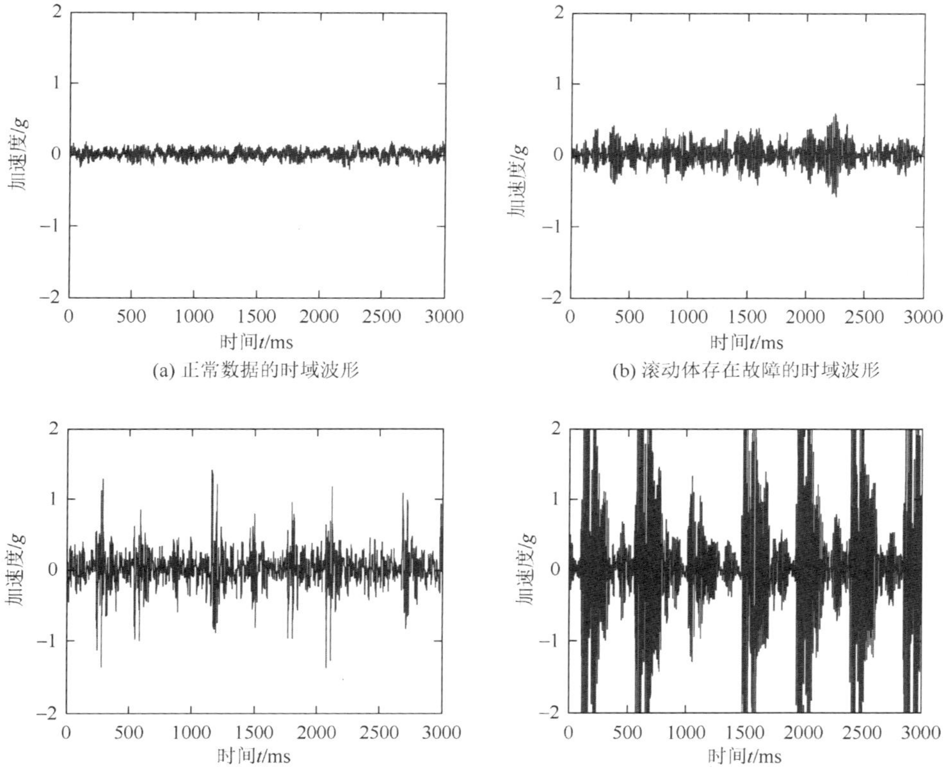

(a) 正常数据的时域波形　(b) 滚动体存在故障的时域波形

(c) 内圈存在故障的时域波形　(d) 外圈存在故障的时域波形

图 6-5　各种类型的时域波形

由图 6-5 可知，时域波形图表示振动信号在某个阶段信号的幅值随着时间的变化情况，可以直观反映滚动轴承的正常或故障类型。图 6-5（a）中信号加速度幅值随着时间尺度的变化在均值周围无明显的波动，说明轴承正常工作；图 6-5（b）中信号加速度幅值随着时间尺度的变化存在周期性的小幅波动，说明滚动体存在故障；图 6-5（c）中信号加速度幅值随着时间尺度的变化存在明显波动，说明内圈存在故障；图 6-5（d）中由于外圈固定在内圈上，其信号加速度幅值随着时间的变化存在剧烈的周期性的波动，可以判断外圈存在故障。

根据 6.1.5 节所述的特征提取步骤，用谐波小波包方法分解处理实验数据，从而得到四种类型的特征能量分布，如图 6-6 所示。

根据图 6-6 能够看出，不同故障相对应的能量分布的差别还是比较显著的，这种状况对故障的分类识别还是比较有利的。

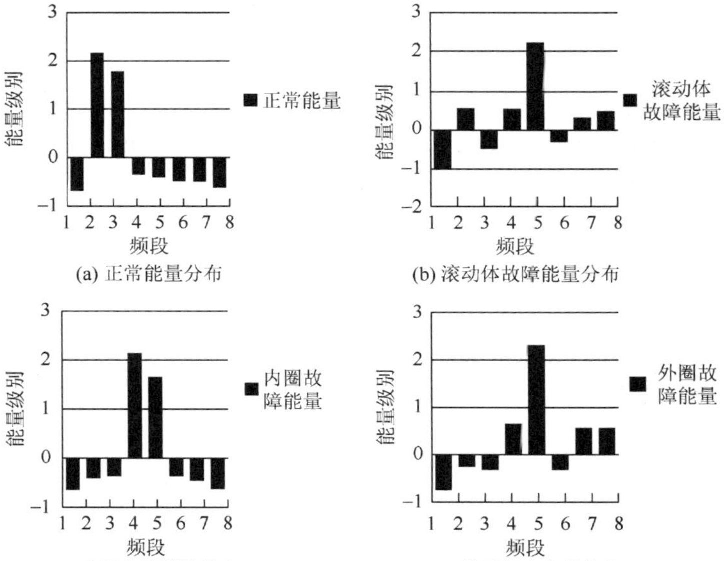

图 6-6　特征提取的能量分布图

同时能够看出，在正常状态下，振动信号的能量分布状况还是相对均匀的；当故障发生后，相应的频带里面就出现对应的共振频率。此时，能量就都集中于该频带中，相比滚动体和内圈故障，外圈故障的程度更加严重，能量集中也更加明显。因此，在外圈故障能量分布图中能够看到，外圈故障信号的高频能量是最高的而低频带的能量占比小得多。这与图 6-5 反映的故障情况吻合。

由以上研究知，谐波小波包方法在分解信号、提取特征方面效果显著。该方法可以细分整个频段域，既能够分析得到特定频段标准，又能够对需要的实验信号进行特征提取，从而分离出有效信息。因此，谐波小波包方法具有细化故障提取标准的优点，具有良好的应用价值。

6.2　基于 IAGA 优化 RVM 核函数

6.2.1　RVM 理论

相关向量机（relevance vector machine，RVM）的概念最早是被 Michael E.Tipping 提出来的，它最典型的方法就是利用核函数把低维度的、非线性的样本数据映射到高维度的空间中。其中，贝叶斯理论是研究 RVM 的理论基础，同时在具备先验分布知识的前提下，采取自动相关决策（automatic relevance determination，ARD）理论来完成无关点的消除，使分类模型稀释化。因此，贝叶斯理论是 RVM 最为关键的部分。

1. 贝叶斯理论

贝叶斯理论体系的源头就是贝叶斯公式，而后发展成为一种新的推断和系统决策的方法。贝叶斯理论体系一般用概率的形式比较模型、误差的量化等。贝叶斯理论的核心是用概率方法来表现形式上的变化，通过定理的方法来完成学习。经过贝叶斯理论学习得到的结果可以知晓概率的分布形式，也使结果更容易得到认可。针对模型在学习的过程中存在过拟合的现象，贝叶斯理论在机器学习的过程中加入相关的先验知识，如提供解释模型的方差信息，模型也都会提供对应的方法理论。

2. 贝叶斯学习

贝叶斯学习就是首先假设给出一个参数的先验分布，然后结合给出的样本数据，构造后验分布模型，最后对其他待定参数进行估计。这就是贝叶斯学习方法与其他传统方法之间最显著的不同。

贝叶斯学习方法的整体过程如下：首先对函数空间（模型）的权空间给出先验假设，然后综合利用设定好的先验分布与极大似然估计知识，通过贝叶斯公式来求相应的后验概率分布，最后依据后验概率的正确与否的情况来进行判断。在这个过程中，将先验分布和极大似然估计相乘再进行积分运算就可以得到测试样本的推断分布。

贝叶斯学习方法主要运用概率的方法来描述模型中不确定因素的随机变量，然后将先验分布与样本信息结合起来去处理数据方面的不确定问题。

贝叶斯学习方法主要具备如下优点。

（1）贝叶斯学习方法与神经网络、核方法有机结合，自动完成对复杂度的控制，最终避免出现过学习现象等。

（2）贝叶斯学习方法高效地结合样本数据和先验分布两部分内容，在样本数据非常匮乏并且难以获得的情况下，先验分布在构建相关数学模型中有着举足轻重的作用，同时能够有效地减少误差、提升机器学习的效率和准确率。

（3）贝叶斯学习方法将权重作为随机变量，然后运用概率分布以及概率密度函数来描述这种不确定性，同时参数的判断基本上不受超参数量的影响。

（4）贝叶斯学习方法提供了描述模型的方差信息。

（5）贝叶斯学习方法能够分析出缺失的数据相关信息以及变量间存在的因果关系。

贝叶斯学习方法的缺点是在计算的过程中难以处理没有关联的变量积分。

3. 贝叶斯公式

在统计理论学习中，一般的学习过程就是根据已知的先验概率分布情况，通过重新估计认识来获得后验概率。贝叶斯公式在概率论以及机器学习中都有着显著的作用，同时，贝叶斯公式在模式识别领域的应用也越来越广泛。若 $A_1,A_2,\cdots,A_n$ 为样本空间 S 的一个类型的划分，并且 $P(A_i)>0(i=1,2,\cdots,n)$，对于任意的事件 $B\subset S$，若 $P(B)>0$，则有

$$p(A_i\mid B)=\frac{P(B\mid A_i)P(A_i)}{\sum_{j=1}^{n}P(B\mid A_j)P(A_j)},\quad i=1,2,\cdots,n \tag{6-24}$$

式（6-24）就是贝叶斯公式。

6.2.2 RVM 基本原理

1. RVM 分类模型

RVM 提出之初是用来解决二分类问题的，它的样本目标值 $t_i \in \{0,1\}$ 。若训练样本集是 $\{x_i,t_i\}_{i=1}^N, x_i \in R^d$ 。RVM 模型可以表示为

$$y(x,w)=\sum_{i=1}^{N} w_i K(x,x_i)+w_0 \tag{6-25}$$

式中，N 为样本数； w_i 为模型权重； $K(x,x_i)$ 为核函数。

把预测函数 $y(x,w)$ 应用到 sigmoid 函数的模型中，便能够获得如式（6-26）所示的极大似然函数的样本集：

$$p(t\,|\,w)-\prod_{i=0}^{N}\sigma[y(x_i;w)]^{t_i}\{1-\sigma(x_i;w)\}^{1-t_i} \tag{6-26}$$

式中， $\sigma(\ )$ 为 sigmoid 函数。

为了避免模型训练中出现过学习以及模型稀疏化的状况，使用稀疏的贝叶斯方法给权重加上均值为零高斯分布的限制：

$$p(w\,|\,a)=\prod_{i=0}^{N}(w_i\,|\,0,a_i^{-1}) \tag{6-27}$$

式中， a_i 为超参数； a 为超参数的向量。

$$a=(a_0,a_1,\cdots,a_N)^{\mathrm{T}} \tag{6-28}$$

因为 $p(w|t)$ 不服从正态分布，并且不能够通过积分求解，所以使用拉普拉斯（Laplace）方法来预估计超参数的向量 a 以及权重 w ，详细步骤如下。

（1）固定当前 a ，计算权重 w_{MP} 。根据 $p(w|t,a)\in p(t\,|\,w)p(w\,|\,a)$ ，求解过程转化为寻找式（6-29）中最大值处的 w_{MP} ：

$$\log\{p(t\,|\,w)p(w\,|\,a)\}=\sum_{i=1}^{N}[t_i\log y_i+(1-t_i)\log(1-y_i)]-\frac{1}{2}w^{\mathrm{T}}Aw \tag{6-29}$$

式中， $y_i=\partial[y(x_i,w)],\ A=\mathrm{diag}(a_0,a_1,\cdots,a_N)$ 。

（2）应用牛顿方法找到 w_{MP} ，运用 Laplace 方法对对数后验概率在其 w_{MP} 附近进行二次逼近，通过海森（Hessian）矩阵来转化得到对应的权重的协方差矩阵 Σ 。

利用高斯近似统计权重 w_{MP} 并代入式（6-30）中，通过循环获得最好的权重值。

$$a_i^{\mathrm{new}}=\frac{r_i}{w_{\mathrm{MP}}^2} \tag{6-30}$$

式中， $r_i \equiv 1-a_i$ 。

求解 a_i^{new} 之后，求解权重的后验分布均值和方差。在反复的迭代中，如果有一些权重 w_i 不是零，相对应的 w_i 就称为相关向量。将求解后的权重代入式（6-30），最终获取样本点概率预测值，从而得出样本所属类型。

2. RVM 的核函数

核函数是评价 RVM 性能的一个关键指标。核函数是一种映射，主要作用就是将样本从低维的特征空间映射到高维的特征空间。同时，核函数不同，RVM 分类器的性能也有很大的差异，如何选择核函数是 RVM 需要深入分析的重要内容。

在正常情况下，想要得到一个能把非线性的、不平稳的、稀疏的样本点映射到高维空间的映射，从而求得核函数。但是，这种核函数很难单纯地找到，因此，一般会选择一个特殊的核函数。常见的核函数如下。

（1）线性核函数：

$$K(x,z)=\langle x,z\rangle \tag{6-31}$$

线性核函数的特点是模型比较简单，计算也相对简捷，是一种单一的线性局部分类器。

（2）多项式核函数：

$$K(x,z)=(xy+1)^{\rho} \tag{6-32}$$

多项式核函数是一种全局性核函数，即便某些测试样本距离测试点很远，也会产生相应的作用。其中，仅有 ρ 是可以改变的参数，当 ρ 大时，核函数的计算会变得复杂，映射到高维空间上的样本点也会更加稀疏、更容易分开。但是，这也会产生一些不利的影响，如泛化性变差、产生过学习的现象。

（3）高斯径向基核函数：

$$K(x,z)=\exp\left(-\frac{\|x-y\|^2}{2\sigma^2}\right) \tag{6-33}$$

高斯径向基核函数是当前阶段使用最多、效果最好、解决实际问题能力最强的一种核函数，在工程应用中也取得了不错的效果。同时，它的收敛域相当宽，对于小样本、非线性数据也有很强的适用性。但是，高斯径向基核函数也有自身的局限性与不足，其局部学习性强，而全局学习性很差。

（4）sigmoid 核函数：

$$K(x,z)=\tanh(\rho xy-\sigma) \tag{6-34}$$

sigmoid 函数的几何形状是一条 sigmoid 曲线（S 形曲线）。该函数具有如下优点：①输出映射为(0, 1)，单调连续，输出范围有限，优化稳定，可以用作输出层；②求导容易。该函数的缺点如下：①具有软饱和性，容易产生梯度消失，导致训练出现问题；②其输出并不是以 0 为中心的。

上述 4 种核函数都不是完美的，它们都有各自的优缺点以及适用领域。核函数的选择决定了 RVM 学习程度，因此选择一种合适的核函数比较重要。当前，仅依靠单纯的某种核函数还不能够让 RVM 更好地学习。因此，对核函数进行优化也是一项重要的研究内容。本节则根据滚动轴承的小样本、非线性数据特点，选用高斯径向基核函数作为核函数；并用改进的自适应遗传算法（improved adaptive genetic algorithm，IAGA）对核函数参数进行优化。

6.2.3　IAGA

遗传算法运用二进制的编码，将问题的描述和解决形式以染色体的形式来进行表现，

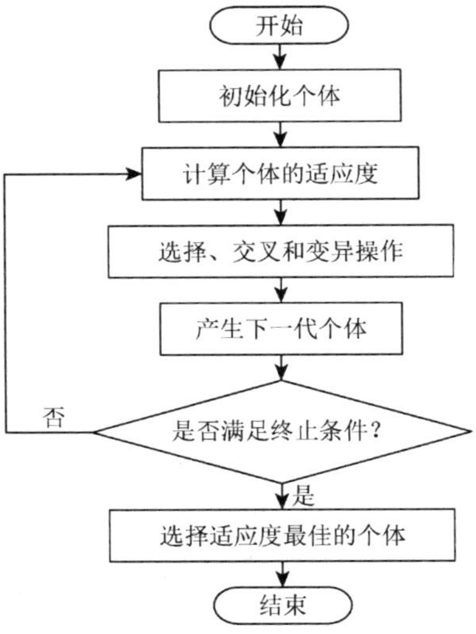

图 6-7　遗传算法的基本流程图

也就是将具有决策性质的变量通过某种形式的转化得到染色体个体，将这些个体组成群体，再经过选择、交叉、变异的方式生成下一代群体。同时，为了获得满足约束条件的个体，可设置终止条件来使搜索过程停止，遗传寻优结束以后，会在种群中寻找到一个最优秀的个体，该个体能够让待解决的问题达到或者无限近似于最优解，其处理流程如图 6-7 所示。

1. AGA

选择好的交叉概率和变异概率对遗传算法的性能与收敛程度都有着十分重要的作用。选择较大的交叉概率将破坏拥有高度适应性个体的结构；相反，选择较小的交叉概率将减慢算法搜索最优参数的进程，在最坏的情况下有可能导致算法停滞并陷入过早收敛。选择过大的变异概率将有可能找不到全局最优解；选择过小的变异概率将妨碍新个体的产生。在用遗传算法执行搜索操作时，所用到的交叉概率和变异概率一般是固定的。获得次优解将使得个体的适应度不能得到改善，甚至有可能导致过早收敛，不但影响算法的性能，而且影响获得最优解的速度。当遗传算法收敛到局部最优，甚至全局最优时，交叉概率和变异概率的增加将使获得近似最优解遭到破坏。由于以上因素，种群可能不会收敛到全局最优，遗传算法的性能也将会大大减弱。为了避免这些问题的发生，选择自适应遗传算法（adaptive genetic algorithm，AGA），它的优点是能够判断输入数值，并且自适应地对交叉概率和变异概率进行不断改正，其表达式如下：

$$p_c=\begin{cases}\dfrac{k_1(f_{\max}-f_1)}{f_{\max}-f_{\text{avg}}}, & f_1\geqslant f_{\text{avg}}\\ 0.9, & f_1<f_{\text{avg}}\end{cases}\tag{6-35}$$

$$p_m=\begin{cases}\dfrac{k_2(f_{\max}-f_2)}{f_{\max}-f_{\text{avg}}}, & f_2\geqslant f_{\text{avg}}\\ 0.03, & f_2<f_{\text{avg}}\end{cases}\tag{6-36}$$

式中，f_1为两个交叉个体中较大的适应度；f_2为存在变异情况的个体的适应度；p_c和p_m分别为交叉概率、变异概率；f_{avg}和$f_{\max}$分别为平均适应度和最大适应度。应用该方法，过早收敛的现象便会得到有效控制，而且尽可能地留存群体中的优秀个体。由于存在交叉和变异情况，k_1和k_2需要预先设置，并且需要满足小于 1 的条件。本节根据经验取交叉概率为 0.4、变异概率为 0.1。

2. IAGA

IAGA 具有区分每种分类状况中最优的特征子集的能力，然后把这些子集作为分类器的输入，得到相对于某个解来说它的最优的交叉概率和变异概率。如果样本的适应度比预设的平均值小，代表该样本是一个性能比较差的样本个体，就利用较大的交叉概率和变异概率对它进行计算。相反，如果样本的适应度比预设的平均值大，代表该样本是一个性能比较好的样本个体，就采用自适应的方法选择对应的交叉概率和变异概率。在式（6-35）和式（6-36）中，若某个样本的适应度与 f_{max} 接近，则这个样本所对应的交叉概率和变异概率小；若某个样本的适应度与 f_{max} 一样，则这个样本所对应的交叉概率和变异概率都是零。按式（6-35）和式（6-36）进行调整不适合处于进化初期的群体，但适合处于进化后期的群体。因此，本节采用 IAGA，使得性能较好的个体在计算的过程中也不会将交叉概率和变异概率变为零，改进以后所求得的交叉概率和变异概率可以按照式（6-37）和式（6-38）来计算。

$$p_c = \begin{cases} \dfrac{k_1(f_{max} - f_1)}{f_{max} - f_{avg}}, & f_1 \geqslant f_{avg} \\ 0.9, & f_1 < f_{avg} \end{cases} \tag{6-37}$$

$$p_m = \begin{cases} \dfrac{p_{mmax} - (p_{mmax} - p_{mmin})}{1 + \exp\left(\lambda\left(\dfrac{f_2 - f_{avg}}{f_{max} - f_{avg}}\right)\right)}, & f_2 \geqslant f_{avg} \\ p_{mmax}, & f_2 < f_{avg} \end{cases} \tag{6-38}$$

式中，f_{max} 为最大适应度；f_1 为两个交叉个体中较大的适应度；f_2 为快要突变的个体的适应度；f_{avg} 为平均适应度；p_{mmax} 和 p_{mmin} 为最大和最小的变异概率；p_{cmax} 和 p_{cmin} 为最大和最小的交叉概率；通常取 $\lambda = 2$。基于人工经验，通常选择 $p_{cmax} = 0.9, p_{cmin} = 0.6, p_{mmax} = 0.1, p_{mmin} = 0.001$。

6.2.4　基于 IAGA 优化 RVM 的故障诊断模型

在对传统的 AGA 进行改进后，对全局的特征进行优化，并且对 RVM 算法中涉及的惩罚系数、核函数等进行改良和升华，以提高 RVM 分类器的学习和泛化性能。此外，结合多值 RVM 分类器故障诊断策略，改进捣固车滚动轴承故障的诊断方法，使得诊断出的捣固车的轴承故障分类更准确、耗时也更短。

1. *种群编码和选择算子*

在利用 IAGA 对 RVM 进行调优的过程中，对惩罚系数和核函数参数采用二进制编码，即把染色体分两部分：$X = \{\sigma, C\}$，用 10bit 来表示其中的每个部分。核函数参数 σ 可以表示为第一部分的二进制值所对应的十进制数乘以一个常数比例因子；惩罚系数 C 可以表示为第二部分的二进制值对应的十进制数乘以一个比例因子，该比例因子通常依据经验而定，这里取为 0.0029。

关于选择算子，拟采用无放回最大值法来选择最优的个体，当一个个体被选定以后，将新入选的个体加入种群中，当种群中的个体数量少于总数时，不断重复上述步骤，直到 N 个个体全部产生，这里种群大小设为 N，其详细过程如下。

（1）求解比例 $r_i = f_i (i = 1, 2, \cdots, N)$，根据适应度的状况来求解所有个体的比例。

（2）选择最大比例的个体 $j(j \in N \cap j \in [1,N])$，如果 $r_j - \frac{1}{N} \leqslant 0$，则 $r_j = 0$，否则 $r_j = r_j - \frac{1}{N}$。

（3）当选取的新个体数与种群大小相同，即 N 时，就进行步骤（4），否则就跳转至步骤（2）。

（4）将每个选中的个体都存储下来作为它的下一代，然后返回调用该函数的进程。

这种方法的优点是能够很好地保存最优的个体、操作简便。

2. 交叉算子与变异算子

对 AGA 进行改进，用改进后的算子捕捉得到全新的个体。在均匀交叉的过程中，个体的基因都是依靠复制父代的基因来产生的。详细的实现过程是，依据 IAGA 搜索过程中随机生成的一个与个体编码串长度等长的交叉屏蔽字，来确定新个体的各基因究竟来自哪一个父代。设个体 X_1、Y_1 由 X、Y 产生，若屏蔽字中第 i 位为 1，则 X_1 在第 i 位上的基因根据 Y 对应位的基因确定；同理，Y_1 在第 i 位上的基因也是通过复制 X 对应位的基因得到的。若屏蔽字中第 i 位为 0，则 X_1 在第 i 位上的基因通过复制 X 对应位的基因得到，Y_1 在第 i 位上的基因通过复制 Y 对应位的基因得到，直至遍历屏蔽字，新的个体也就产生了。以这种方式产生的新个体都是由父代基因组合而成的。

采用改进的自适应变异算子可以产生初始种群中没有的基因，也可以找到在选择的过程中被丢弃的基因，这些基因能够为种群带来新的内容。变异算子利用任意的屏蔽字，若屏蔽字第 i 位为 1，则改变要变异个体对应位的值，否则，保持不变。同时，引进二进制编码，将要变异个体对应位的值进行改进，即将 0、1 互换，这是由屏蔽字自身具备的随机性质所决定的。

3. 适应度函数的设计

适应度函数是遗传算法中的一个重要因素，主要用途是求解适应度。适应度是判断群体中个体差异的主要依据，同时是判断该个体是否能够作为父代进行新的遗传的决定条件。适应度函数选取的好坏是衡量遗传算法好坏的关键。采用的设计方法如下：在遗传操作的每一代中，对每一条染色体进行译码，计算惩罚系数 C 和核函数参数 σ。将整理后的样本数据进行分组，分为两大部分、共计 K 组，将 K-1 组作为训练样本集的输入进行模型的训练，在训练后，剩余的一组数据用于对模型的效果以及稳定性的评测，最后计算故障的平均准确率。对于 RVM 来说，分类准确率的高低与染色体的优劣呈正相关关系。为了避免早收敛现象发生，引入均衡系数 ω。在经过优化改进的模型中，以式（6-39）来求解染色体的适应度，进而寻找全局最优解。

$$f = \omega \frac{1}{k} \sum_{i=1}^{k} M_i + (1-\omega)\left(\frac{Q}{L}\right) \tag{6-39}$$

式中，$\omega(0 < \omega < 1)$ 为均衡系数，主要作用就是改变平均准确率权重，取 $\omega = 0.95$；M_i 为第 i 组样本分类准确率；Q 为染色体中的基因为 1 的数量；L 为染色体长度。

针对捣固车滚动轴承系统故障诊断的多值分类器问题，构建一个多值分类 RVM 故障诊断模型，如图 6-8 所示。

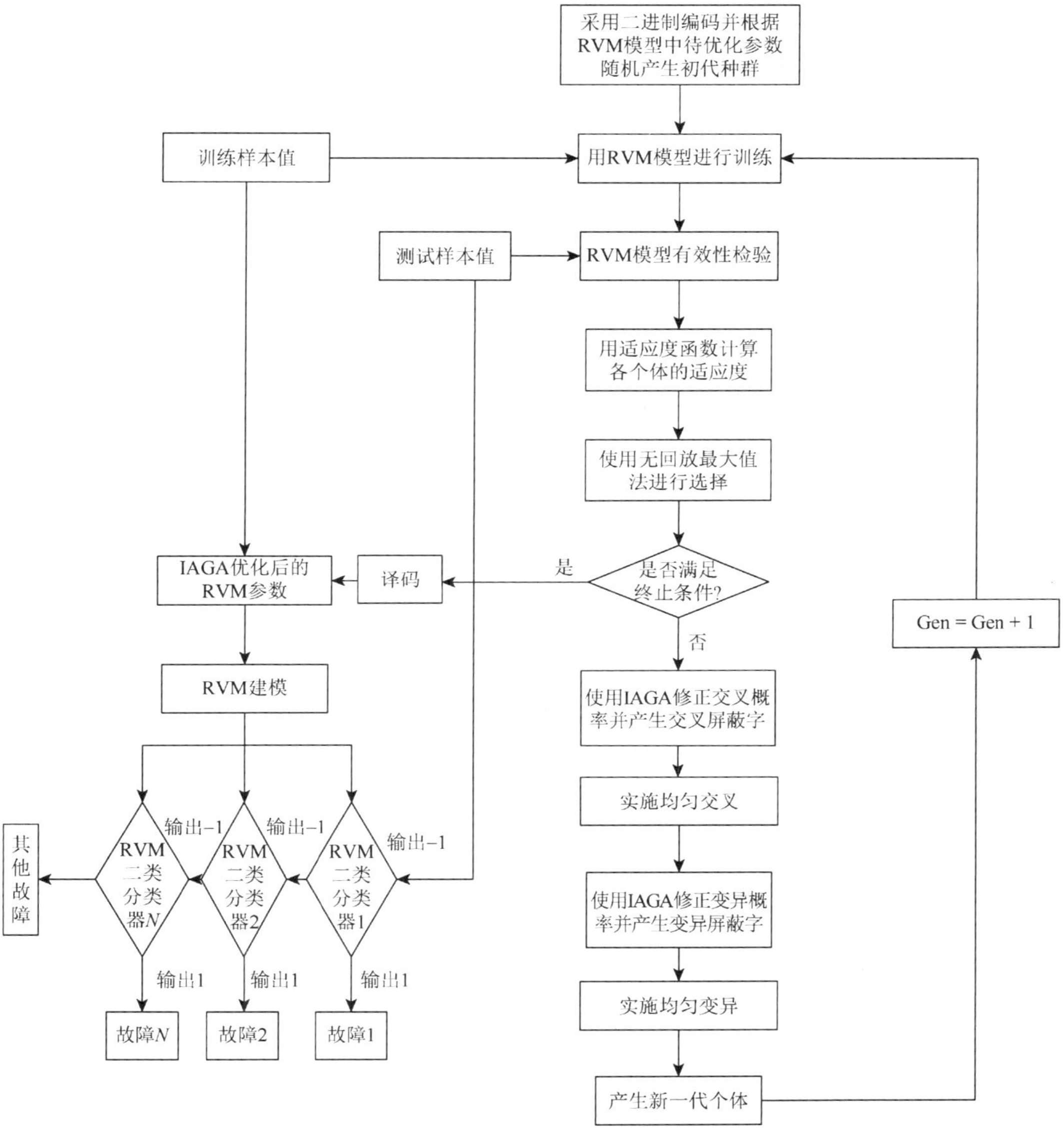

图 6-8　基于 IAGA 优化的多值分类 RVM 故障诊断模型

利用 IAGA 对 RVM 进行调优的具体步骤如下。

（1）确定模型中需要优化改进的惩罚系数以及核函数参数。

（2）确定个体的编码方式。

（3）随意生成包含 M 个个体的最初代种群。

（4）用 RVM 训练模型来训练种群中的每一个个体，若该类为第 j 类，则将该类设定为 1，其余类则为–1。

（5）对训练样本进行训练之后，对种群中的每个个体进行适应度评估。

（6）对模型的终止条件进行检查，当满足结束条件时，进行步骤（8），否则，进行步骤（7）。

（7）对当前所处的种群进行最大值的选择、交叉和变异操作，进入步骤（4）。

（8）选择高适应度的个体，将表现型参数作为 RVM 惩罚系数 C^* 和核函数参数 σ^*。

（9）优化惩罚系数和核函数参数，并建立 RVM 分类模型。

（10）用 IAGA-RVM 模型（简称 IAGA-RVM）进行故障诊断分类。

6.2.5　仿真分析

以滚动轴承系统中 4 种类型下的特征向量作为样本数据，其中每一种类型包含 30 组特征向量，4 种类型共计 120 组特征向量作为训练样本集。然后选取每种状态下 20 组数据样本（共计 80 组）作为测试样本集。在迭代次数达到最大时结束迭代操作，在迭代的过程中需要保留最优化的参数。

为了验证所用方法的性能，采用 IAGA-RVM 与 AGA-RVM 以及 GA-RVM 对捣固车轴承故障样本进行测试，对比其收敛效果和诊断误差，以确定 IAGA-RVM 的鲁棒性。采用不同算法优化 RVM 参数时，迭代次数和平均适应度之间的关系曲线以及训练次数和误差平方和之间的关系曲线如图 6-9 和图 6-10 所示。

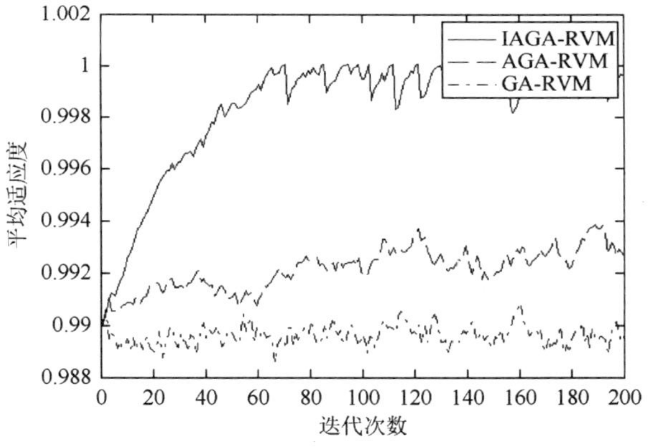

图 6-9　迭代次数和平均适应度之间的关系曲线

从图 6-9 和图 6-10 中可以看出，IAGA-RVM 的参数收敛性最好，并且其误差最小，AGA-RVM 的表现稍差，GA-RVM 的效果最差。在分类精度足够好的情况下，IAGA-RVM 迭代到第 70 次即可找到最优值，然后基本保持平稳状态，此时最优惩罚系数 $C = 0.573$，核函数参数 $\sigma = 0.4105$；而 AGA-RVM 需要迭代到第 120 次；GA-RVM 则需迭代到第 160 次，效果也不如 IAGA-RVM 好。

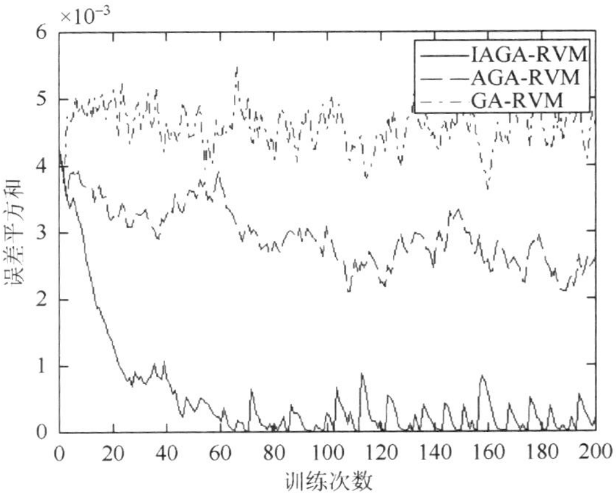

图 6-10　训练次数和误差平方和之间的关系曲线

在模型的训练操作中，惩罚系数 C 反映系统学习能力，核函数参数 σ 反映样本在高维空间中分布复杂度。由此可得，样本分类准确率和核函数（核函数选用高斯径向基核函数）参数、惩罚系数之间的关系如图 6-11 所示。

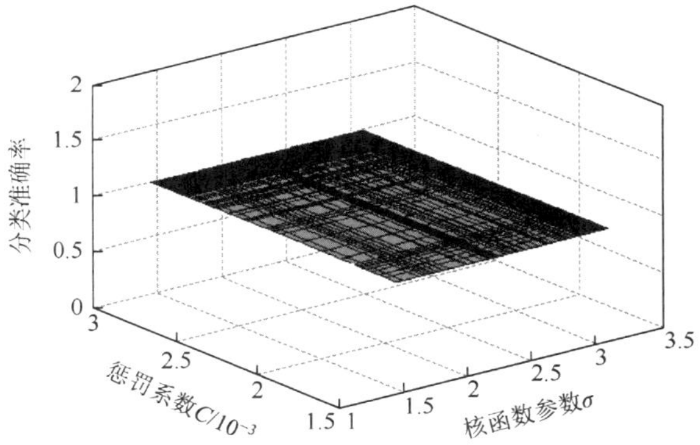

图 6-11　样本分类准确率和核函数参数、惩罚系数之间的关系图

由图 6-11 可知，三维的空间坐标分别表示分类准确率、核函数参数以及惩罚系数三个因素。当核函数参数和惩罚系数都不相同时，样本分类准确率可能会存在局部的最优情况，IAGA 很好地克服了这些局限性；同时，当核函数参数和惩罚系数不一样时，样本分类准确率也存在微弱的变动、基本紧贴最高精度，因此，RVM 有很好的分类效果。综上，将 IAGA 和 RVM 进行结合能比较明显地提升捣固车滚动轴承故障诊断的准确率。

为了表明 IAGA-RVM 具有很好的实效性，本章同时运用 AGA-RVM 和 RBF-ANN①，在相同的训练和测试样本下进行实验，并将三种方法的结果进行比较。比较结果如表 6-6 所示。

① RBF 指径向基核函数（radial basis function）；ANN 指人工神经网络（artificial neural network）。

表 6-6 不同方法的性能比较

方法类型	误诊数	正确诊断数				准确率
		正常	外圈故障	内圈故障	滚动体故障	
IAGA-RVM	4	20	22	18	16	95.00%
AGA-RVM	6	20	17	17	20	92.50%
RBF-ANN	11	18	18	17	16	86.25%

由表 6-6 可知，IAGA-RVM 的准确率为 95.00%，也是三者中性能最好的；AGA-RVM 的准确率为 92.50%；RBF-ANN 的准确率最低，达到 86.25%。从对比结果可以看出，对于轴承故障等小样本数据，IAGA-RVM 具有很好的效果，实用价值更高。

6.3 利用谐波小波包和改进 OAO-RVM 实现捣固车滚动轴承的故障诊断

6.3.1 滚动轴承故障分析分类识别方法

RVM 最初是为了解决二分类问题的。捣固车等大型机械设备的滚动轴承在作业过程中经常会出现各种故障，这些故障是多因素相互作用的结果，它们之间的关系是复杂的、非线性的，单一的分类方式很难识别故障类型，因此需要一种组合的 RVM 方法来解决这一问题。传统的多分类方法主要有一对一（one against one，OAO）法、一对多（one against rest，OAR）法、有向无环图（direct acyclic graph，DAG）法等。这些方法都存在分类精度低、效率慢等缺点。改进 OAO 法是在传统 OAO 法的投票机制基础上引入决策树的分类理论的新型分类方法。该方法克服了传统的多分类方法分类效率慢、精度低等缺点，非常适合应用于大型机械故障诊断的研究。因此，本节采用改进 OAO 法与 RVM 相结合（OAO-RVM）的方法来进行捣固车滚动轴承故障分类识别。

6.3.2 多分类方法研究

1. DAG 法

DAG 法是基于 OAO 法提出的一种算法理念，它同时把图论中 RVM 的知识应用到大量的 OAO 分类器中进行优化组合，构建出多分类 RVM，即 DAG-多分类 RVM。关于一个共 c 类的多分类问题，DAG 结构中一共包括 c 个节点，相应有 c 个 RVM，分布在 c 层结构中。层数与节点数是一样的，也就是说，第 1 层包含 1 个节点，相应的第 i 层也包含 i 个节点，最下面一层具有与类型个数 c 一样的叶子节点，而第 j 层的第 i 个节点指向 $j+1$ 层的第 i 个以及第 $i+1$ 个节点，其中第 1 层的节点称为根节点。针对滚动轴承一般情况下的四种类型，构造 DAG-RVM 模型，一共包括 4 个内部节点和 4 个叶子节点，决策导向为非决策，如图 6-12 所示。

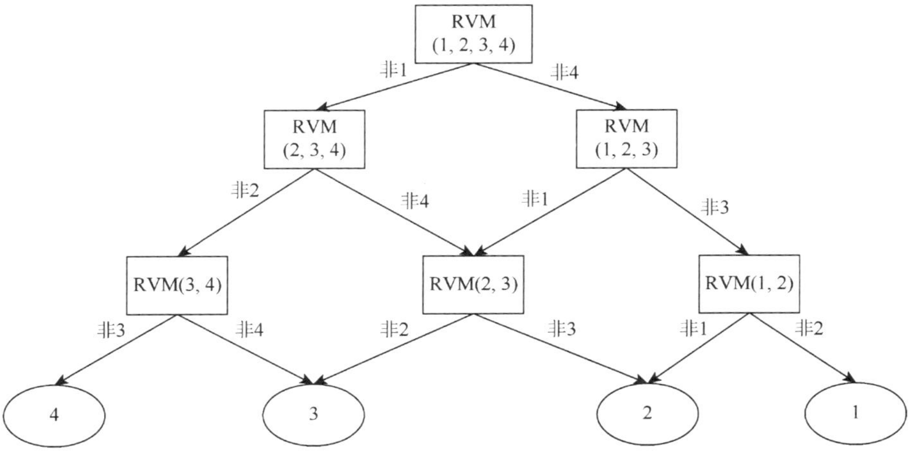

图 6-12　DAG-RVM 模型

图 6-12 是一个从顶层节点开始构造的 RVM 二分类器，根据计算值来确定测试样本点所属类型。如果测试样本点不属于任意类型，就将该点移除。该方法计算简捷、学习性比较强，它的缺点是分类的点比较依赖测试的顺序、错误会不断累积等，这样就会降低分类的精度，对分类的结果产生一定的影响。

2. OAR 法

OAR 法应该由多个 RVM 构成。其中第 i 个 RVM 是从第 i 类中目标值为 0、其余都为 1 的全部训练样本中训练得到的。OAR-RVM 模型如图 6-13 所示。

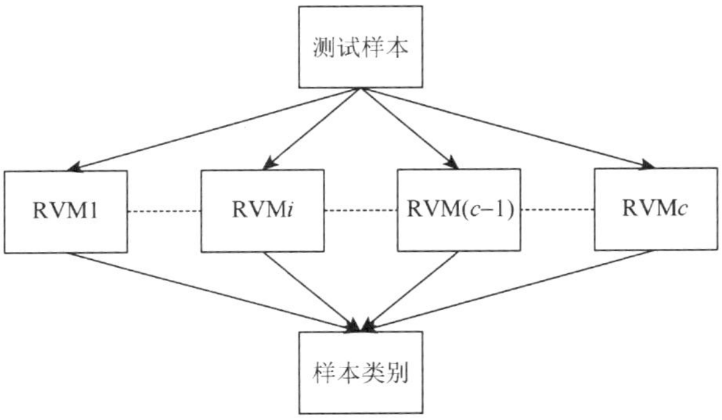

图 6-13　OAR-RVM 模型

这个模型是 c 个 RVM 组成的多模式判别模型，每个分类器仅判别某一类区别于其他类，也就说该类单独为一类，其余的类成为整体看作另一类，就这样构成多分类器识别多分类问题，完成测试样本 x 的分类工作。如果要识别第 i 类测试样本，那么 c 个 RVM 中就会存在第 i 个样本与另外 $c-1$ 个样本形成一个分类的超平面，运用式（6-40）来表示第 i 个分类器对应的优化问题：

$$\min_{w_i,b_i,\delta_i} \frac{1}{2}\| w_i \|^2 + C\sum_{j=1}^{i}\delta_{i,j}$$
$$\text{s.t.} < w_i, w_j > + b_i \geqslant 1-\delta_i\text{，如果} y_j = i \tag{6-40}$$
$$\delta_i \geqslant 0, j=1,2,\cdots,l$$

优化问题不一样，所对应的决策函数也是各不相同的，因此 OAR-RVM 构成的多分类问题对应的决策函数为

$$f_i(x) = \mathrm{sign}(\langle w_i, x\rangle + b_i) \tag{6-41}$$

式中，$1 \leqslant i \leqslant k$。

对样本 x 进行分类时，把它代入式（6-41）中由 1 开始进行 k 次运算，然后对得到的值进行比较，选取其中最大的类型作为样本类型：

$$\mathrm{Class}(x) = \arg\max_{i=1,2,\cdots,k}(\langle \omega_i, x\rangle + b_i) \tag{6-42}$$

这种方法的优点是分类器的数量比较少、速度快，它的缺点是需要训练全部的数据，因此训练时间比较长，计算比较慢，也可能存在分类结果同属某一类或者不属于任何一类的情况。

3. OAO 法

OAO 法用单独的 RVM 分类器来分别识别所有的样本，依照每次的分类结果，采用投票相加的方式来决定分类的结果，所以也称为投票法。对包含 k 种类型的分类问题，任何两种类型之间组成一个 RVM，则需 $k(k-1)/2$ 个二分类器。每一个分类器仅需要将分类样本放在单独的分类器中进行计算判断，然后对识别的结果进行投票，综合所有分类器的结果，得到最终分类结果，如图 6-14 所示。

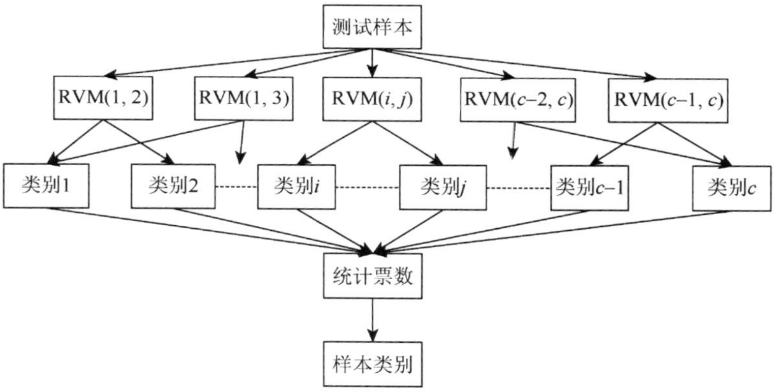

图 6-14　OAO-RVM 模型

图 6-14 中最上层为输入层，第 2 层把样本输入每个分类器中进行运算，第 3 层对第 2 层的结果所属的类型进行投票，第 4 层综合获得票数最多的类型，就是故障类型。该方法的优点为分类的精度高、错误率小，因而应用比较广泛；缺点在于计算复杂、比较耗时。

4. 改进 OAO 法

改进 OAO 法是在普通 OAO 和决策二叉树（binary tree，BT）的基础上改进的一种新的

分类方法。OAO 法在分类的准确性方面具有很大的优势，所以本节就在 OAO 法的基础上进行改进，得到改进 OAO-RVM 模型。该方法是针对滚动轴承的正常、滚动体故障、内圈故障、外圈故障四种类型来设计的，构造了 4 个二分类器，1 个用来识别轴承状态是否正常，其余 3 个是在传统的 OAO-RVM 模型基础上来进行故障诊断的，如图 6-15 所示。

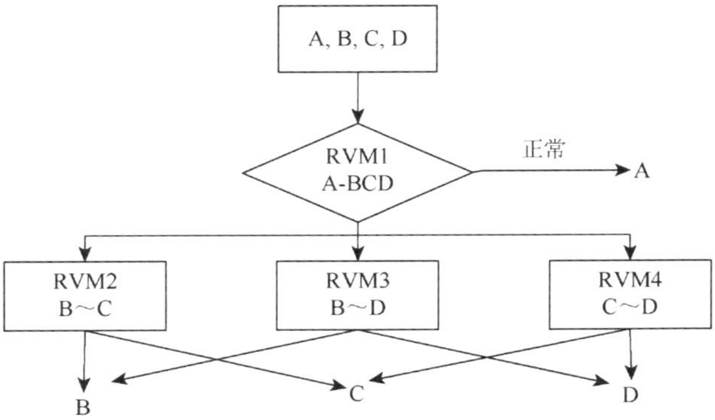

图 6-15　改进 OAO-RVM 模型

该模型将决策树的部分方法应用到 RVM 分类器中，减少了样本中的类型数量。此外，运用谐波小波包方式提取故障特征，正常状态与其他三种类型很容易区别，这样就可以首先将正常状态区分，然后对其他三种类型构造传统的 3 个二分类器，分别进行训练。将 i 类目标值设定为 0，j 类目标值则设定为 1。对于一个测试样本 x，若分类器 k_{ij} 识别测试出它是 i 类，就对其投票累计加 1，再通过另外 3 个分类器分别识别属于 i 类或者 j 类，其相应的类的投票累计再加 1；综合 3 个分类器，最终得票数多的类型就是该测试样本点所属的类型。该方法分类精度高、耗时也相对较短，所以本节采用该多分类方法与经过 IAGA 优化的 RVM 结合来进行滚动轴承故障分类。

6.3.3　基于谐波小波包和改进 OAO-RVM 的滚动轴承故障诊断步骤

采用 RVM 多分类器模型，然后应用谐波小波包的特征提取方法，得到一种新型滚动轴承故障类型分类方法，其模型图如图 6-16 所示。

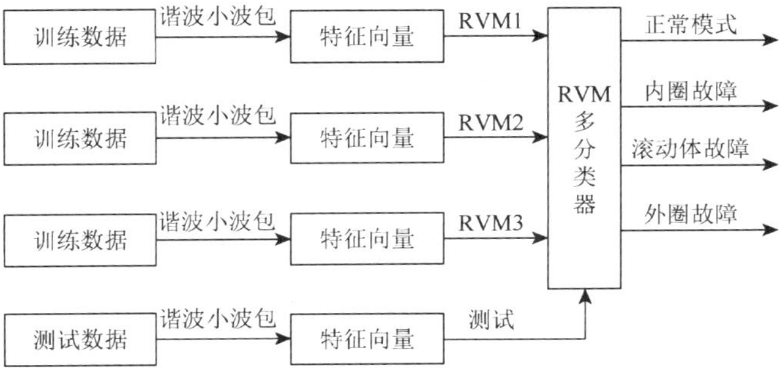

图 6-16　滚动轴承故障诊断模型

滚动轴承故障诊断模型的详细过程如下。

（1）从采集的测试样本中分别挑选各种类型下的综合样本数据，将这些样本数据进行整理分类，大致分为训练样本和测试样本两大类，训练样本的主要用途就是训练模型，测试样本的用途就是测试模型训练的准确性与模型自身的稳定性。

（2）将整理有序的各组测试样本进行处理，即采用谐波小波包的方式来分解这些信号数据；通过公式运算求得各组数据的能量；用标准归一化的方式以及小波频带能量的方式统一处理这些能量数据，处理后得到相应类型下的特征向量。

（3）将各种类型下的特征向量都用单独的分类模型训练器进行分类处理，计算所属故障类型的最高次数，这样有利于提升模型的分类能力和模型的整体性能。

（4）采用谐波小波包提取各种信号的特征向量，用优化后的 RVM 模型训练这些向量数据，根据模型的分类结果来分析判别故障类型。

6.3.4　仿真实验及结果分析

为了验证改进 OAO-RVM 模型在滚动轴承故障诊断中的有效性，采用与 6.1.6 节相同的滚动轴承实验系统，选用凯斯西储大学采集的滚动轴承实验数据，实验数据包括 SKF-6203、SKF-6205 以及 N205EM 三种轴承型号，如表 6-7 所示。

表 6-7　实验数据情况

数据名称	故障类型	故障直径/mil	电机转速/(r/min)	采样频率/kHz
99.mat	正常状态	7/14/21	1730～1797	12
107.mat	内圈故障	7/14/21	1730～1797	12
120.mat	滚动体故障	7/14/21	1730～1797	12
132.mat	外圈故障	7/14/21	1730～1797	12

随机从每个类型中选取样本数据，采用 6.1.5 节的特征提取方法；对样本进行整理后，用谐波小波包进行信号分解并计算小波系数，通过小波频带能量均值和标准差对小波包系数进行归一化处理，得到不同故障滚动轴承特征向量，将特征能量作为输入来诊断故障类型。为了验证改进 OAO-RVM 模型的性能，选取正常状态、外圈故障、内圈故障、滚动体故障每种特征向量的前 50 组（共计 200 组）作为测试样本（转速为 1750r/min、故障直径为 7mil），按上述步骤提取到的一组四种故障类型特征能量分布如图 6-17 所示，特征样本及诊断结果如表 6-8 所示。

由图 6-17 和表 6-8 可得，将清洗整理后的信号样本数据通过谐波小波包分解，求解得到特征样本和特征向量，接着将特征向量输入改进 OAO-RVM 模型中进行训练，便可得到相应的故障类型，能够实现对故障轴承的诊断。

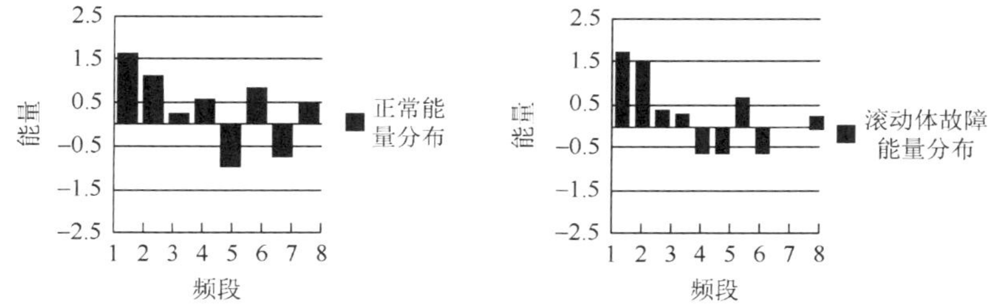

(a) 正常能量分布　(b) 滚动体故障能量分布

(c) 内圈故障能量分布　(d) 外圈故障能量分布

图 6-17　不同故障类型能量分布图

表 6-8　特征样本及诊断结果

测试数据说明	特征样本		诊断结果
正常	1.64650009663691 0.272209034866068 −0.982188931127097 −0.759352411623381	1.15160016125762 0.592586262126531 0.843887683937407 0.533048458467114	正常*
内圈故障	1.75928930062677 0.421238087353046 0.70282494465181 0.680821477071988	1.39765979630193 −0.079559377990064 −0.653008031042351 0.619497178819452	内圈故障*
外圈故障	1.15644935250639 0.347029377418803 0.642501006510469 0.674514779227451	1.95475100810408 0.161904858168439 0.617938417794412 −0.667311921490908	外圈故障*
滚动体故障	1.70104529227735 0.356182044653735 −0.649110159255831 0.654052835117208	1.5017056355096 0.281728252980344 −0.635545310807668 −0.626132324972175	滚动体故障*

*代表解

为了验证 RVM 模型的优越性，在同样的实验环境下，从样本数据（转速为 1773r/min、故障直径为 7mil）中随机取出 200 组（每种状态 50 组）作为实验样本，另外选取 100 组作为测试样本，分别用 RVM 模型和 SVM 模型①进行对比实验，结果如表 6-9 所示。

① SVM 模型指支持向量机（support vector machine）模型。

表 6-9　不同模型的比较结果

模型类型	诊断时间/s	准确率/%	各级分类器的 RV 或 SV 个数
RVM	0.301	95.507	2/2/2
SVM	0.576	94	151/92/83

由表 6-9 可得，在进行多分类模型故障诊断时，RVM 模型具有更好的稀疏性。同时，RVM 模型所需相关向量的数量仅为 SVM 模型所需支持向量的数量的 1/50，但是 RVM 模型的准确率高于 SVM 模型，达到了 95.507%，诊断时间也缩短了将近 1/2。

为了比较不同分类方法与 RVM 分类器结合的效果，同样用上面获取的轴承训练样本以及测试样本（转速为 1773r/min、故障直径为 7mil）对 OAO-RVM 模型、OAR-RVM 模型及改进 OAO-RVM 模型进行对比实验，结果如表 6-10 所示。

表 6-10　不同模型诊断结果

对比项	OAR-RVM 模型	OAO-RVM 模型	改进 OAO-RVM 模型
诊断时间/s	0.30	0.35	0.293
准确率/%	89.5	92.5	92.5

由表 6-10 可知，改进 OAO-RVM 模型在准确率和诊断时间方面都比 OAR-RVM 模型更优秀；而与 OAO-RVM 模型对比，改进 OAO-RVM 模型的诊断时间更短。

另外，为了验证在滚动轴承不同故障直径的情况下改进 OAO-RVM 模型的性能，选取不同故障直径的轴承实验数据，分别用 OAR-RVM 模型、OAO-RVM 模型和改进 OAO-RVM 模型进行测试。

（1）选取采样频率为 12kHz、故障直径为 7mil 的样本数据，分别用改进 OAO-RVM 模型、OAO-RVM 模型以及 OAR-RVM 模型对样本集进行诊断测试，诊断结果如表 6-11 所示。

表 6-11　故障直径为 7mil 时不同模型的诊断结果

对比项		OAR-RVM 模型	OAO-RVM 模型	改进 OAO-RVM 模型
1730r/min	诊断时间/s	0.25	0.27	0.20
	准确率/%	93	93	93
1750r/min	诊断时间/s	0.30	0.35	0.293
	准确率/%	89.5	92.5	92.5
1772r/min	诊断时间/s	0.27	0.29	0.23
	准确率/%	92	91.5	92
1797r/min	诊断时间/s	0.31	0.35	0.27
	准确率/%	93	91.5	94.5

（2）选取采样频率为 12kHz、故障直径为 14mil 的样本数据，分别用改进 OAO-RVM 模型、OAO-RVM 模型以及 OAR-RVM 模型对样本集进行诊断测试，其结果如表 6-12 所示。

表 6-12　故障直径为 14mil 时不同模型的诊断结果

对比项		OAR-RVM 模型	OAO-RVM 模型	改进 OAO-RVM 模型
1730r/min	诊断时间/s	0.29	0.32	0.27
	准确率/%	93.5	93.5	93.5
1750r/min	诊断时间/s	0.28	0.30	0.25
	准确率/%	93.5	92.5	94.5
1772r/min	诊断时间/s	0.30	0.34	0.25
	准确率/%	92.5	92.5	92.5
1797r/min	诊断时间/s	0.28	0.31	0.28
	准确率/%	93.5	93.5	93.5

（3）选取采样频率为 12kHz、故障直径为 21mil 的样本数据，分别用改进 OAO-RVM 模型、OAO-RVM 模型以及 OAR-RVM 模型对样本集进行诊断测试，其结果如表 6-13 所示。

表 6-13　故障直径为 21mil 时不同模型的诊断结果

对比项		OAR-RVM 模型	OAO-RVM 模型	改进 OAO-RVM 模型
1730r/min	诊断时间/s	0.30	0.33	0.29
	准确率/%	92.5	92.5	92.5
1750r/min	诊断时间/s	0.31	0.34	0.30
	准确率/%	93.5	93.5	93.5
1772r/min	诊断时间/s	0.27	0.31	0.25
	准确率/%	93.5	92.5	93.5
1797r/min	诊断时间/s	0.34	0.36	0.30
	准确率/%	92.5	92.5	93.5

由表 6-11～表 6-13 可知，改进 OAO-RVM 模型相比 OAO-RVM 模型和 OAR-RVM 模型更优秀。同时，针对不同故障直径的测试样本，改进 OAO-RVM 模型的诊断时间短，且具有较高的准确率。

（4）选取四种故障类型并且故障直径不一，对改进 OAO-RVM 模型与 OAR-RVM 模型和 OAO-RVM 模型进行对比验证。选取采样频率为 12kHz、转速为 1750r/min 的样本数据，结果如表 6-14 所示。

表 6-14　不同故障直径、不同模型的诊断结果

对比项				OAR-RVM 模型	OAO-RVM 模型	改进 OAO-RVM 模型
内圈故障直径/mil	滚动体故障直径/mil	外圈故障直径/mil				
7	14	7	准确率/%	92.5	92.5	94
			诊断时间/s	0.29	0.29	0.26
14	7	21	准确率/%	92	93	94.5
			诊断时间/s	0.31	0.28	0.26

由表 6-14 可知，改进 OAO-RVM 模型较其他模型而言，诊断时间短、准确率也更高。

6.4　本 章 小 结

滚动轴承是捣固车等大型轨道机械设备的核心零件，也是最易受损害的零部件之一。本章介绍了滚动轴承的基本结构类型及一般受损形式，用谐波小波包提取了故障特征，同时系统地论述了 RVM 的基本原理和分类以及回归方法，并利用 IAGA 选取和优化 RVM 的核函数；在对 RVM 参数优化的基础上构建了改进 OAO-RVM 模型，用于滚动轴承故障的分类识别。主要完成工作概括如下。

（1）介绍了滚动轴承的背景知识、国内外研究现状，研究了滚动轴承的基本结构和振动原理；将 RVM 和滚动轴承信号特征提取的基本知识作为研究的理论基础。

（2）针对捣固车以及地铁等大型机械设备的滚动轴承故障信号的复杂性和不稳定性，用谐波小波包方法进行信号特征提取，分解信号数据，求解信号特征能量和故障特征向量，为后面章节的 RVM 核函数参数优化以及 RVM 多分类方法提供了前提和实验依据。

（3）针对传统的 RVM 核函数存在收敛慢、分类精度不高、耗时长的情况，提出了一种 IAGA 优化 RVM 核函数参数的方法，采用 IAGA 可以有效地抑制过早收敛的现象，避免陷入局部最优的情况；加快函数的收敛速度，能够自适应地选取最优核函数，优化后 RVM 的学习能力和泛化能力都得到了极大的提高。仿真实验的结果表明，IAGA 在优化 RVM 核函数方面具有良好的效果。

（4）针对滚动轴承故障的类型复杂，二分类方法很难进行有效的分类问题，经过对各种多分类模型优缺点分析，在对 RVM 核函数优化的基础上提出了一种基于谐波小波包和改进 OAO-RVM 的滚动轴承故障诊断分类方法，构建了一种新的改进 OAO-RVM 模型；通过与 SVM 模型对比，RVM 模型的结构更加简单、效率更高、需要的相关向量数也更少。与 OAO-RVM 模型、OAR-RVM 模型等相比，改进 OAO-RVM 模型更准确、高效。

第 7 章　捣固车液压系统

7.1　概　　述

7.1.1　信号降噪与特征提取技术的研究现状

当利用传感器采集信号时，由于各种不确定因素的作用，获得的信号容易被随机噪声干扰，在某种程度上破坏了信号内容等方面的相关性，造成信号失真，严重影响了故障特征的提取。为了提取含噪信号中的有效信息，必须对采集的信号进行降噪处理。

基于以上原因，国内外许多研究者对信号的降噪与特征提取方法进行了多方面研究。Yadav 等采用非局部小波变换域滤波方法对心电图信号进行降噪，取得了一定的降噪效果。Ukte 等采用经验模态分解（empirical mode decomposition，EMD）阈值法对多速率高分辨率音频信号进行降噪，结果表明该方法不需要了解多速率高分辨率音频信号的任何相关信息就可以取得良好的降噪效果。于金涛等利用 EMD 与小波阈值去噪相结合的方法对声发射信号进行去噪，实验结果表明该方法具有较稳定的去噪效果。Kallas 等采用基于核函数的主成分分析（kernel principal component analysis，KPCA）提取心电图信号的特征并输入 SVM 多分类器，取得了比较好的分类精度。Kumar 等采用近似熵和样本熵提取脑电信号的特征，实验表明该方法能够很好地区分不同的脑电信号。张毅等采用小波变换和样本熵提取脑电信号的特征并输入 SVM 模型，取得了比较好的分类效果。总之，通过研究者的不断探索，结合各领域研究的新方法，信号降噪与特征提取技术得到了迅速发展。

7.1.2　FSVM 技术的研究现状

SVM 对存在野点和噪声点的训练样本分类效果不理想，从而提出了模糊支持向量机（fuzzy support vector machine，FSVM）理论。由于最优分类超平面只由少数支持向量产生，采用 SVM 训练存在噪声点的样本时，将会影响最优分类超平面的正确构造，从而产生对测试样本集的误分操作。然而，FSVM 分别将不同的隶属度赋给不同的训练样本，大大减轻了噪声点对构造最优分类超平面的影响。与 SVM 相比，FSVM 对存在不确定信息的样本具有更高的分类准确率，容错性也更强。目前，FSVM 在印刷机故障诊断、风电功率波动范围组合预测及部分故障分类领域得到了广泛应用，但是国内还没有开展 FSVM 用于捣固车液压系统故障分类的研究。

本节在改进其他研究者所提方法的基础上，将改进的粒子群优化（particle swarm optimization，PSO）算法优化的 FSVM 模型应用到捣固车液压系统故障分类中，并对该模型进行仿真实验，以验证该模型的合理性。

7.1.3　液压系统故障诊断技术的研究现状

随着控制系统不断向大型复杂化的方向发展，在设备生产和作业过程中，控制系统需要监控许多元器件和参数，这在很大程度上增加了故障发生的概率。只有提高系统中各元器件的可靠性，并对系统进行高可靠性设计和容错性设计，才能提高整个系统的可靠性与安全性。但是，不管设备多么先进、设计方法多么完美、控制策略多么巧妙，也不能保证设备运行的绝对可靠性。根据可靠性观点，故障是不可避免的，但是故障产生的原因以及产生的时机需要操作人员把控好，以便较早地对其进行检测，发现潜在的故障，从而达到对故障进行控制和排除的目的，进而有效地降低故障对作业过程造成的影响。因此，先进的故障诊断技术已成为高精度大型化设备安全可靠运行的坚强后盾。在系统出现故障时，常常会通过某些故障特征表现出来，有些特征表现明显，有些特征却隐藏得很深。如果故障比较轻微，就只是降低整个系统的性能；如果故障比较严重，就有可能对系统产生灾难性破坏，导致整个系统异常。因此，提取这些故障特征，并利用它们对故障进行检测和分类已成为故障诊断研究领域共同的主题。20 世纪 60 年代，故障诊断技术便开始萌芽，特别是美国在执行阿波罗计划时，一系列设备故障引发了重大事故并造成了经济损失，导致美国国家航空航天局开始对故障检测和诊断技术进行深入研究，以防事故的发生。现代液压系统故障诊断技术主要利用现代信息处理与人工智能技术对提取的状态参数进行模式识别和分类，进而达到定位和预测故障的目的。20 世纪 70 年代，英国首次对液压系统故障诊断技术进行了研究，基于时域测量的故障诊断技术也是从这个时候开始研发的，并将其应用于液压系统故障诊断中。该技术主要通过加速度和压力传感器测量实现对液压泵故障的诊断，采用的故障诊断方法大多停留在测量和信号处理的阶段，方法比较成熟，因此成功地投入使用，产生了液压故障诊断仪器。20 世纪 80 年代，液压系统故障诊断技术取得了突飞猛进的发展，Abbott 等采用专家系统对航天飞机上的液压系统进行故障诊断，这是在液压系统故障诊断技术中首次应用专家系统的案例；Hogan 等对液压系统的设计进行研究，采用知识库规则实现复杂液压系统的故障诊断，该方法提高了液压系统运行的可靠性；Watton 等采用专家系统对液压缸和液压管路进行在线故障诊断，并研究了如何识别液压系统的多重故障特征。这个阶段的故障诊断研究主要采用专家系统等定性方法，并没有深入研究液压系统的故障分类模式。20 世纪 90 年代，液压系统故障诊断技术的研究在人工智能技术的推动下得到了不断深入的发展。在液压系统故障诊断的研究中开始使用神经网络，当系统出现故障时，通过神经网络训练出液压系统正常状态的故障诊断模型，如果辨识模型输出值和真实系统输出值的偏差比较大，就能够断定液压系统存在故障。Gaddouna 和 Ouladsine 利用神经网络构建未知输入观测器，对液压系统故障进行诊断，并研究了该方法的鲁棒性；Crowther 等认为模型物理参数的改变在很大程度上影响故障的分类，于是采用神经网络对正常状态二阶液压舵机系统的输出矢量空间进行建模，在使用相同输入数据的情况下，若神经网络识别模型的输出和系统的输出存在较大偏差，就能够断定液压系统存在故障；Linaric 和 Koroman 利用非线性辨识的神经网络构建电液伺服系统的故障诊断模型，并用该模型实现故障的识别；An 和 Sepehri 构建了基于广义卡尔曼滤波方法的液压系统电气环节状态预测模型，并用该模型对电气故障进行诊断；Pollmeier 等研究了基于神经网络的多故障状态识别方法，并用该方法对电液伺服系统进行故障诊断；Chen 等构建了基于 SVM 的故障分类模型，同时采用第二代小波理论提取的水液压马达振动信号特征向量作为 SVM 的输入参数，分类效果很理想；Mollazade 等对泵压电转换器不同状态下的振动信号采用描述性统计理论进行处理，并将处理后的参数输入模糊推理结合决策树分类的齿轮泵磨损故障诊断模型，取得了较好的分类效果；Sepasi 和 Sassani 利用卡尔曼滤波方法产生系统各故障类型的残差，在线诊断液压系统的故障，实验结果表明，该方法在某种程度上能够准确判定故障类型。

我国对液压系统故障诊断技术的研究相对较晚，但是发展步伐正在加快。浙江大学从 20 世纪 80 年代开始研究液压系统故障诊断的相关技术。陈章位和路甬祥通过研究液压系统的故障特征和失效机理，发现结合领域专家知识和人工智能技术是建立液压系统状态监测与故障诊断的最佳方法；董选明等研究了训练规则领域专家知识的表达方法，并结合神经网络构建神经网络专家系统，识别飞行器液压动力系统的故障类型；张建华和王占林研究了获取液压系统故障信息和对该信息进行合理分类的方法，为液压系统故障特征信息的提取奠定了坚实的基础；姜万录等认为采用多种方法进行融合诊断能够克服单一故障诊断方法的不足，提高故障诊断的准确率；许益民构建了基于 BP 神经网络的故障诊断专家系统，对液压系统的伺服阀故障进行诊断，并对该系统的应用领域进行了推广；高英杰结合人工智能与信号处理技术对液压系统的故障进行诊断，获得了不错的效果；杨光琴研究了如何将小波与小波包分析方法运用到液压系统故障识别中，并和基于多传感器信息融合技术的故障识别方法进行了比较分析，得出二者都有各自的优缺点；湛从昌等利用模糊集理论描述液压系统故障的模糊现象与相关因素间的关系，通过故障与表征现象间的关系对液压系统进行模糊诊断，实验结果表明该模糊诊断方法是可行的，可靠性也较高；许德昌和袁胜发利用 SVM 模型对离心泵进行故障诊断，分类效果显著，表明 SVM 具有较好的分类性能；凤寿湃等采用模糊推理的方法对飞机液压系统的故障进行诊断，取得了一定的成效；姜云春等利用最小二乘 SVM 的预测输出与实际输出产生的残差对电液伺服系统故障进行检测，能够准确判断故障是否发生；刘思远和姜万录在建立的故障诊断决策表中采用粗糙集理论提取诊断规则并对液压泵故障进行诊断，实验表明该方法具有一定的成效；赵四军等研究了粗糙集理论结合 SVM 的航空液压泵故障诊断方法，仿真结果验证了该方法具有较高的诊断精度；黄胜忠采用遗传算法优化最小二乘 SVM 模型参数，并采用最优的参数构建液压泵轴承故障预测模型，对故障能够进行较好的预测；刘德军对参数诊断法进行了改进和优化，提高了参数诊断法在故障诊断中的准确率。

总之，通过研究者的不断探索，结合各领域研究的新方法，我国在液压系统故障诊断技术研究方面取得了较好的成绩，正在缩短与国外的差距。

7.2　振动信号降噪与特征提取技术

液压系统是捣固车至关重要的部件之一，主要为捣固车的捣固操作提供动力。由于捣固车液压系统在捣固铁轨的过程中承受非常高的负荷，它也是故障频发的部位。因为捣固车液压系统的故障振动信号在捣固铁轨的过程中易被强烈的噪声污染和其他作业部件的振动干扰，所以其故障振动信号经常表现出周期非平稳特性，与高强度的背景噪声比起来通常显得十分弱小，这在很大程度上限制了捣固车液压系统故障特征提取技术的发展。因此，有效地去除夹杂在捣固车液压系统故障振动信号中的强背景噪声和干扰信号，并提取降噪后的故障信号的故障特征已成为捣固车液压系统故障辨识与诊断的核心。

针对基于时域和频域的滤波降噪无法很好地对非平稳信号进行去噪，以及小波降噪不具有较强的自适应性和不适宜处理信噪比较小的信号等缺点，结合 EMD 较强的自适应能力并适合处理非平稳信号，以及 Q-Shift 双树复小波变换具有近似平移不变性和良好的方向选择性等优点，本节提出一种改进 EMD 阈值结合 Q-Shift 双树复小波域隐马尔可夫树（hidden Markov tree，HMT）模型的降噪方法，并将其应用于捣固车液压系统故障振动信号的降噪处理。在此基础上，利用完备总体经验模态分解（complete ensemble empirical mode decomposition，CEEMD）在一定程度上能够抑制模态混叠的优势和模糊熵算法具有更强的相对一致性和更少的数据维度依赖性的特点，将两者融合起来对降噪后的故障振动信号进行特征提取，解决了基于时域和频域以及能量的特征提取方法需要事先了解信号的相关信息的问题。

7.2.1　基于改进 EMD 阈值处理的降噪方法

1. EMD 原理

EMD 方法因具有较强的自适应能力而广泛应用于信号处理和故障诊断领域，其原理是根据复杂信号函数本身的局部特征时间尺度，将信号分解成有限个内蕴模态函数（intrinsic mode function，IMF）和 1 个余项之和，原始信号在不同时间尺度上的局部特征信号可通过各 IMF 分量进行反映，信号的变化趋势也能通过余项进行体现。其中 IMF 分量需满足下面两个前提条件。

（1）待处理信号中应该具有相同数目的极值点和零点，或者极值点与零点的数目最多相差 1。

（2）无论在信号上的任何位置，如果对局部极小值与局部极大值分别确定的包络线求平均值，那么求得的值应该为 0。

利用 EMD 方法对任意信号 $x(t)$ 进行分解应该严格按照如下流程进行。

（1）对待分解信号进行分析，得到其全部局部极小值点和局部极大值点。将全部局部极小值点采用三次样条曲线进行连接，构成下包络线；将所有局部极大值点采用三次样条曲线进行连接，构成上包络线。

（2）通过分析，假设 m_1 为上下包络线的平均值，并根据式（7-1）进行计算：

$$h_1(t) = x(t) - m_1 \tag{7-1}$$

如果 $h_1(t)$ 满足 IMF 前提条件，那么可以把 $h_1(t)$ 看作原始信号 $x(t)$ 的第一个 IMF 分量。

（3）如果 $h_1(t)$ 与 IMF 前提条件有差异，那么可以把 $h_1(t)$ 看作原始数据，转到步骤（1）和步骤（2），求得信号 $h_1(t)$ 上下包络线的平均值 $m_{11}(t)$，并根据式（7-2）进行计算：

$$h_{11}(t) = h_1(t) - m_{11}(t) \tag{7-2}$$

判别 $h_{11}(t)$ 是否符合 IMF 前提条件，反复执行 k 次，得到

$$h_{1k}(t) = h_{1(k-1)}(t) - m_{1k}(t) \tag{7-3}$$

使 $m_{1k}(t)$ 符合 IMF 前提条件，记 $c_1 = h_{1k}$。

（4）将 c_1 从数据信号 $x(t)$ 中分离出来，得到

$$r_1(t) = x(t) - c_1(t) \tag{7-4}$$

把 $r_1(t)$ 看作新形成的原始数据，反复执行步骤（1）～步骤（3），获得第 2 个符合 IMF 前提条件的分量 c_2，反复执行 n 次，得到

$$r_{i-1} - c_i = r_i, \quad i = 2,3,\cdots,n \tag{7-5}$$

当 r_n 变成单调函数并且不可以再对其提取符合 IMF 前提条件的分量时，分解过程就结束了。因此，由以上计算过程可以得到

$$x(t) = \sum_{i=1}^{n} c_i(t) + r_n(t) \tag{7-6}$$

式中，$c_1, c_2, \cdots, c_n$ 依次囊括了信号不同频率段的成分信息。

2. 改进 EMD 阈值处理的降噪原理

软阈值处理函数和硬阈值处理函数在进行信号降噪处理方面较为常用。

硬阈值处理函数如下：

$$\mathrm{IMF}_j(t) = \begin{cases} \mathrm{imf}_j(t), & |\mathrm{imf}_j(t)| \geqslant \lambda_j \\ 0, & |\mathrm{imf}_j(t)| < \lambda_j \end{cases} \tag{7-7}$$

软阈值处理函数如下：

$$\mathrm{IMF}_j(t) = \begin{cases} \mathrm{sign}(\mathrm{imf}_j(t))(|\mathrm{imf}_j(t)| - \lambda_j), & |\mathrm{imf}_j(t)| \geqslant \lambda_j \\ 0, & |\mathrm{imf}_j(t)| < \lambda_j \end{cases} \tag{7-8}$$

λ_j 的取值采用 Donoho 和 Johnstone 共同提出的方法：

$$\lambda_j = \sigma_j \sqrt{2\lg N}, \ \sigma_j = \frac{\mathrm{MAD}_j}{0.6745} \tag{7-9}$$

式中，σ_j 为第 j 个 IMF 分量的噪声水平；N 为信号长度。MAD_j 由式（7-10）确定：

$$\mathrm{MAD}_j = \mathrm{Median}\{|\mathrm{imf}_j(t) - \mathrm{Median}\{\mathrm{imf}_j(t)\}|\} \tag{7-10}$$

阈值在很大程度上影响采用传统阈值法的降噪信号的恢复。选择较大的阈值，很可能会导致信号信息的丢失；选择较小的阈值，可能会保留较多的噪声信息。为了弥补传统阈值法的不足，采用加权平均法对其进行一定程度的改进，即采用加权平均法对硬、软阈值处理函数进行结合，构成一种新的阈值处理函数。假设加权因子为 μ_j，新的阈值处理函数的构造如下：

$$\mathrm{IMF}_j(t)=\begin{cases}(1-\mu_j)\cdot \mathrm{imf}_j(t)+\mu_j\cdot \mathrm{sign}(\mathrm{imf}_j(t))(|\mathrm{imf}_j(t)|-\lambda_j), & |\mathrm{imf}_j(t)|\geqslant \lambda_j\\ 0, & |\mathrm{imf}_j(t)|<\lambda_j\end{cases} \tag{7-11}$$

$$\mu_j=\frac{\lambda_j}{|\mathrm{imf}_j(t)|\cdot \exp\left(\sqrt{\dfrac{|\mathrm{imf}_j(t)|-\lambda_j}{|\mathrm{imf}_j(t)|+\lambda_j}}\right)} \tag{7-12}$$

式中，由于$0\leqslant\sqrt{\dfrac{|\mathrm{imf}_j(t)|-\lambda_j}{|\mathrm{imf}_j(t)|+\lambda_j}}\leqslant 1$，估量$\mathrm{imf}_j(t)$的取值介于硬、软阈值处理方法之间，使得估量出来的 IMF 分量$\mathrm{imf}_j(t)$越发接近$\mathrm{imf}_j(t)$。当$|\mathrm{imf}_j(t)|=\lambda$时，$\mathrm{imf}_j(t)=0$；当$|\mathrm{imf}_j(t)|\to\lambda_j$时，$\mu_j\to 1$，可以得到$\mathrm{imf}_j(t)\to 0$，则$\mathrm{imf}_j(t)$在$\mathrm{imf}_j(t)=\lambda_j$上是连续的。随着$\mathrm{imf}_j(t)$的不断增大，$\mathrm{imf}_j(t)$和$\mathrm{IMF}_j(t)$之间的绝对偏差越来越小，当处于极限情形即$|\mathrm{imf}_j(t)|\to\infty$时，$\mu_j\to 0$，$\mathrm{IMF}_j(t)\to \mathrm{imf}_j(t)$，在很大程度上减少了软阈值处理方法中恒定误差的形成。因此，新构建的阈值处理函数相比于传统的硬、软阈值处理函数在某种程度上改善了信号降噪效果，提高了信号重构的精度，其优势非常突出。

含噪信号$x(t)$通过 EMD 后得到一系列频率从高到低排列的 IMF 分量，高频 IMF 分量主要包含信号的高频部分或噪声，低频 IMF 分量通常包含信号的低频部分，几乎不受噪声的干扰。就大多数含噪信号而言，信号能量大部分聚集在低频段，频率越高，信号能量就越少。因此，在这一系列按频率高低排列的 IMF 分量中一定存在某个 IMF 分量，使得该分量之后的 IMF 分量中信号占主导模态，而前k个 IMF 分量中噪声占主导模态，k的确定采用 Boudrra 提出的连续均方误差准则，其具体计算原理如下。

（1）假设含噪信号通过 EMD，得到C个 IMF 分量和余项$r_c(t)$，有

$$y_k(t)=\sum_{j=k}^{C}\mathrm{imf}_j(t)+r_c(t),\ k=1,2,\cdots,C$$

分别采用连续均方误差准则计算两个连续重构信号y_k与y_{k+1}的连续均方误差：

$$\mathrm{CMSE}(y_k,y_{k+1})\triangleq\frac{1}{N}\sum_{i=1}^{N}[y_k(t_i)-y_{k+1}(t_i)]^2\triangleq\frac{1}{N}\sum_{i=1}^{N}[\mathrm{imf}_k(t_i)]^2,\ k=1,2,\cdots,C-1 \tag{7-13}$$

（2）计算k：

$$k=\underset{1\leqslant k\leqslant C-1}{\mathrm{agr\,min}}[\mathrm{CMSE}(y_k,y_{k+1})] \tag{7-14}$$

因此，根据计算出的k，对前k个 IMF 分量进行阈值去噪，然后利用去噪后的前k个 IMF 分量与余下的 IMF 分量对信号进行重构，从而得到去噪后的信号。

7.2.2　基于 Q-Shift 双树复小波域 HMT 模型降噪方法

1. Q-Shift 双树复小波变换

Kingsbury 提出的 Q-Shift 双树复小波变换具有近似平移不变性和良好的方向选择性，

而且对变换后的信号进行重构时可以保持较高的精度，有效解决了信号中的冗余问题，提高了处理信号的效率。其中，在变换过程中除第 1 层外其余各层的滤波器为偶数倍长，但这些滤波器不再具有严格线性相位，而把它们设计成具有 1/4 个采样周期的延迟。在 b 树中使用 a 树的时间逆转滤波器实现要求的 1/2 采样周期的延迟差。除此之外，因为滤波器系数没有对称性，所以很有可能把完全重构滤波器组设计成是相互正交的，以便重构滤波器在这两棵树中只是等效分析滤波器的时间逆转。因此，除第 1 层外的所有滤波器都来自相同的正交集原型。虽然传统离散小波变换具有诸多优良的特性，但是其对高频部分没有进行进一步细分，有可能降低信号整个频段的频率分辨率并导致信息的丢失。因此，有必要采用 Q-Shift 双树复小波变换对高频部分和低频部分都进行细分，以提高信息的完备性。第 1 层采用对称双正交滤波器对信号进行分解，对低频部分各层采用线性相位 Q-Shift 滤波器进行分解，对于从第 1 层分离出的高频部分，再一次采用对称双正交滤波器对其分解出高频部分和低频部分，再对低频部分各层采用线性相位 Q-Shift 滤波器进行分解，这样保证了对高频部分的进一步细分，对提高信号频段的频率分辨率具有较大的促进作用。图 7-1 展示了 Q-Shift 双树复小波变换处理信号的详细分解过程，其中，a 树和 b 树分别与复小波变换的实部和虚部相对应。

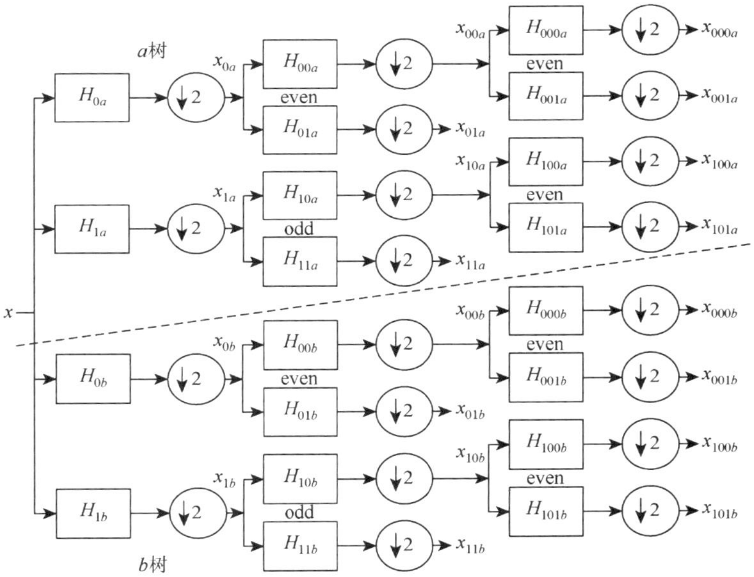

图 7-1　Q-Shift 双树复小波变换处理信号的详细分解过程

even 指偶数；odd 指奇数

2. 小波域 HMT 模型

小波域 HMT 模型使用风险分析树来刻画隐状态之间的马尔可夫依赖关系，展现了小波系数在不一样的尺度上的延续性，即每个子节点的系数在很大程度上与父节点具有相同的状态，同时用含有隐状态的混合高斯分布表示小波系数的边缘概率密度，用该混合高斯分布对小波系数的非高斯分布进行建模，并确保这些小波系数在同一尺度内。HMT 模型中每个小波系数与一个隐状态 S_i 相关联，其中 $S_i = H$ 或 $S_i = L$，状态 H 对应高小波系数，状态 L 对应低小波系数。每个小波系数的条件概率密度如下：

$$f_{\omega_i|S_i}(\omega_i \mid S_i = m) = N(\mu_{m,i}, \sigma^2_{m,i}) \tag{7-15}$$

式中，$\mu_{m,i}$ 为高斯分布函数的均值；$\sigma^2_{m,i}$ 为高斯分布函数的方差，$m = H$ 或 L，$\sigma^2_{H,i} > \sigma^2_{L,i}$。因此，可用包含两个混合元的混合高斯分布来表述同一尺度内的每个小波系数的边缘分布：

$$f_{\omega_i}(\omega_i) = \sum_{m=H,L} p_i^m \cdot f_{\omega_i|S_i}(\omega_i \mid S_i = m) \tag{7-16}$$

式中，$\sum\limits_{m=H,L} p_i^m = 1$。定义小波域 HMT 模型参数 $\theta = \{p_{sl}(m), \varepsilon^{mr}_{i,\rho(i)}, \mu_{i,m}, \sigma_{i,m}\}$，其中，$p_{sl}(m)$ 为根节点状态的概率；$\varepsilon^{mr}_{i,\rho(i)} = p_{S_i|S_{\rho(i)}}(m \mid S_{\rho(i)} = r)$ 为状态转移概率矩阵，其描述了状态之间迁移的概率；$\mu_{i,m}$ 与 $\sigma_{i,m}$ 分别为混合高斯模型中在状态 m 时小波系数的均值与方差。HMT 模型 θ 的最优参数可通过期望最大化算法进行推算，假设一个初始模型参数 θ^0，在各次迭代计算中，通过上向下向算法（upward-downward algorithms）估计每一个小波系数隐状态的概率 $p(S_i \mid \omega_i, \theta^l)$，并由此构造对数似然函数 $\ln f(\omega_i, S_i \mid \theta)$，使得对数似然函数的期望值 $E_S[\ln f(\omega_i, S_i \mid \theta) \mid \omega_i, \theta^l]$ 最大化，得到新的 θ 的估计 θ^{l+1}，交替迭代直到收敛，最终得到一个局部极大值，即模型参数 θ。

3. Q-Shift 双树复小波域 HMT 模型降噪原理

采用改进的双树复小波变换对含高斯白噪声的信号进行分解，得到复小波系数 $\omega_i = \omega_i^{\mathrm{Re}} + \mathrm{j}\omega_i^{\mathrm{Im}}$，把每一个 ω_i 与一个隐状态 S_i 相关联，由 $|\omega_i|$ 决定 S_i 的取值为 H 或 L。因此，可以根据复小波系数的实部与虚部构建小波系数边缘概率密度 $f(\omega_i)$ 的二维高斯混合模型。由于改进的双树复小波变换的实部和虚部的滤波器组是正交的，复小波系数的实部和虚部近似不相关，小波系数边缘概率密度可表示为

$$f_{\omega_i|S_i}(\omega_i \mid S_i = m) = N(\mu_{\mathrm{Re},m,i}, \sigma^2_{\mathrm{Re},m,i}) \times N(\mu_{\mathrm{Im},m,i}, \sigma^2_{\mathrm{Im},m,i}) \tag{7-17}$$

在小波域，复小波系数也可表示为

$$\omega_i = y_i + n_i \tag{7-18}$$

式中，ω_i 为含噪信号的复小波系数；y_i 为原始信号的小波系数；n_i 为噪声的小波系数。因此，能够通过上面提到的 HMT 模型对复小波系数 ω_i 进行建模，然后对其进行训练，从而推算出在状态 m 时含噪信号复小波系数 ω_i 的混合方差 $\gamma^2_{i,m}$，从而得到原始信号小波系数 y_i 的方差的估计模型：

$$\sigma^2_{i,m} = \gamma^2_{i,m} - \sigma^2_n \tag{7-19}$$

式中，噪声方差 σ^2_n 可由最佳尺度上的小波系数的中值估计得到：

$$\sigma^2_n = \frac{\mathrm{median}(|\omega_i|)}{0.6745} \tag{7-20}$$

如果 y_i 对应的状态 S_i 已知，则原始信号的条件均值估计为

$$\hat{y}_i = E[Y_i \mid W_i = \omega_i, S_i = m] = \frac{\sigma_{i,m}^2}{\sigma_n^2 + \sigma_{i,m}^2}\omega_i \tag{7-21}$$

然而，最大期望（expectation-maximization，EM）算法给出的只是含噪信号的状态 S_i 的概率估计 $p(S_i \mid \omega, \theta)$，因此可以使用 EM 算法给出的状态概率得到观测数据条件下原始信号 $V = [F_{n1}, F_{n2}, F_{n3}, F_{n4}]$ 的条件均值估计：

$$\hat{y}_i = E[Y_i \mid \omega, \theta] = \sum_m p(S_i = m \mid \omega, \theta)\frac{\sigma_{i,m}^2}{\sigma_n^2 + \sigma_{i,m}^2}\omega_i \tag{7-22}$$

最后，原始信号的估计可通过采用估量的小波系数对信号进行重构而得到。

7.2.3　改进 EMD 阈值结合 Q-Shift 双树复小波域 HMT 模型降噪方法

首先，对含噪声信号 $x(t)$ 进行 EMD，得到 N 个 IMF 分量和余项 $r_c(t)$，并采用 Boudrra 提出的连续均方误差准则确定分界点 k；其次，对前 k 个 IMF 分量 $\mathrm{imf}_1(t),\mathrm{imf}_2(t),\cdots,\mathrm{imf}_k(t)$ 采用改进的阈值法进行去噪，得到去噪后的各分量 $\mathrm{imf}_1'(t),\mathrm{imf}_2'(t),\cdots,\mathrm{imf}_k'(t)$，并对余下的 IMF 分量和余项 $r_c(t)$ 进行重构得到 $\mathrm{imf}_{re}(t)$；再次，对 $\mathrm{imf}_1'(t),\mathrm{imf}_2'(t),\cdots,\mathrm{imf}_k'(t)$ 与 $\mathrm{imf}_{re}(t)$ 分别采用改进的 Q-Shift 双树复小波域 HMT 模型进行降噪，得到二次去噪后的各分量 $\mathrm{imf}_1''(t),\mathrm{imf}_2''(t),\cdots,\mathrm{imf}_k''(t)$ 与 $\mathrm{imf}_{re}'(t)$；最后，将 $\mathrm{imf}_1''(t),\mathrm{imf}_2''(t),\cdots,\mathrm{imf}_k''(t)$ 与 $\mathrm{imf}_{re}'(t)$ 进行重构得到最终去噪后的信号 $x'(t)$。改进 EMD 阈值结合 Q-Shift 双树复小波域 HMT 模型降噪流程如图 7-2 所示。

7.2.4　信号降噪仿真实验及分析

本节采用 MATLAB 自带的 wnoise 函数产生长度为 1024ms 的 Blocks、Bumps、Heavysine 和 Doppler 4 种具有代表性特征的不含有噪声和含有噪声的测试信号来验证改进 EMD 阈值结合 Q-Shift 双树复小波域 HMT 模型降噪方法的有效性，并与传统 EMD 阈值降噪方法、改进 EMD 阈值降噪方法和 Q-Shift 双树复小波域 HMT 模型降噪方法进行对比。图 7-3 为生成的 4 类不含噪信号波形，图 7-4 为通过加入噪声后生成的 4 类含噪信号波形。图 7-5 为采用传统 EMD 阈值降噪方法对 4 类含噪信号降噪后的波形，图 7-6 为采用改进 EMD 阈值降噪方法对 4 类含噪信号降噪后的波形，图 7-7 为采用 Q-Shift 双树复小波域 HMT 模型降噪方法对 4 类含噪信号降噪后的波形，图 7-8 为采用改进 EMD 阈值结合 Q-Shift 双树复小波域 HMT 模型降噪方法对 4 类含噪信号降噪后的波形。

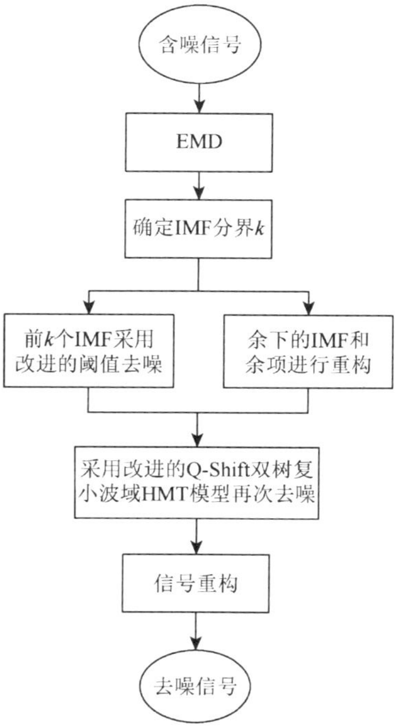

图 7-2　改进 EMD 阈值结合 Q-Shift 双树复小波域 HMT 模型降噪流程

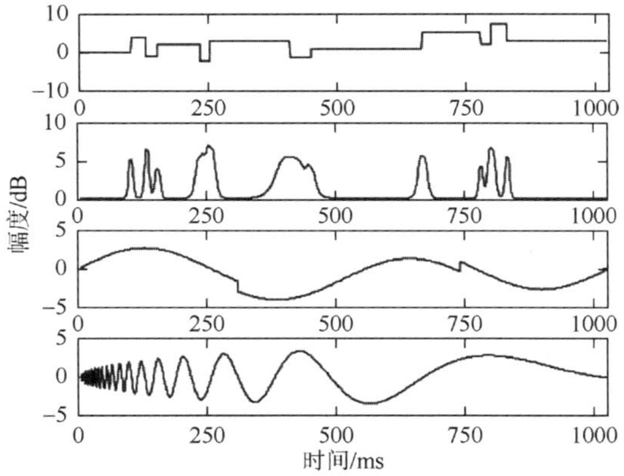

图 7-3　生成的不含噪信号

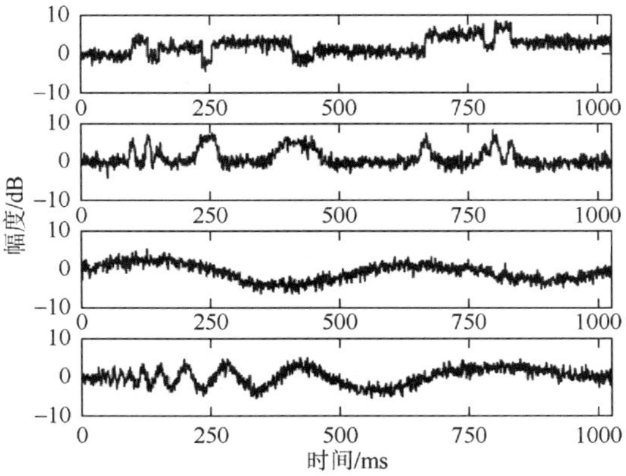

图 7-4　加入噪声后生成的含噪信号

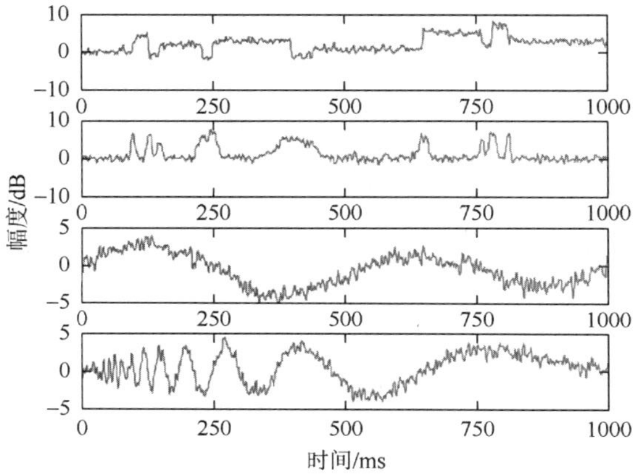

图 7-5　采用传统 EMD 阈值降噪方法的降噪效果

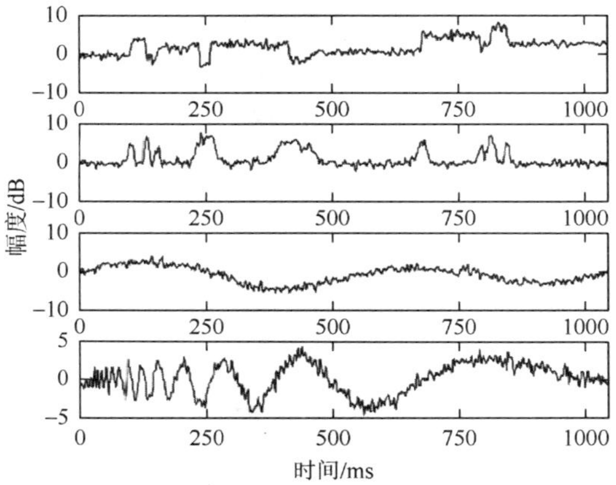

图 7-6　采用改进 EMD 阈值降噪方法的降噪效果

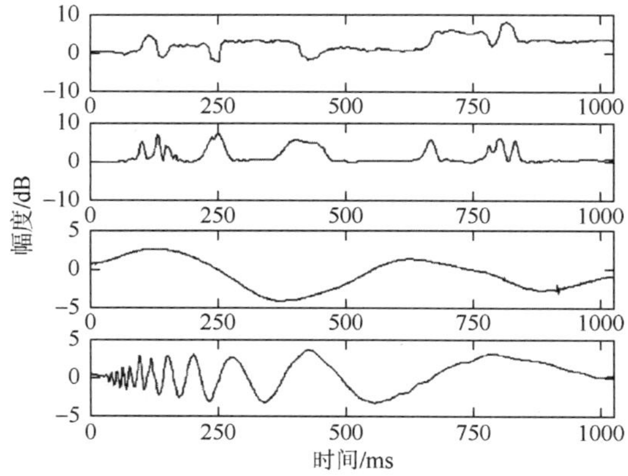

图 7-7　采用 Q-Shift 双树复小波域 HMT 模型降噪方法的降噪效果

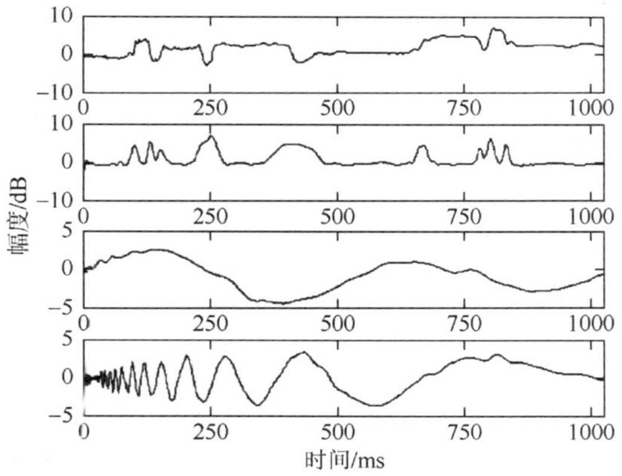

图 7-8　采用改进 EMD 阈值结合 Q-Shift 双树复小波域 HMT 模型降噪方法的降噪效果

选用式（7-23）计算上述信号的信噪比，以比较直观地体现上述方法的降噪能力：

$$\mathrm{SNR}=10\cdot\lg\frac{\sum \mathrm{sp}^2}{\sum(\mathrm{sp}-s)^2} \tag{7-23}$$

式中，sp、s 分别为降噪后信号和降噪前信号。对上述 4 类含噪信号，分别使用以上方法对其降噪，降噪后信号的信噪比如表 7-1 所示。

表 7-1　上述方法降噪效果对比

信号名称	降噪前信号信噪比/dB	降噪后信号信噪比/dB			
		传统 EMD 阈值	改进 EMD 阈值	Q-Shift 双树复小波域 HMT 模型	改进 EMD 阈值结合 Q-Shift 双树复小波域 HMT 模型
Blocks	9.7777	13.5126	14.1628	16.2309	16.2769
Bumps	7.5636	11.0174	12.3784	17.1643	17.1869
Heavysine	6.7956	10.8581	11.517	18.9853	20.5266
Doppler	6.2689	9.2771	11.2831	17.4849	17.8278

由表 7-1 可知，改进 EMD 阈值结合 Q-Shift 双树复小波域 HMT 模型降噪方法对各种类型信号的降噪效果都是最好的，Q-Shift 双树复小波域 HMT 模型降噪方法比改进 EMD 阈值降噪方法效果要好，改进 EMD 阈值降噪方法比传统 EMD 阈值降噪方法效果要好。

为了进一步验证该方法的有效性，生成不同信噪比的 4 类含噪信号，使含噪信号的信噪比分别为 6dB、15dB 和 25dB，对传统 EMD 阈值降噪方法、改进 EMD 阈值降噪方法、Q-Shift 双树复小波域 HMT 模型降噪方法和改进 EMD 阈值结合 Q-Shift 双树复小波域 HMT 模型降噪方法的降噪效果进行对比分析，如表 7-2 所示。

表 7-2　上述方法针对不同信噪比含噪信号的降噪效果

信号名称	降噪前信号信噪比/dB	降噪后信号信噪比/dB			
		传统 EMD 阈值	改进 EMD 阈值	Q-Shift 双树复小波域 HMT 模型	改进 EMD 阈值结合 Q-Shift 双树复小波域 HMT 模型
Blocks	6	8.3216	9.1523	11.6215	11.8946
	15	18.2654	19.1127	22.2487	23.1352
	25	29.4523	30.5897	33.5126	34.8519
Bumps	6	9.8543	11.2104	16.5837	16.9865
	15	19.5216	20.6789	25.3217	25.9861
	25	29.8743	21.3218	26.4723	27.1025
Heavysine	6	10.2541	11.0324	17.8623	19.6687
	15	20.1035	21.1254	27.5213	29.8513
	25	29.8541	31.2385	37.1957	39.2961
Doppler	6	8.8624	10.3682	16.8642	17.0231
	15	18.3148	19.8451	26.0324	26.9813
	25	28.6581	29.2457	35.6247	36.2413

通过分析表 7-2 可知，EMD 阈值降噪方法对信噪比较低的情况不适合，反而对信噪比较高的情况有较好的降噪效果。改进 EMD 阈值降噪方法、Q-Shift 双树复小波域 HMT 模型降噪方法和改进 EMD 阈值结合 Q-Shift 双树复小波域 HMT 模型降噪方法这三种方法中，改进 EMD 阈值结合 Q-Shift 双树复小波域 HMT 模型降噪方法在信噪比较高的情形和信噪比较低的情形的降噪效果都不错，尤其在信噪比较低的情形下，改进 EMD 阈值结合 Q-Shift 双树复小波域 HMT 模型降噪方法仍然具有较强的降噪能力。

捣固车液压系统的故障类型主要有液压泵故障、溢流阀故障、减压阀故障三种，不同的故障类型对应的振动信号也不一样，因此，可根据故障振动信号提取故障特征。液压系统如果出现故障，通常伴随周期性冲击振动。然而，采集的故障振动信号容易被强烈的噪声污染和其他部件的振动干扰，所以其振动信号往往呈现周期非平稳特性，相对于强背景噪声往往表现得非常微弱。因此，有必要对采集的振动信号进行降噪，以提取能充分反映故障的冲击性特征。现以昆明中铁大型养路机械集团有限公司实际采集的捣固车液压系统故障振动信号作为原始信号，采用改进 EMD 阈值结合 Q-Shift 双树复小波域 HMT 模型降噪方法进行降噪，其降噪效果分别如图 7-9～图 7-12 所示。

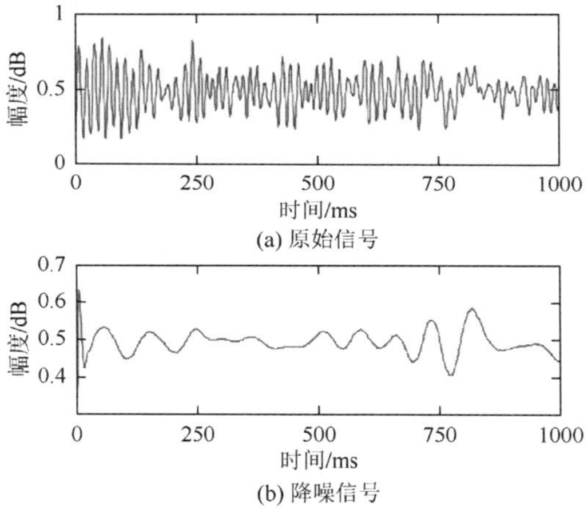

图 7-9　捣固车正常状态振动信号的降噪效果

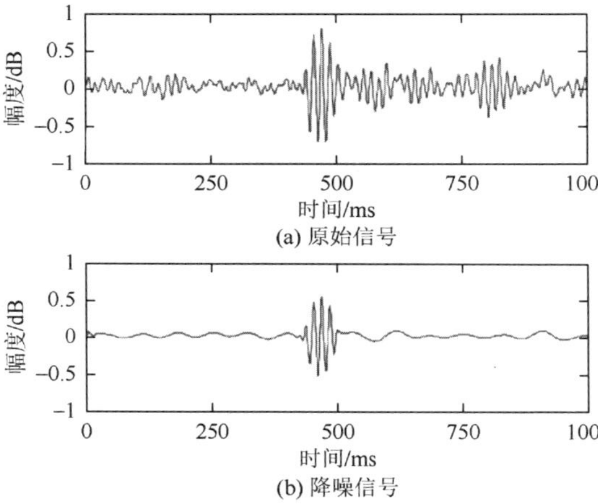

图 7-10　捣固车液压泵故障振动信号的降噪效果

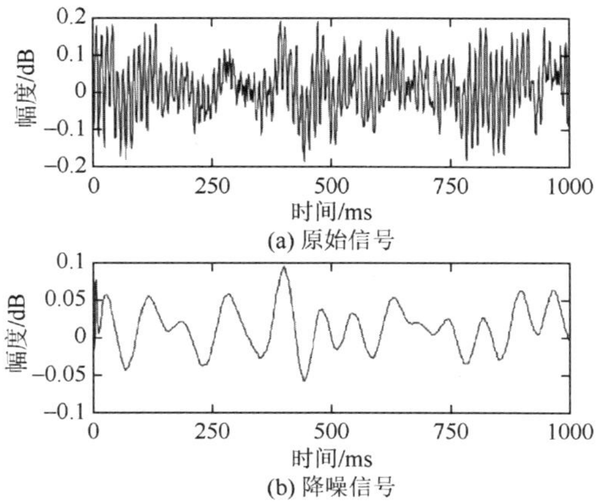

图 7-11　捣固车溢流阀故障振动信号的降噪效果

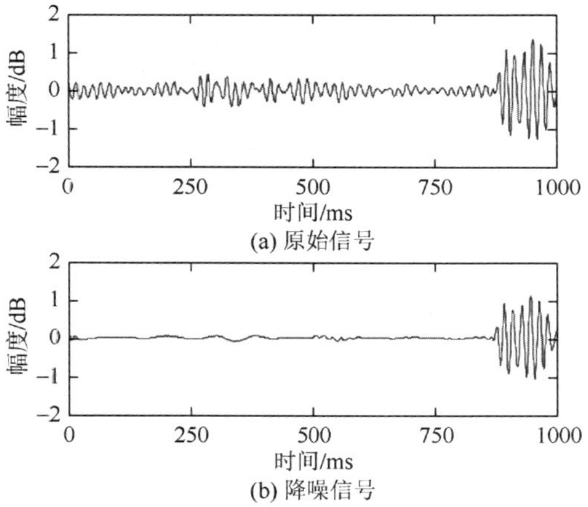

图 7-12　捣固车减压阀故障振动信号的降噪效果

由图 7-9～图 7-12 可以看出，噪声基本上被全部消除，而故障周期性冲击得到充分保留，有利于提取故障特征。

7.2.5　基于 CEEMD 与模糊熵的捣固车液压系统故障特征提取

1. CEEMD

CEEMD 方法是在消除信号重构中的残余噪声方面对 EMD 方法的创新改进。CEEMD 方法在消除残余噪声的污染方面具有更好的性能，避免了 EMD 过程中出现的模态混叠现象，使分解得到的模态函数能够更好地表达其固有本质，并且不会消耗额外的计算时间，所以这种方法被推荐为 EMD 方法的标准替代方法。与 EMD 方法不同，在 CEEMD 方法中，加入的白噪声并不是独立的，而是把正、负白噪声成对地加入原始信号。CEEMD 方法中添加的 M 对白噪声相当于 EMD 方法中的 $2M$ 次集合实验。最终的 IMF 分量是所有相应的 IMF 分量的均值，以消除附加白噪声的影响。CEEMD 方法的具体计算过程如下。

（1）将一对白噪声 $(n_i(t),-n_i(t))$ 加入原始信号 $y(t)$，产生一对分别加入正、负白噪声的污染信号：

$$\begin{cases} P_i = y(t)+n_i(t) \\ N_i = y(t)-n_i(t) \end{cases} \tag{7-24}$$

式中，$\pm n_i(t)$ 为第 i 个加入的白噪声；P_i 为加入正白噪声的第 i 个污染信号；N_i 为加入负白噪声的第 i 个污染信号。

（2）使用 EMD 方法分解这对污染信号 (P_i,N_i)，得到各 IMF。

$$\begin{cases} P_i(t)=\sum\limits_{j=1}^{m} c_{ij}^{+}(t) \\ N_i(t)=\sum\limits_{j=1}^{m} c_{ij}^{-}(t) \end{cases} \tag{7-25}$$

式中，$c_{ij}^{+}(t)$ 为加入正白噪声的第 i 次实验的第 j 个 IMF；$c_{ij}^{-}(t)$ 为加入负白噪声的第 i 次实验的第 j 个 IMF；m 为 IMF 的个数。

（3）反复执行步骤（1）和步骤（2）M 次，每次在信号中加入不同序列相同强度的白噪声，获得所有的 IMF 分量。

$$\begin{cases} [\{c_{1j}^{+}\},\{c_{2j}^{+}\},\cdots,\{c_{Mj}^{+}\}] \\ [\{c_{1j}^{-}\},\{c_{2j}^{-}\},\cdots,\{c_{Mj}^{-}\}] \end{cases} \tag{7-26}$$

式中，$\{c_{ij}^{+}\}(j=1,2,\cdots,m)$ 为加入正白噪声的第 i 次实验的一系列 IMF 的集合；$\{c_{ij}^{-}\}(j=1,2,\cdots,m)$ 为加入负白噪声的第 i 次实验的一系列 IMF 的集合。

（4）对通过所有 M 次 EMD 后得到的各 IMF 集合进行计算，从而获得 IMF 集合的总体平均 $c_j(t)$。

$$c_j(t)=\frac{1}{2M}\sum_{i=1}^{M}(c_{ij}^{+}(t)+c_{ij}^{-}(t)) \tag{7-27}$$

式中，$c_j(t)(j=1,2,\cdots,m)$ 为由 CEEMD 方法推导出的第 j 个 IMF 分量。

2. 模糊熵理论的基本原理

模糊熵是一种衡量不规则时间序列的方法，和其他嵌入熵（近似熵或样本熵）具有同样的性质，信号的复杂程度可用其数值来描述。模糊熵通过比较时间序列本身的延迟特性，从而得出信号随时间波动的信息。它被定义为两个同类向量保持相似性，当维度从 m 到 $m+1$ 变化时条件概率的负自然对数。与近似熵和样本熵类似，模糊熵可以应用于具有相对较短数据集的嘈杂信号。模糊熵可以度量随机变量的不确定性，刻画分类的不确定程度。一般来讲，模糊熵越大，分类的不确定程度就越大。

然而，与近似熵和样本熵相比，模糊熵在分析时间序列时具有一些优势。由于模糊功能的柔软性和持续界限的特性，模糊熵提供的参数比近似熵和样本熵更加灵活。模糊熵对于参数很小的情况也是可以确保被明确定义的。此外，模糊熵排除自匹配（载体并不与自身相比），因此对于所有比较矢量，即便它们的维数从 m 改变至 $m+1$，模糊熵也能去除在 m 维矢量的结构基线。由此，矢量相似度取决于它们的形状，而不是它们的绝对坐标。这些功能使模糊熵具有更强的相对一致性和更少的数据维度依赖。向量的相似性度量通常被模糊熵模糊化，这主要是通过求解均值和隶属度函数来达到的。近似熵具有的理论特性，模糊熵也具有，并且在参数改变的情形下，模糊熵的变化比近似熵的变化更平稳。

模糊熵的具体操作步骤如下。

（1）就时间序列 $X=[x(1),x(2),\cdots,x(N)]$ 而言，模式维数假设为 m，按照初始时间序列，产生一个 m 维向量：

$$X_m(i)=[x(i),x(i+1),\cdots,x(i+m-1)]-u(i) \tag{7-28}$$

式中，$i=1,2,\cdots,N-m+1$；

$$u(i)=\frac{1}{m}\sum_{j=0}^{m-1}x(i+j) \tag{7-29}$$

（2）定义向量 $X_m(i)$ 和 $X_m(j)$ 之间的距离 d_{ij}^m 为两者对应元素差值的绝对值的最大值，即

$$A=\{(x,\mu_A(x)),x\in U\} \tag{7-30}$$

式中，$i,j=1,2,\cdots,N-m+1$ 且 $i\neq j$。

（3）引入模糊隶属度函数

$$A(x)=\begin{cases}1, & x=0\\ \exp\{-\ln[2(x/r)^2]\}, & x>0\end{cases} \tag{7-31}$$

式中，r 为相似容限，有 $r=R\times s$，其中 s 为原始时间序列的标准差，R 为某个常数。

于是向量 $X_m(i)$ 和 $X_m(j)$ 之间的相似度定义为

$$A_{ij}^m=\begin{cases}1, & d_{ij}^m=0\\ \exp\{-\ln[2\cdot(d_{ij}^m/r)^2]\}, & d_{ij}^m>0\end{cases} \tag{7-32}$$

（4）定义函数

$$C_i^m(r) = \frac{1}{N-m} \sum_{j=1, j \neq i}^{N-m+1} A_{ij}^m \tag{7-33}$$

则可得

$$\phi^m(r) = \frac{1}{N-m+1} \sum_{i=1}^{N-m+1} C_i^m \tag{7-34}$$

（5）模式维数增加 1，即对 $m+1$ 维重复步骤（1）～步骤（4），得到

$$\phi^{m+1}(r) = \frac{1}{N-m} \sum_{i=1}^{N-m} C_i^{m+1} \tag{7-35}$$

（6）定义上述时间序列的模糊熵为

$$F_{\mathrm{E}}(m,r,N) = \ln \phi^{m+1}(r) \tag{7-36}$$

式中，m 为模式维数；N 为时间序列的长度。

时间序列的复杂程度可以通过模糊熵来反映。如果时间序列具有比较高的复杂度，模糊熵就会比较大。当模糊熵参数发生变化时，模糊隶属度函数保证了模糊熵能够平滑连续变化，不会出现毛刺，这在很大程度上降低了模糊熵对参数变化的敏感性。

3. CEEMD 模糊熵在捣固车液压系统故障特征提取中的应用

根据 CEEMD 方法具有的自适应多分辨率优势，并结合模糊熵所表现出的强抗干扰能力，把 CEEMD 方法和模糊熵融合在一起，进而在多尺度内提取信号包含的特征信息，大大提高了提取的特征信息的可信度。原始故障信号通过 CEEMD 后可以获得一定数量的 IMF 分量，进而将所得的各 IMF 分量采用模糊熵进行计算，得到故障模糊熵特征向量。具体步骤如下。

（1）对故障信号进行 CEEMD，获得一定数量的 IMF 分量。

（2）计算所有 IMF 分量的模糊熵。因为 CEEMD 的各 IMF 分量是根据频率由高到低进行排序的，而且信号的重要信息主要集中在高频部分，所以在分解得到的各 IMF 分量中原始信号的主要信息几乎都保留在前几个 IMF 分量中，也就是说故障信息主要包含在前几个 IMF 分量中。根据 CEEMD 得到的前 4 个 IMF 分量计算其模糊熵，记为 F_{ni}。

（3）将计算出的 4 个模糊熵构成一个 4 维的特征向量：

$$V = \left[F_{n1}, F_{n2}, F_{n3}, F_{n4}\right] \tag{7-37}$$

（4）归一化处理所获得的特征向量值为

$$F_i = \frac{F_{ni}}{F} \tag{7-38}$$

$$F = \sum_{j=1}^{4} F_{nj} \tag{7-39}$$

首先对传感器采集的三种捣固车液压系统故障状态振动信号和正常状态振动信号进行降噪，然后对降噪后的信号采用 CEEMD 方法进行分解可获得所有 IMF 分量，得出正常、液压泵故障、溢流阀故障、减压阀故障四种状态下的各 6 个 IMF 分量，而且各分量之间的模态混叠现象得到了很大改善。现以采集的液压系统故障振动信号作为原始信号，

并对其采用 7.2.3 节所阐述的降噪方法进行去噪，进而对 7.2.4 节得到的降噪后的液压系统故障振动信号进行 CEEMD，其分解波形分别如图 7-13～图 7-16 所示。

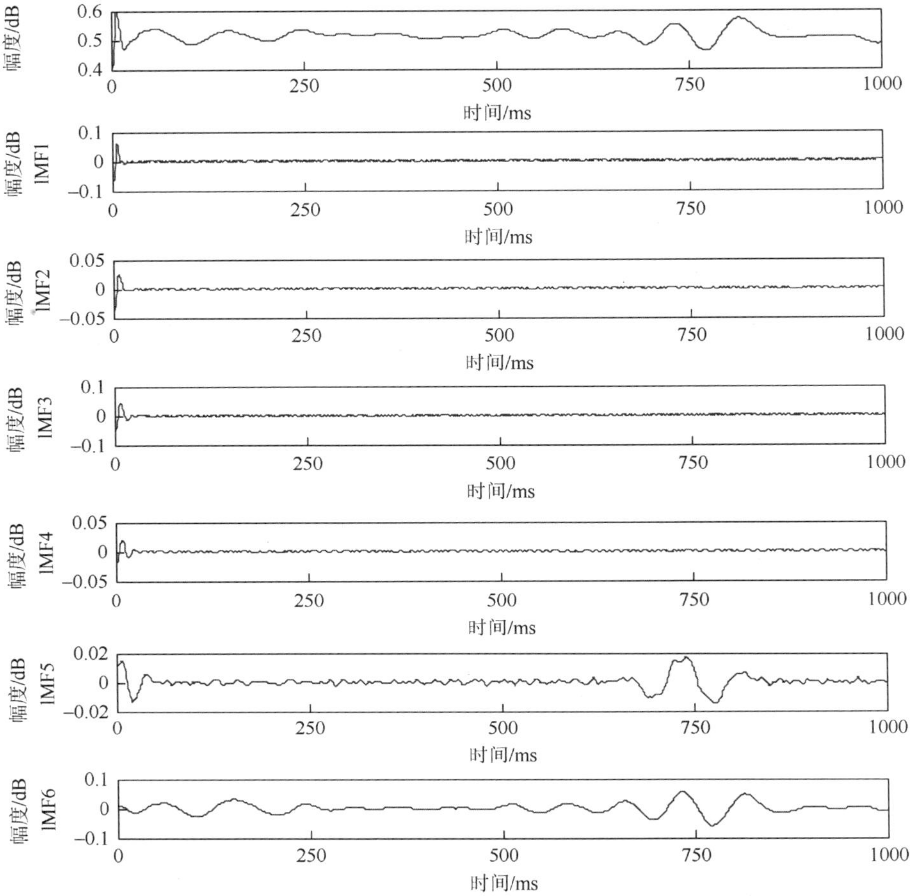

图 7-13　正常状态降噪后的振动信号分解波形

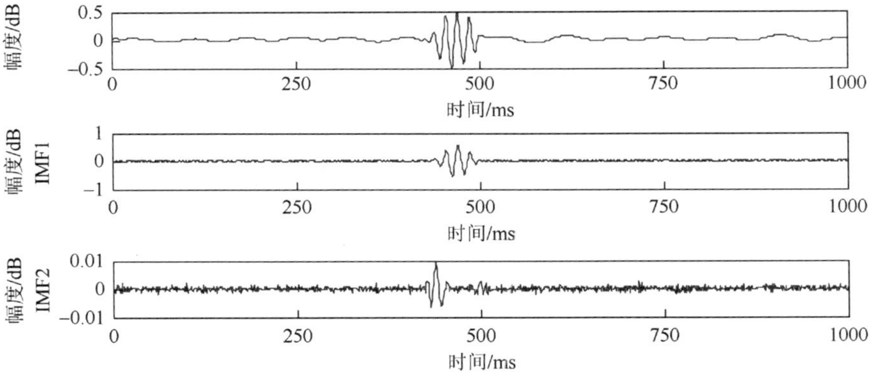

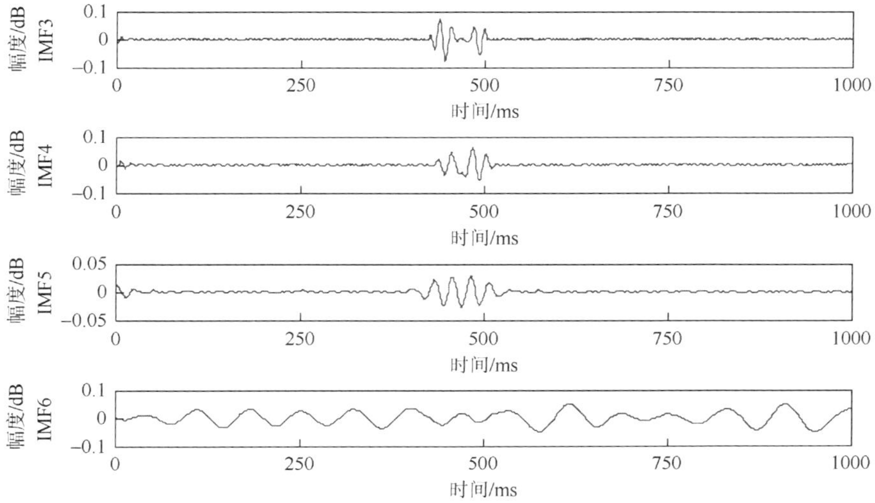

图 7-14　液压泵故障降噪后的振动信号分解波形

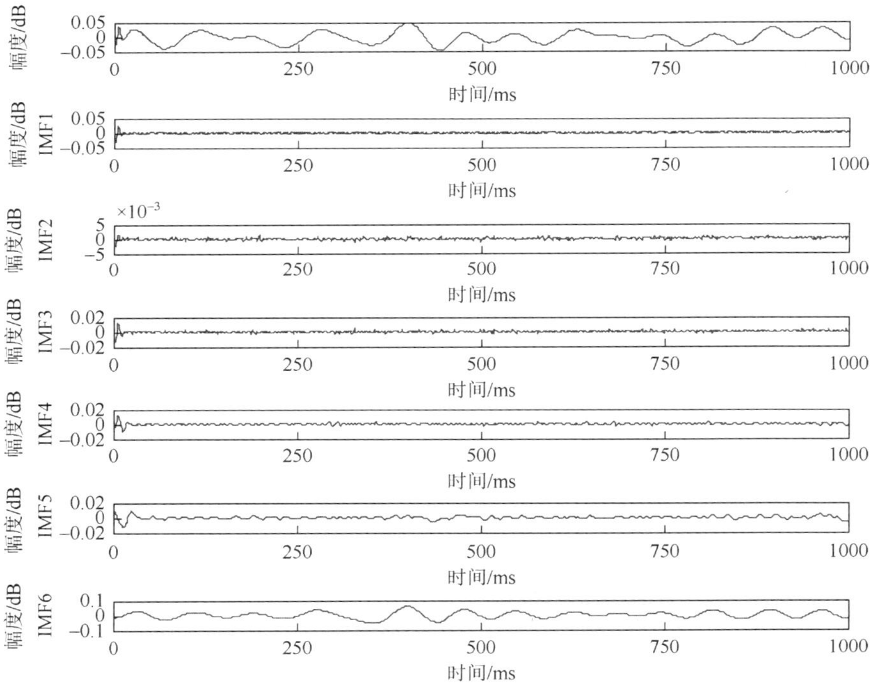

图 7-15　溢流阀故障降噪后的振动信号分解波形

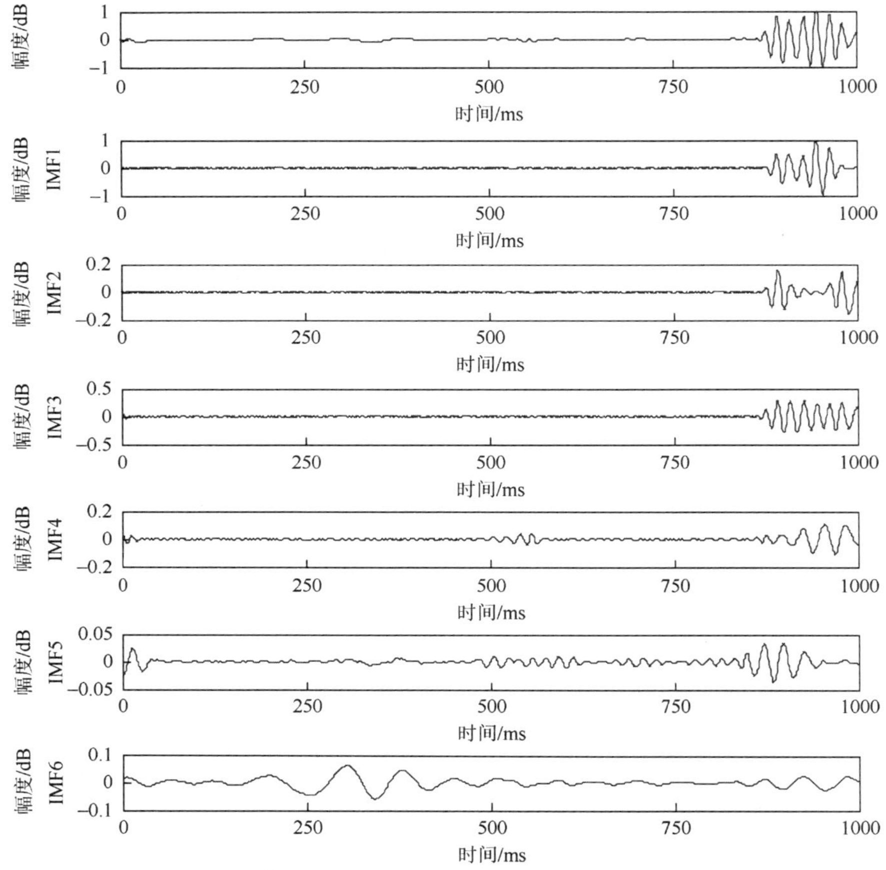

图 7-16　减压阀故障降噪后的振动信号分解波形

图 7-13～图 7-16 所展示的波形为捣固车液压系统故障振动信号的 CEEMD 图，降噪后的振动信号被分解出 6 个 IMF 分量。由图 7-13～图 7-16 可知，虽然降噪后的各液压系统部位的故障振动信号与各自 IMF2 之间的模态混叠依然比较复杂，但是通过其振幅可以看出模态混叠有明显减弱的趋势。通过波形可以看出信号具有一定的周期性，IMF6 波形平稳且没有模态混叠现象。从图 7-13～图 7-16 可以看出，前 4 个 IMF 分量包含较多的故障信息，因此在对液压系统故障进行分类识别时，可以求得 IMF1～IMF4 的模糊熵，并组合它们的模糊熵形成一个特征向量输入数据样本。在运用以上方法求得的所有特征向量输入数据样本中，选取每类液压系统状态中的 30 个特征向量输入数据样本，那么对于 4 类液压系统状态应该就有 120 个特征向量输入数据样本构成训练样本集。选取每类液压系统状态中另外的 20 个特征向量输入数据样本，加起来就有 80 个特征向量输入数据样本构成测试样本集。在训练样本集中针对 4 类液压系统状态分别选取其中的 3 个特征向量输入数据样本的模糊熵展示在表 7-3 中，归一化处理后的模糊熵如表 7-4 所示。

表 7-3　各选取 3 个数据样本的模糊熵

故障类型	IMF 模糊熵			
	IMF1	IMF2	IMF3	IMF4
运行正常	1.3901	2.9211	0.5902	0.1311
	1.2903	2.4612	0.6243	0.1221
	1.2305	3.2615	0.5818	0.1112
液压泵故障	0.1932	0.9418	1.7416	0.2221
	0.9106	1.8413	2.0421	0.3421
	0.7141	2.7715	2.8909	0.3314
溢流阀故障	0.6324	3.4218	3.5709	0.1807
	0.6092	1.9114	2.1626	0.1332
	1.7903	3.3211	3.6109	0.2208
减压阀故障	0.5217	2.3605	2.7413	0.1521
	0.4105	1.7316	2.3221	0.2069
	0.3086	2.5622	3.3038	0.1096

表 7-4　归一化处理后的模糊熵

故障类型	IMF 模糊熵			
	IMF1	IMF2	IMF3	IMF4
运行正常	0.2762	0.5804	0.1173	0.0261
	0.2869	0.5472	0.1388	0.0271
	0.2373	0.6291	0.1122	0.0214
液压泵故障	0.0623	0.3039	0.5621	0.0717
	0.1773	0.3585	0.3976	0.0666
	0.1065	0.4132	0.4310	0.0493
溢流阀故障	0.0810	0.4384	0.4575	0.0231
	0.1265	0.3969	0.4490	0.0276
	0.2002	0.3713	0.4038	0.0247
减压阀故障	0.0903	0.4087	0.4746	0.0264
	0.0879	0.3707	0.4971	0.0443
	0.0491	0.4077	0.5257	0.0175

上述表中的各列数据分别与各组样本 IMF1～IMF4 的模糊熵相对应，从而根据所得的模糊熵构成故障特征向量，输入故障分类器中，进行故障识别。

7.3 FSVM 故障诊断模型

即便 SVM 方法拥有全局较优的泛化能力，但是因为 SVM 通过公平地对待所有样本的支持向量来构造最优分类超平面，所以当训练样本包含噪声或者存在野点时，在样本特征空间中这些具有干扰性的样本常常会出现在分类面的周围，这在很大程度上导致所构建的分类面无法达到全局最优。另外，在实际应用中经常碰到要求各类型的样本具有不同分类精度的情形，因此，有必要根据各类型的重要程度选择不同的分类精度，如果某类型比其他类型都重要，就应该给予它最高的分类精度。如果碰到这种比较模糊的情况，也就无法通过传统 SVM 模型进行解决。模糊集理论奠定了模糊数学的发展基础，从而有了新的方法对模糊性问题进行定性定量描述，并在此基础上对该模糊性问题进行处理。使用模糊集研究模糊性问题已越来越受到人们的重视，模糊技术因具有独特性质而广泛应用于模糊控制和数据挖掘等相关领域，取得了良好的成效。把模糊集理论引入统计学习领域，结合 SVM 模型研究模糊集理论与 SVM 相结合的理论和方法，从而构建 FSVM 模型，为模糊性问题的精确分类提供了新的思路。

7.3.1 FSVM 的相关理论

1. 模糊集理论

用清楚明晰的数学方法研究边界不清事物的数学原理便是模糊集理论的精髓。美国计算机与控制论专家 Zadeh 将传统集合中特征函数的取值区间从开区间(0, 1)拓展到闭区间[0, 1]，觉得某一事物隶属于集合规定的特征函数的概率不是仅有 0 或 1，而是能够取 0～1 中的任意值，如此就产生了模糊集的概念，延伸了传统集合论的处理空间。在此理论基础上形成的模糊数学已经在各领域取得了比较好的应用。

设 U 是论域，$\mu_A(x)$ 是 U 上某个输出为实数集的函数，而且 $\mu_A(x)$ 满足 $\mu_A(x){:}\to[0,1]$，则此时的集合 A 称为 U 上的模糊集，其中 $\mu_A(x)$ 称为隶属度函数，那么对于任意的 $x\in A$，$\mu_A(x)$ 称为 x 对 A 的隶属度。

因此，不再简单地讨论论域 U 的一个元素 x 绝对属于还是不属于论域 U 上的某个模糊集 A，而是讨论论域 U 的一个元素 x 在多大程度上属于论域 U 上的某个模糊集 A。隶属度 $\mu_A(x)$ 可用于评价论域 U 的某个元素 x 属于论域 U 上的某个模糊集 A 的程度。如果 $\mu_A(x)=1$，则认为 x 完全属于 A；如果 $\mu_A(x)=0$，则认为 x 完全不属于 A；如果 $0<\mu_A(x)<1$，则认为 x 在 $\mu_A(x)$ 程度上属于 A。这时，在完全属于论域 U 上的一个模糊子集 A 和不完全属于论域 U 上的一个模糊子集 A 的元素之间存在一种连续变化状态，即论域 U 上的一个模糊子集 A 的外延呈现模糊性。

模糊集的主要表示方法如下。

（1）序偶表示法。

$$A=\{(x,\mu_A(x)),x\in U\} \tag{7-40}$$

（2）Zadeh 表示法。当论域 U 为有限集，即 $U=\{x_1,x_2,\cdots,x_n\}$ 时，U 上的模糊集 A 可表示为 $A=\left\{\frac{\mu_A(x_1)}{x_1}+\frac{\mu_A(x_2)}{x_2}+\cdots+\frac{\mu_A(x_n)}{x_n}\right\}$，其中，$\frac{\mu_A(x_i)}{x_i}$ 不表示数学上的分数意义，“+”号也不表示对其进行相加操作，它们只具有符号的含义，仅可得出 $\mu_A(x_i)$ 为变量 x_i 对模糊集 A 的隶属度；当论域 U 为无限集时，U 上的模糊集 A 可表示为 $A=\int_x \frac{\mu_A(x)}{x}$。

（3）隶属度函数表示法。当论域 U 的区间是实数集的一部分时，常使用一种非常简单的表达方式，即与论域 U 相关的模糊集隶属度函数的表达式。

2. *模糊隶属度的度量方法*

惩罚系数 C 在传统 SVM 中可以在指定的范围取任何值，它在某种程度上可以很好地调控分类样本的间隔和不能正确分类样本的数目。但是，在实际应用中，不同的数据样本对正确分类的影响并不相同，如果可以提前准确估量所有数据样本对能够正确分类的贡献率，就可以取得更好的分类效果。FSVM 可以依照不同输入数据样本对能够正确分类这一情形具有不同的贡献率，给该输入数据样本一个与其贡献率相对应的隶属度 S_i，在某种意义上隶属度 S_i 能够减小参数 ξ_i 对 SVM 所造成的影响，同时影响与隶属度 S_i 相对应的输入数据样本 x_i 对 SVM 产生的巨大作用。隶属度 S_i 越微小，与其相对应的输入数据样本 x_i 对 SVM 的影响也就越小。因此，模糊隶属度不仅降低了野点和噪声产生的影响，而且达到了对输入数据样本依据某种规则按照重要程度进行划分的目的，最为重要的是大大提高了 SVM 的分类性能。因为这个规则直接对样本隶属度 S_i 产生作用，所以选择样本的隶属度 S_i 显得特别关键。

为了估计样本的隶属度，常常采用模糊 c 均值算法。假设 $\{x_i,i=1,2,\cdots,n\}$ 为 n 个样本组成的样本集合，c 为预定的类型数目，$m_i(i=1,2,\cdots,n)$ 为每个聚类的中心，$\mu_j(x_i)$ 为第 i 个样本对第 j 类的模糊隶属度函数。根据样本隶属度函数研究出的聚类损失函数可以表示为

$$J_\mathrm{f}=\sum_{j=1}^{c}\sum_{i=1}^{n}[\mu_j(x_i)]^b\,\|x_i-m_j\|^2 \tag{7-41}$$

式中，$b>1$ 为常数，用于控制聚类结果的模糊水平。

在采用模糊 c 均值算法进行计算的过程中，某个样本对给定的各聚类的隶属度的和必须为 1，即

$$\sum_{j=1}^{c}\mu_j(x_i)=1,\ i=1,2,\cdots,c \tag{7-42}$$

根据式（7-42）可以求得式（7-41）的极小值，令 $\frac{\partial J_\mathrm{f}}{\partial m_i}$ 和 $\frac{\partial J_\mathrm{f}}{\partial \mu_j(x_i)}$ 均为 0，可推出

$$m_j=\frac{\sum_{i=1}^{n}[\mu_j(x_i)]^b x_i}{\sum_{i=1}^{n}[\mu_j(x_i)]^b},\ j=1,2,\cdots,c \tag{7-43}$$

$$m_j(x_i)=\frac{\left(\dfrac{1}{\|x_i-m_j\|^2}\right)^{\frac{1}{b-1}}}{\sum\limits_{k=1}^{c}\left(\dfrac{1}{\|x_i-m_k\|^2}\right)^{\frac{1}{b-1}}},\ i=1,2,\cdots,n,\quad j=1,2,\cdots,c \tag{7-44}$$

根据迭代法的收敛特性，由式（7-43）和式（7-44）可推出每个样本对每个类的隶属度和每个类的聚类中心。

注：求得每个类的中心，并用它们来设置聚类中心 m_i 的初始值。

通过对 FSVM 多类分类理论进行深入研究可知，可将每个可进行两类划分的子分类器决策节点的训练样本集 X 采用模糊 c 均值算法聚类成 X_{+1} 和 X_{-1} 两个样本子集，当建立可进行两类划分的子分类器的最优分界面时，有必要提前计算组成样本子集 X_{+1} 和 X_{-1} 的输入数据样本对它们所隶属的子集的隶属度。

在分类节点聚类后，假定数据样本 $x_i(i=1,2,\cdots,n)$ 隶属于样本子集 X_{+1}，X_{+1} 中存在 M 个类型，而且样本子集 X_{+1} 的父节点 X 拥有 S 个类型。由此可得出，通过聚类后 $x_i(i=1,2,\cdots,n)$ 对其隶属的子集 X_{+1} 的隶属度如下：

$$\mu(x_i)=\frac{\sum\limits_{m=1}^{M}m_j(x_i)}{\sum\limits_{s=1}^{S}m_j(x_i)},\ i=1,2,\cdots,n \tag{7-45}$$

3. FSVM 核函数的选择

基于核函数特征空间的非线性映射解决了在低维空间线性不可分的分类问题，大大降低了计算的复杂性，促进了 FSVM 技术向着更深的程度发展。FSVM 的重要组成部分之一便是核函数。FSVM 采用的核函数和参数不同，其性能也会存在很大差异。因此，根据不同数据样本的特性来构造最优的核函数已成为研究 FSVM 及其优化技术的关键所在。核函数构造的好坏直接关系 FSVM 的分类泛化能力。根据以往研究者对 SVM 的研究结果能够得出，相对于线性核函数和多项式核函数，径向基核函数具有比较强的分类识别能力，而且可以逼近任意非线性函数。因此，为实现捣固车液压系统故障的精确分类，在此选用径向基核函数：

$$K(x,x')=\exp\left(\frac{-\|x-x'\|^2}{2\sigma^2}\right) \tag{7-46}$$

SVM 的分类决策函数为

$$f(x)=\operatorname{sign}\left(\sum_{i=1}^{l}a_i y_i K(x,x')+b\right) \tag{7-47}$$

式中，x_i,x_i' 为 x,x' 的第 i 个分量。

针对其他核函数具有收敛域窄、可调参数多、无法将服从任意分布的数据样本非线性地映射至高维空间、无法有效控制数据样本过拟合等缺点，径向基核函数完美地解决了这些问题，并且降低了空间复杂度，轻松地实现了 FSVM 参数的优化。因此，径向基核函数是目前用得最多、最高效的核函数。

7.3.2　FSVM 故障诊断模型的构建及分类流程

1. FSVM 故障诊断模型的建立

FSVM 主要用于减轻或消除噪声等不确定信息对 SVM 分类准确率及推广性能产生的影响，利用模糊隶属度函数和映射优化技术，对训练样本进行预处理，并根据训练样本的重要水平给予它们不一样的权重，进而依据训练样本的特征信息对其进行深度学习，达到高精度分类的目的。

假定进行模糊化后的特征样本集为 $(x_1,y_1,s_1),(x_2,y_2,s_2),\cdots,(x_i,y_i,s_i)$， $s_i(\sigma\leqslant s_i\leqslant 1$, σ为充分小的正数) 为样本属于某类的隶属程度， $s_i\xi_i$ 为含有模糊信息的松弛变量。FSVM 的最优分类超平面方程如下：

$$\begin{gathered}\min\phi(w)=\frac{1}{2}\|w\|^2+C\sum_{i=1}^{l}s_i\xi_i\\ \text{s.t.}\ \ y_i(w\cdot\phi(x_i)+b)-1+\xi_i\geqslant 0\\ \xi_i\geqslant 0,\ i=1,2,\cdots,l\end{gathered}\tag{7-48}$$

根据式（7-48）能够得出，FSVM 故障诊断模型通过对惩罚系数 C 进行模糊化处理，保证了隶属度具有差异的样本在模型中产生不一样的作用。一般来讲，s_i 越大，样本的重要程度就越高，也就不容易误分。因此，可以给予样本一个比较小的隶属度，用来降低此样本对模型的作用，从而在很大程度上减少噪声等未确知信息对 FSVM 产生的影响。

求解上述问题，建立拉格朗日函数：

$$L(w,b,\xi,a)=\frac{1}{2}\|w\|^2+C\sum_{i=1}^{l}s_i\xi_i-\sum_{i=1}^{l}a_i[y_i(w\cdot\phi(x_i)+b)-1+\xi_i]-\sum_{i=1}^{l}\beta_i\xi_i\tag{7-49}$$

式中，α_i 和 β_i 为拉格朗日乘子，$\alpha_i>0,\beta_i>0$ 。

利用拉格朗日求解二次规划问题，得到对应的对偶问题为

$$\begin{gathered}\max L(\alpha)=\frac{1}{2}\sum_{i=1}^{l}\sum_{j=1}^{l}\alpha_i\alpha_j y_i y_j\phi(x_i)\cdot\phi(x_j)-\sum_{i=1}^{l}\alpha_i\\ \text{s.t.}\qquad \sum_{i=1}^{l}\alpha_i y_i=0\\ 0\leqslant\alpha_i\leqslant s_iC,\ i=1,2,\cdots,l\end{gathered}\tag{7-50}$$

利用核函数代替空间向量内积，$K(x_i,x_j)=\phi(x_i)\cdot\phi(x_j)$，式（7-50）转换为

$$\max L(\alpha)=\frac{1}{2}\sum_{i=1}^{l}\sum_{j=1}^{l}\alpha_i\alpha_j y_i y_j K(x_i,x_j)-\sum_{i=1}^{l}\alpha_i$$
$$\text{s.t.}\quad \sum_{i=1}^{l}\alpha_i y_i=0 \tag{7-51}$$
$$0\leqslant\alpha_i\leqslant s_iC,\ i=1,2,\cdots,l$$

与传统 SVM 一样，$\alpha_i=0$ 与准确分类的样本相对应，$0<\alpha_i<s_iC$ 与支持向量相对应；$\alpha_i=s_iC$ 与错分的样本相对应。

2. FSVM 故障诊断模型的分类流程

先对样本集中的所有 K 类样本进行排序，完成排序后应该把第 1 类当作正类并和其余第 $2,3,\cdots,K$ 类样本共同构造第 1 个 FSVM 分类器，再以第 2 类作为正类并和其余第 $3,4,\cdots,K$ 类样本共同构造第 2 个 FSVM 分类器。根据以上原则可构造第 K–1 个 FSVM 分类器，即由最后剩余的第 K–1 类训练样本和第 K 类训练样本共同构造出。所有的 K–1 个 FSVM 分类器构成以第 1 个子分类器为根节点的二叉树结构。此时，二叉树结构中每个被指定为正类的叶节点都代表相应 FSVM 分类器的一个决策点，欲分类样本从第 1 个 FSVM 分类器输入。当待分样本依次经过每个 FSVM 分类器进行决策时，如果该可进行两类划分的 FSVM 分类器的决策是正类，就将这个欲分类样本划归于这个正类所属的类型。由于由各 FSVM 分类器组成的二叉树结构具有 K 个叶节点，该模型可对 K 类样本提供决策支持。如果模型中具有不相同的支持向量，那么由这些支持向量所构成的最优分类面在很大程度上应该具有较大的差异，从而导致 FSVM 分类器产生不一样的决策结果。

要想对捣固车液压系统中的不同故障提供分类决策支持，可以对提取的故障特征向量使用大量可进行两类划分的 FSVM 分类器构建的二叉树结构进行决策，每种故障由与其相对应的可进行两类划分的 FSVM 分类器识别。当可进行两类划分的 FSVM 分类器能够识别该故障时，该分类器输出 1；当可进行两类划分的 FSVM 分类器不能识别该故障时，该分类器输出 0。捣固车液压系统要对 3 种故障以及 1 种正常状态进行分类识别，所以采用由 3 个可进行两类划分的 FSVM 分类器构成的二叉树结构来依次对各种状态进行分类识别。基于二叉树的 FSVM 多类分类流程如图 7-17 所示。

7.3.3　故障诊断实验

本节根据经验设置 FSVM 模型中的惩罚系数 $C=0.5$、核函数参数 $\sigma=10$，并将 6.1.5 节提取的捣固车液压系统故障特征分为训练样本和测试样本，用 FSVM 模型对训练样本进行训练得到 FSVM 多类分类模型，最后将测试样本输入 FSVM 多类分类模型中得到捣固车液压系统故障诊断结果。为了说明该模型的有效性，特用 FSVM 模型与 SVM 模型和 BP-ANN 模型在相同的训练样本和测试样本下进行故障识别，并比较它们的识别结果，以确定 FSVM 模型的鲁棒性。表 7-5 为三种模型分类性能比较，测试样本集的实际分类和这三种模型的预测分类如图 7-18 所示。

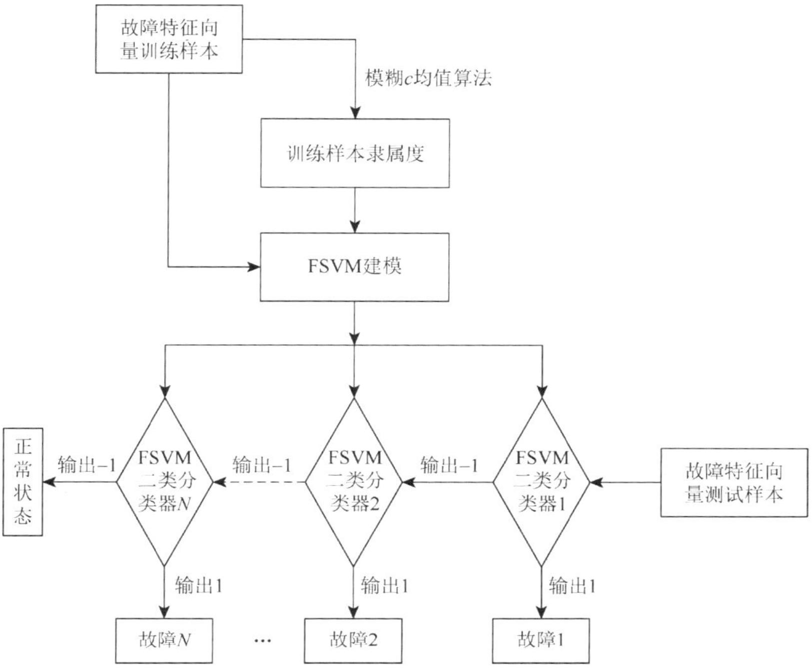

图 7-17　基于二叉树的 FSVM 多类分类流程

表 7-5　三种模型分类性能比较

模型名称	误诊数	正确诊断数				准确率/%
		正常	液压泵故障	溢流阀故障	减压阀故障	
FSVM	5	19	20	18	18	93.75
SVM	7	18	18	19	18	91.25
BP-ANN	11	19	17	16	17	86.25

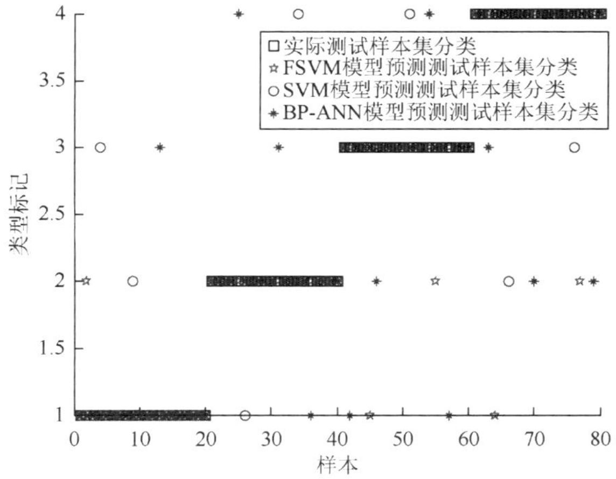

图 7-18　测试样本集的实际分类和这三种模型的预测分类

由表 7-5 和图 7-18 可以看出，FSVM 模型进行故障识别的准确率达到 93.75%，已能够满足工程的实际要求。SVM 模型进行故障识别的准确率为 91.25%，仅次于 FSVM 模型，BP-ANN 模型进行故障识别的准确率为 86.25%，在这三种模型中最低。实验结果表明，对于小样本集情况，相对于 SVM 模型和 BP-ANN 模型的预测结果，FSVM 模型的分类精度更高，说明该模型具有较好的分类、识别能力，能够对小样本故障问题进行准确诊断，具有实际应用价值。

7.4 基于 PSO 算法优化 FSVM 模型在捣固车液压系统故障诊断中的应用

7.4.1 PSO 算法及其改进

1. PSO 算法

美国学者 Kennedy 和 Eberhart 在研究鸟类群体行为并结合生物学家 Heppner 提出的与生物行为相关的模型的基础上，于 1995 年共同提出了 PSO 算法。PSO 算法首先随机选取一组优化问题的初始解，即最初粒子，进而经过多次重复迭代找到最优解，即最优粒子。粒子运行的方向和距离都可根据其速度进行确定，并且每一个粒子都代表优化问题的适应度，可采用目标函数进行确定，通过不断迭代进而在问题的解空间中找到问题的最优解，即最优粒子。PSO 算法模仿鸟群觅食过程中的行为，这些群体通过相互合作来寻找食物，并通过竞争来优胜劣汰，群体中的个体通过学习自身的经验和其他个体的经验来指导优化搜索，体现了群体的智能。因为 PSO 算法具有运算速度快以及易于与其他方法进行结合的优点，所以国内外许多学者都对其展开了深入的探讨及分析。

假设粒子搜索的维度为 N，粒子群体大小为 M，那么在第 t 次寻优过程中严格按以下步骤进行：

（1）第 i 个粒子的当前位置表示为 $X_i(t)=[X_{i,1}(t),X_{i,2}(t),\cdots,X_{i,N}(t)]$；

（2）第 i 个粒子的当前速度表示为 $V_i(t)=[V_{i,1}(t),V_{i,2}(t),\cdots,V_{i,N}(t)]$；

（3）第 i 个粒子的当前个体最好位置可表示为 $P_i(t)=[P_{i,1}(t),P_{i,2}(t),\cdots,P_{i,N}(t)]$，其更新计算公式如下：

$$P_i(t)=\begin{cases}X_i(t), & f[X_i(t)]<f[P_i(t)]\\ P_i(t-1), & f[X_i(t)]\geqslant f[P_i(t)]\end{cases}$$

（4）PSO 算法搜寻到的全局最优位置也就是当前拥有最优适应度函数的位置，可表示为 $G(t)=P_g(t)=[P_{g,1}(t),P_{g,2}(t),\cdots,P_{g,N}(t)],\ 1\leqslant g\leqslant M$，其中 $g=\arg\min\limits_{1\leqslant i\leqslant M}\{f[P_i(t)]\}$。

（5）根据式（7-52）更新 PSO 算法的速度，根据式（7-53）更新 PSO 算法的位置：

$$V_{i,j}(t+1)=V_{i,j}(t)+c_1\cdot r_{1,i,j}(t)\cdot(P_{i,j}(t)-X_{i,j}(t))+c_2\cdot r_{2,i,j}(t)\cdot(G_j(t)-X_{i,j}(t)) \tag{7-52}$$

$$X_{i,j}(t+1)=V_{i,j}(t+1)+X_{i,j}(t) \tag{7-53}$$

式中，$1\leqslant i\leqslant M, 1\leqslant j\leqslant N$；$t$ 为粒子搜索过程中的寻优次数；c_1 和 c_2 为粒子寻优过程中

的学习变量，c_1 确保粒子朝着当前最优位置运行的步长，而 c_2 保证粒子朝着全局最优位置运行的步长；在 (0,1) 内，$r_{1,i,j}(t)$ 和 $r_{2,i,j}(t)$ 为随机产生的数列，具有相互独立的特性，并服从均匀分布；要想降低粒子在寻优进程中脱离搜寻空间的概率，可将粒子的速度设置在一定区间内，也就是 $V_{i,j}(t) \in [-V_{\max}, V_{\max}]$，粒子的位置变化区间限制在搜寻范围内，也就是 $X_{i,j}(t) \in [-X_{\max}, X_{\max}]$。在上述情形下，粒子群不断靠近当前全局最优位置，如果其他粒子的当前最优位置比当前全局最优位置好，粒子就会向这个新的位置聚集靠拢。

可按如下方式对 PSO 算法进行初始化。

（1）设定群体规模 M。

（2）对任意的 i 和 j，利用均匀分布的性质，在 $[-X_{\max}, X_{\max}]$ 内生成 $X_{i,j}(0)$。

（3）对任意的 i 和 j，利用均匀分布的性质，在 $[-V_{\max}, V_{\max}]$ 内生成 $V_{i,j}(0)$。

（4）对任意 i 和 j，设 $P_{i,j}(0) = X_{i,j}(0)$。

PSO 算法的执行流程可按如下步骤进行。

（1）设置标记，将进行第几次寻优的变量 t 设置为 0，根据粒子群初始化流程，设定粒子的随机位置和速度。

（2）计算群体中所有粒子在其当前位置 $X_i(t)$ 的适应度。

（3）就每一个粒子而言，权衡粒子当前位置 $X_i(t)$ 的适应度与当前全局最好位置 $P_i(t)$ 的适应度。如果当前位置 $X_i(t)$ 的适应度比当前全局最好位置 $P_i(t)$ 的适应度要好，就取 $P_i(t) = X_i(t)$。

（4）就每一个粒子而言，权衡粒子当前位置适应度与粒子群所经历全局最好位置 $G(t)$ 的适应度。如果当前位置的适应度比粒子群所经历全局最好位置 $G(t)$ 的适应度要好，就将粒子当前位置作为当前的全局最好位置。

（5）根据式（7-52）和式（7-53）对粒子的速度和位置进行更新。

（6）如果无法满足 PSO 算法的终止条件（通常为获得足够好的适应度或达到预设的最大次数 $t_{\max}$），就置 $t = t+1$，转至步骤（2）执行。

2. 改进的 PSO 算法

探测被定义为粒子以比较大的概率离开之前的寻优路线，进而在新的路线上开始全局寻优；开发则被定义为粒子以比较大的概率继续在之前的路线上进行精致细密的局部寻优。要想最大限度地保障模型的全局探测和局部开发优势，应当在式（7-52）中加入惯性权重 w，如下：

$$V_{i,j}(t+1) = w \cdot V_{i,j}(t) + c_1 \cdot r_{1,i,j}(t) \cdot (P_{i,j}(t) - X_{i,j}(t)) + c_2 \cdot r_{2,i,j}(t) \cdot (G_j(t) - X_{i,j}(t)) \tag{7-54}$$

如果 $w = 0$，改进 PSO 算法突显出较强的局部搜索能力，而全局搜索能力较弱；如果 $w = 1$，改进 PSO 算法的搜索能力退化为 PSO 算法的搜索能力，c_1 和 c_2 直接影响整个群体的收敛速度，通常取 $c_1 = c_2 = 2$。

就全局搜索而言，比较好的做法是为了得到优良的粒子在搜索前期可使粒子具有较高的探测能力，而为了加快收敛速度在搜索后期可使粒子具有较强的开发能力。在 PSO 算法中，群体最优部分虽然可以加速算法的收敛，但是导致其他次优信息的丢失。因此，为了避免群体寻优能力的退化，可以在对每次速度改变的调整中引入交叉变异的思想，从而在某种程度上改善算法的全局搜索寻优能力。本节在保证惯性权重具有较强自适应特性的同时，将适应度函数的输出引入惯性权重的调整过程中，从而使粒子惯性权重的调整显得更科学。粒子惯性权重计算如下：

$$w(t)=\begin{cases} w_{\min}+\dfrac{(w_{\max}-w_{\min})(f-f_{\max})}{f_{\text{avg}}-f_{\max}}, & f\leqslant f_{\text{avg}} \\ w_{\max}, & f>f_{\text{avg}} \end{cases} \tag{7-55}$$

式中，$w_{\min}$ 为惯性权重 w 的最小值；$w_{\max}$ 为惯性权重 w 的最大值；$f_{\max}$ 为群体最优粒子的适应度函数；f_{avg} 为所有粒子的平均适应度函数；f 为当前粒子位置对应的适应度函数。在每次进行迭代寻优的过程中，可通过每个粒子的适应度函数动态地改变其惯性权重 w，当粒子距离群体全局最优比较近时，惯性权重 w 就会降低，迫使粒子向稳定的状态运行，呈现出较好的收敛性能，进而减少粒子在寻优过程发生振荡的概率。当粒子远远达不到群体全局最优时，惯性权重就会增大，迫使粒子保持较大的速度运行，从而保证粒子具有比较优秀的空间寻优能力。改进的 PSO 算法不但保证粒子群体自身的全局收敛性能，而且改善 PSO 算法的空间寻优能力。实践应用表明，采用动态惯性权重在很大程度上能够获得比采用固定权重更强的寻优能力，大大提高了 PSO 算法的性能。

7.4.2　FSVM 模型的参数优化

由于 FSVM 模型中选用的是径向基核函数，所以惩罚系数 C 以及核函数参数 σ 在很大程度上对 FSVM 模型的分类和推广能力具有举足轻重的作用。数据样本的经验风险通常由惩罚系数 C 进行约束，如果训练样本集数据不够，赋予惩罚系数 C 一个比较小的值将没有构建模型的意义，赋予惩罚系数 C 一个比较大的值将在很大程度上增加样本的经验风险；赋予核函数参数 σ 一个比较大的值将在某种意义上复杂化样本在高维数据样本空间中的分布，延长 FSVM 模型的平均计算时间，降低分类速度，但分类准确率的增长并不明显，且当 σ 增加到某一固定值后 FSVM 模型的分类准确率将几乎不发生变化。为了使 FSVM 模型达到最优，需要选择合适的惩罚系数 C 和核函数参数 σ，而对于如何高效地选择这些参数，目前还没有有效的方法进行指导，从而限制了该模型在实践中的应用。传统做法一般都是根据研究者的经验对模型参数进行选取，由于缺乏统一的选择标准进行指导，很难保证所选择的参数能够使 FSVM 模型具有较好的分类效果和推广能力。近年来，已有很多学者对 FSVM 模型中的参数寻优方式开展了大量的研究工作，如随机搜索法、最速下降搜索法等启发式搜索法，但是这些方法效率低，鲁棒性不强，并且容易陷入局部最优，造成寻优失败。为此，针对捣固车液压系统的故障特点，本节设计改进的 PSO 算法优化 FSVM 模型。利用改进的 PSO 算法所具有的全局优化特性，对 FSVM 模型的惩罚系数和核函数参数进行优化，以提高 FSVM 分类器的学习和泛化性能。

对于惩罚系数 C 和核函数参数 σ 的选取，本节在交叉验证方法的基础上，利用 PSO 算法对参数进行寻优，从由惩罚系数 C 和核函数参数 σ 所构成的二维参数向量空间中选取一组参数向量，输入第 1 个可进行两类划分的 FSVM 分类器中，将数据样本划分为 N 组，并在其中选择 N–1 组作为训练样本集，剩下的一组作为测试样本集，经可进行两类划分的

FSVM 分类器决策分类后统计其分类准确率，当 N 组中的每一组都做了一次测试样本集后计算各次测试的平均分类准确率。然后在由惩罚系数 C 和核函数参数 σ 所构成的二维参数向量空间中选取一组参数向量输入第 2 个可进行两类划分的 FSVM 分类器中，重复以上步骤，统计不同的由惩罚系数 C 和核函数参数 σ 所构成的参数向量对应的平均分类准确率。选择具有最大平均分类准确率的一组由惩罚系数 C 和核函数参数 σ 所构成的参数向量作为该模型的最优参数。于是在改进的 PSO 算法优化 FSVM 模型中，以式（7-56）计算粒子的适应度，偏向寻找全局最优解。

$$f = \frac{1}{N}\sum_{i=1}^{N} M_i \tag{7-56}$$

式中，M_i 为第 i 组测试样本对应的分类准确率。

在采用改进的 PSO 算法对 FSVM 模型参数进行寻优的过程中，首先应对粒子的随机位置和速度进行初始化，可以把每个粒子都当作问题空间中的一个可行解，然后由先前选取的适应度函数求解各粒子的适应度，并根据它们推断粒子的优劣水平。其参数寻优步骤如下。

（1）构造具有某故障类型的训练样本集，对惩罚系数 C 和核函数参数 σ 的取值范围进行设定。本节选 $C=[0.01,100]$，$\sigma=[0.1,1000]$，最大迭代次数设置为 200 次。

（2）初始化设置采用改进的 PSO 算法中的参数，并由惩罚系数 C 和核函数参数 σ 所构成的二维参数向量构造一个粒子，然后设定初始粒子的随机位置和速度。

（3）由粒子的二维参数向量所对应的实数值确定基于二叉树结构的 FSVM 模型，用该模型对测试样本集进行分类识别，根据适应度函数 f 求解各粒子的适应度。

（4）根据求得的适应度来更新当前粒子最好位置和粒子群所经历的全局最好位置。

（5）检验计算的适应度是否是全局最优解，是否能够达到模型的要求。如果适应度不是全局最优解，则转至步骤（3）；如果适应度正是全局最优解，则结束粒子的寻优与计算过程。

7.4.3　改进的 PSO 算法优化 FSVM 模型的流程与步骤

在适用于捣固车液压系统故障诊断的多值分类器的设计中，针对捣固车液压系统的故障诊断，本节提出了一种改进的 PSO 算法优化 FSVM 模型，并在捣固车液压系统的故障诊断工程实践中得以应用。多类分类方法是在可进行两类划分的分类方法的基础上构建起来的，通常采用多个可进行两类划分的 FSVM 分类器根据二叉树结构串联起来对样本进行分类，并根据改进的 PSO 算法对模型参数进行优化，从而构建一个具有最佳性能的 N 类故障分类器。为此，图 7-19 示出了改进的 PSO 算法优化 FSVM 模型。

由此，根据基于二值分类的 FSVM 模型，并结合改进的 PSO 算法具有的全局寻优能力，提出改进的 PSO 算法优化 FSVM 模型，其具体步骤如下。

（1）构建基于模糊 c 均值算法的隶属度函数，计算模糊隶属度 μ_i，构造模糊训练样本集 $\{x_i, y_i, \mu_i\}$，其中 $x_i \in R^n$ 为训练样本点，$y_i \in \{1,-1\}$ 为类型标签。

（2）确定改进的 PSO 算法优化 FSVM 模型中待优化的参数，即惩罚系数 C 和核函数参数 σ。

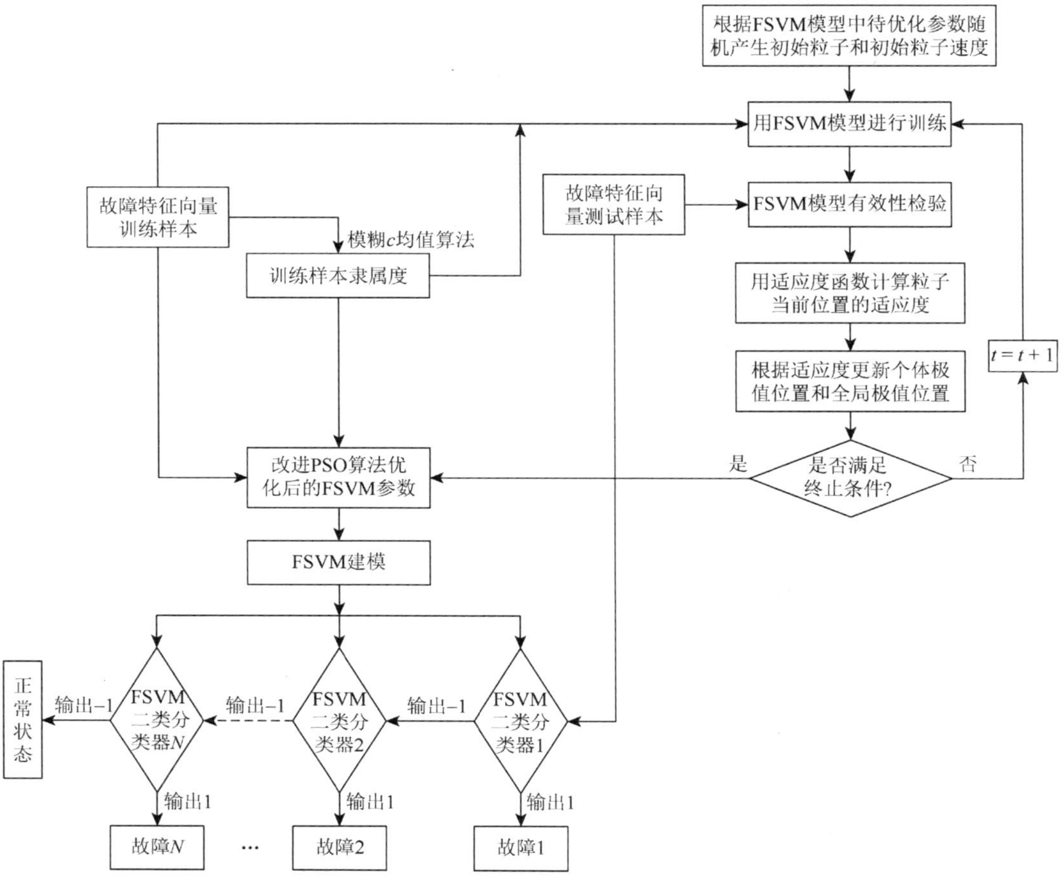

图 7-19　改进的 PSO 算法优化 FSVM 模型

（3）由惩罚系数 C 和核函数参数 σ 所构成的二维参数向量构造一个粒子，并设定初始粒子的随机位置和速度。

（4）由粒子的二维参数向量所对应的实数值确定基于二叉树结构的 FSVM 模型，用该模型对测试样本集进行分类识别，并对训练后的各 FSVM 分类器进行检验，根据适应度函数 f 求解各粒子的适应度，当训练样本故障类型可由第 i 个 FSVM 分类器进行判定时，输出为正类，否则，输出为负类。

（5）根据适应度来更新个体极值位置和全局极值位置。

（6）判断改进的 PSO 算法是否满足该算法确定的终止条件。若满足终止条件，转步骤（7）；否则，转步骤（4）。

（7）选择适应度最高的一个粒子，将粒子向量对应的参数作为改进的 PSO 算法优化 FSVM 模型参数 C^* 和 σ^*。

（8）根据优化后的惩罚系数 C^* 和核函数参数 σ^*，建立最优的 FSVM 模型。

（9）运用所建立的 FSVM 模型进行故障诊断。

7.4.4 仿真实验分析

设置惩罚系数 $C=[0.01,100]$，核函数参数 $\sigma=[0.1,1000]$，最大迭代次数为 200 次，当迭代次数达到最大时寻优终止，并在寻优过程中记录搜索到的最优参数。为了说明此模型的优越性，特用改进的 PSO 算法优化 FSVM 模型和 PSO 算法优化 FSVM 模型对捣固车液压系统故障样本数据进行训练测试，并比较这些模型的寻优速度和诊断准确率，以确定改进的 PSO 算法优化 FSVM 模型的鲁棒性。图 7-20 为改进的 PSO 算法优化 FSVM 模型和 PSO 算法优化 FSVM 模型中迭代次数和平均适应度之间的关系曲线。

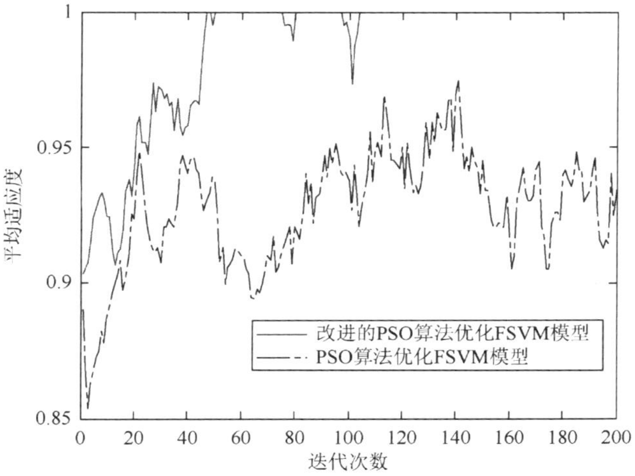

图 7-20　改进的 PSO 算法优化 FSVM 模型和 PSO 算法优化 FSVM 模型中迭代次数和平均适应度之间的关系曲线

从图 7-20 中可以看出，改进的 PSO 算法优化 FSVM 模型的收敛效果最好，诊断误差最小；PSO 算法优化 FSVM 模型的收敛效果较差，不易达到全局最优。在保证训练样本集能够达到最高分类准确率的前提下，当改进的 PSO 算法优化 FSVM 模型迭代到第 60 次时就搜寻到了最优的参数，自此适应度曲线波动较小，基本上保持平稳状态，这时可以获得最佳的惩罚系数 $C=0.1273$，核函数参数 $\sigma=20.1125$；而 PSO 算法优化 FSVM 模型需要迭代到第 140 次才能搜索到最优值，且得到的最优值都没有改进的 PSO 算法优化 FSVM 模型好。在训练 FSVM 模型时，惩罚系数 C 和核函数参数 σ 在很大程度上影响 FSVM 模型的分类性能。C 反映系统学习能力，可调节置信区间和经验风险比例；σ 反映样本在高维空间中分布的复杂度，对 FSVM 分类器的泛化和推广性能具有较大影响。由此可得，模型分类准确率与核函数参数、惩罚系数之间的关系如图 7-21 所示，其中核函数选用径向基核函数。

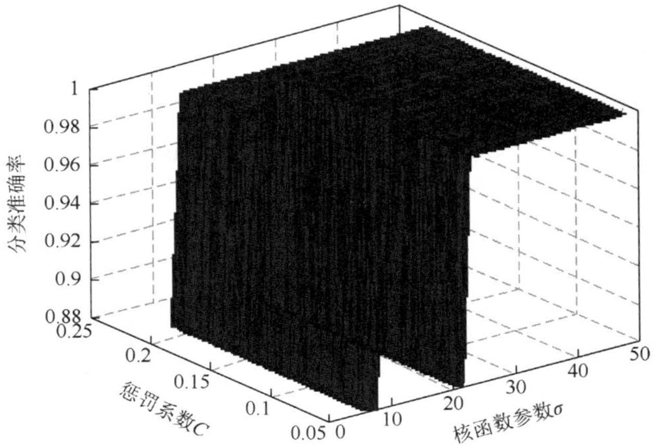

图 7-21　模型分类准确率与核函数参数、惩罚系数三者之间的关系

由图 7-21 可知，样本分类准确率、核函数参数和惩罚系数构成了一个三维曲面。一方面，随着核函数参数和惩罚系数选取的不同，样本分类准确率存在一定的局部最优值，但都被改进的 PSO 算法一一克服，由此可见，改进的 PSO 算法具有强大的全局寻优能力；另一方面，随着核函数参数和惩罚系数选取的不同，样本分类准确率也存在一定的波动，但是这个波动很小，基本上都在最高诊断精度附近，由此可见，FSVM 模型具有很高的分类识别能力。综上所述，将改进的 PSO 算法和 FSVM 模型进行结合是有必要的，能够在很大程度上提高故障诊断的精度和效率。为了说明该模型的有效性，特用改进的 PSO 算法优化 FSVM 模型和 PSO 算法优化 FSVM 模型在相同的训练样本和测试样本下进行故障识别，并比较它们的识别结果，以确定改进的 PSO 算法优化 FSVM 模型的鲁棒性。表 7-6 为两种模型的分类性能比较，测试样本集的实际分类和这两种模型的预测分类如图 7-22 所示。

表 7-6　两种模型分类性能比较

模型名称	误诊数	正确诊断数				诊断准确率/%
		正常	液压泵故障	溢流阀故障	减压阀故障	
改进的 PSO 算法优化 FSVM 模型	0	20	20	20	0	100
PSO 算法优化 FSVM 模型	3	20	19	18	20	96.25

由表 7-6 和图 7-22 可以看出，改进的 PSO 算法优化 FSVM 模型的准确率达到 100%，说明该模型能够非常好地识别捣固车液压系统的故障。PSO 算法优化 FSVM 模型的准确率为 96.25%，次于改进的 PSO 算法优化 FSVM 模型。实验结果表明，对于小样本集情况，相对于 PSO 算法优化 FSVM 模型的预测样本结果，改进的 PSO 算法优化 FSVM 模型的分类精度更高，说明该模型具有较好的分类、识别能力，能够对小样本故障问题进行准确诊断，具有实际应用价值。

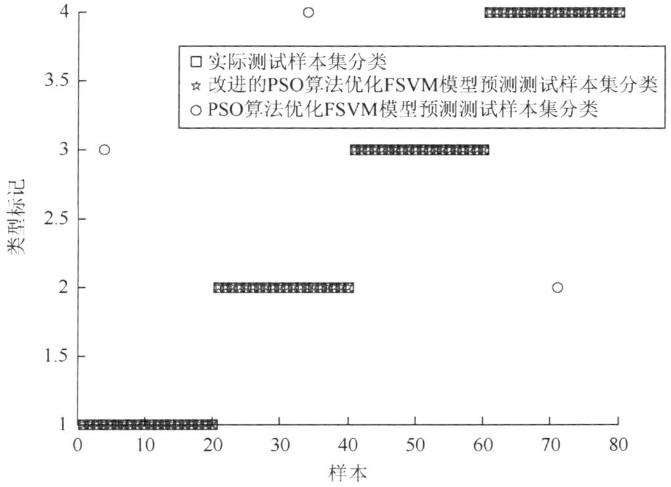

图 7-22 测试样本集的实际分类和这两种模型的预测分类

根据改进的 PSO 算法求得的最优参数，构造基于二叉树结构的 FSVM 模型，并对测试样本集进行分类识别，分类效果如图 7-23 所示。

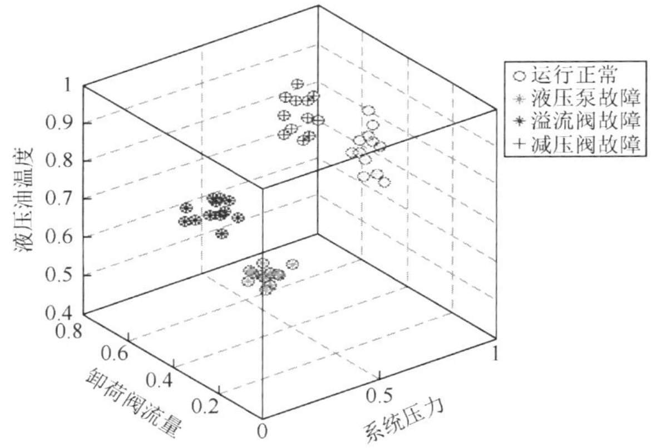

图 7-23 改进的 PSO 算法优化 FSVM 模型的分类效果

由图 7-23 可知，改进的 PSO 算法优化 FSVM 模型能够对故障类型进行很好的划分，分类效果很好，诊断精度高，具有较高的应用价值。

7.5 本 章 小 结

本章在对 SVM、FSVM 以及故障信号处理相关内容进行论述的基础上，研究了捣固车液压系统故障振动信号的降噪方法和故障信息特征量的提取方法，构建了基于模糊 c 均值的 FSVM 模型。同时在模型参数优化方法上，采用了改进的 PSO 算法选取最优参数。最后利用改进的 PSO 算法优化 FSVM 模型对捣固车液压系统故障进行了分类。

主要创新性研究成果可归纳如下。

（1）研究了不同的故障振动信号降噪方法的降噪效果，主要对改进 EMD 阈值降噪方法、Q-Shift 双树复小波域 HMT 模型降噪方法和改进 EMD 阈值结合 Q-Shift 双树复小波域 HMT 模型降噪方法进行了对比研究，结果表明改进 EMD 阈值结合 Q-Shift 双树复小波域 HMT 模型降噪方法的降噪效果更好。

（2）融合模糊 c 均值隶属度函数与基于二叉树结构的可进行多类划分的分类方法的优势，构建 FSVM 模型，强化了 FSVM 模型进行多类分类的泛化能力，提高了 FSVM 模型的训练速度和分类准确率。将该模型与 SVM 模型、BP-ANN 模型进行对比分析，反映了 FSVM 模型具有更好的分类识别能力。

（3）采用改进的 PSO 算法对 FSVM 模型参数进行寻优，选择适应度最高的一个粒子，将粒子向量对应的参数作为改进的 PSO 算法优化 FSVM 模型参数。通过与 PSO 算法优化 FSVM 模型对比，验证改进的 PSO 算法优化 FSVM 模型具有更好的优越性。

第8章 基于KPCA-RVM的故障诊断模型在捣固车捣固装置上的应用

捣固车捣固装置是捣固车的作业部件。捣固车的工作环境较为恶劣，作业时易于使部件发生磨损从而造成故障，同时，工作人员的错误操作也是造成故障的主要原因。随着检测技术及计算机技术的成熟，故障检测及识别技术不断发展。针对常见故障建立故障诊断模型，首先需要对故障特征进行提取，然后通过特征寻找故障规律。

8.1 捣固车捣固装置故障及故障特征提取

8.1.1 捣固车捣固装置及其常见故障

捣固车是一种在铁路建设施工和运营维护中起着重要作用的大型养路机械，主要用于增强轨道密实度和提高道轧稳定性，工作范围包括石砟夯实捣固、起拨道等，以保证列车运行的平衡性、稳定性和安全性，是一种具有重要地位的工程车辆。捣固车捣固装置是其工作部件，捣固装置的正常运行是捣固车能够正常完成作业的必要因素，因此，对捣固车捣固装置及时进行故障诊断是非常必要的。捣固车大体分为两种，即正线捣固型捣固车及岔道捣固型捣固车，其工作原理是通过提高铁路枕底道砟密实度，消除铁路轨道由火车运行而造成的不符合使用标准的高低差，使得轨道更稳定，消除列车运行隐患。

捣固镐是捣固装置中的核心工作部件，以CD08-475型岔道捣固车为例，一辆CD08-475型捣固车包括16只捣固镐，分别属于4组捣固装置。捣固镐之间相互独立并在空闲时与枕木平行，每个捣固镐依靠捣固装置底部的2个摆动连杆连接，并通过摆动连杆控制其完成垂直位置内旋或外旋动作，其动力来源于电液比例伺服系统。捣固车捣固装置系统如图8-1所示。

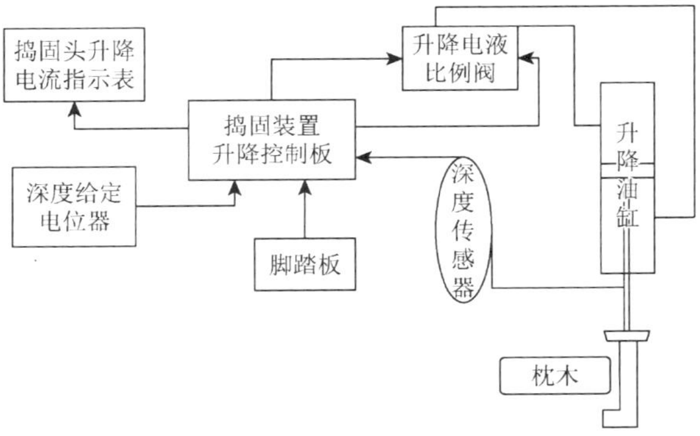

图8-1 捣固车捣固装置系统

常见的捣固装置故障包括漏油故障、零件故障及润滑油系统故障等，常见的故障表现如下。

（1）主轴箱漏油：这一故障的产生原因主要是使用时间过长或操作违规使得轴承内外圈出现磨损、密封件磨损以及配件或组装方式不符合要求。

（2）镐臂漏油：这一故障十分常见，其主要的产生原因是零部件不符合要求，在质量、精度方面达不到要求，零部件装配不规范，操作失误。同时环境因素也会有较大影响，工作环境恶劣（如道床板结）也会对箱体造成损害。

（3）油箱漏油：这一故障的产生原因主要是油箱强度或者密封性不达标。

（4）镐臂铜套孔变形及磨损：这一故障的产生原因主要是组装不当以及捣固装置工作时操作失误，同时包括配件质量问题。这一故障常常会使得机器无法正常运转，甚至会使箱体受到磨损或产生漏油现象。

（5）连杆销空隙增大：这一故障的产生原因主要是零件在长时间使用中出现了磨损。

（6）偏心振动轴的轴承磨损：这一故障的产生原因主要是其材质及釉质质量以及配件及配件组装质量出现问题。

（7）润滑油系统故障：这一故障的产生原因主要是润滑油油量较低、润滑点故障、过滤器故障、泵元件故障等。

8.1.2 PCA 方法基本原理

主成分分析（principal component analysis，PCA）又名主元分析，它广泛应用于特征提取、有损数据压缩、降维及数据可视化中。PCA 方法的应用涉及多个领域，在不同领域内有各自的命名，如子空间方法（subspace approach）、K-L 变换（Karhunen-Loeve transform）方法和特征结构方法（eigen-structure approach）等。PCA 方法的基本思想是坐标变换，它将所需处理的数据从原高维空间通过正交线性变换至一个新的且信息损失最小的低维空间中，这一正交变换过程相当于一个映射。在对数据进行处理时，为了可以更准确快速地得到结论，常常需要对数据进行降维处理，从而去除冗余、提高计算效率。在对系统进行分析时，为了得到更准确的结果，常常需要在系统里选择多组不同类型的可以表达系统特征的数据。这些数据来自同一系统，往往彼此有联系和相关性，这意味着其所表达的信息会有部分重叠。在对这样的信息进行分析时，就会浪费大量时间在重复信息上。为了降低问题处理时的复杂度，也常常需要对数据进行降维，降低数据之间的相关性，提高需要处理数据之间的差异性，从而使计算更加高效，同时减小数据存储空间，降低成本。

PCA 方法属于一种线性的数据降维方法，它可以实现在对一个含有大量相关数据的数据集进行降维处理的同时尽可能多地保持数据内部的差异性。这一特性使其在故障诊断的应用中可以更多地保留住不同故障信号之间以及故障信号与正常信号之间的差异性，这为后续的分类过程中得到更准确的分类结果是十分有益的。

从几何的角度看，PCA 方法通过旋转坐标，确定一个使样本点在其中能得到最大分散度的坐标轴。以二维平面为例，如图 8-2 所示。

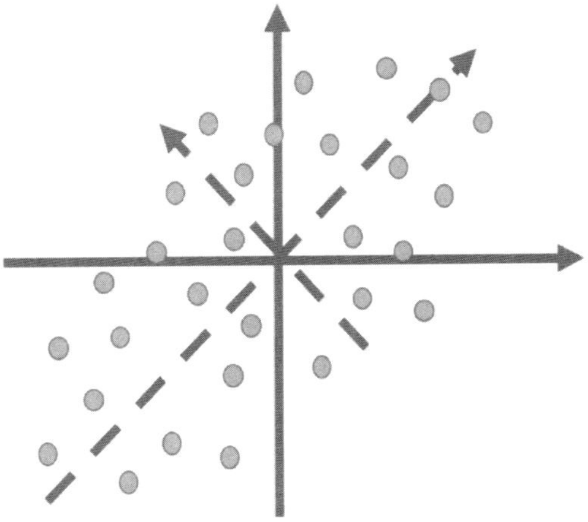

图 8-2　二维平面下的 PCA 方法

图 8-2 中实线为原始坐标系，实心圆点为样本，虚线为旋转之后得到最大区分度的坐标系，其中较长的坐标轴表示数据的第一主成分，较短的坐标轴表示数据的第二主成分，在这个样本集中，样本大部分特征由第一主成分表述。

在众多特征提取方法中，PCA 方法是最常用的一种。由于 PCA 方法具有易于使用、结果准确的优势，它始终是特征提取方法中的一个重点研究对象。基于其提取原始数据主要特征进而进行有效精简的特性，使用 PCA 方法可以大大降低问题复杂度并简化问题处理难度，有效提高原始数据的信噪比和抗干扰能力。根据统计学原理，对于随机变量来说，数据方差与数据信息量成正比，即信息量随方差增大而增多，当方差为 0 时，信息量也为 0。

基于上述理论，PCA 方法的基本思想是，重新组合具有一定相关性的包含 p 个指标的原始数据，使其成为包含 p'个互不相关指标的数据集，并代替原始数据进行后续分析处理，其中新得到的数据集包含 p'个主成分，p'是 p 的线性组合。p'中数据按照方差降序排列，其中方差最大者为第一主成分（又称第一主元），方差第二大者为第二主成分（又称第二主元），以此依次排列和命名。PCA 方法是一种非主观型数据选择方法，规避了主观数据选择所带来的风险，同时对数据进行了合理优化，对数据后续处理十分有利。

考虑到数据优化时需要减少数据冗余，在进行 PCA 优化时需要尽量降低协方差矩阵中的非对角元素。这是因为在协方差矩阵中，非对角元素代表元素间的相关性，而 PCA 优化是为了尽可能降低其相关性。此外，为了降低数据噪声，应使得信号最大化，这由协方差矩阵中的对角元素（方差）决定。由于噪声和信号成反比，应将对角元素尽量做最大化处理。

基于以上原则，在对数据进行处理时，首先需要得到采样数据组成的矩阵 X，其中 X 包括 m 个采样点：

$$X=\{X^{(1)},X^{(2)},X^{(3)},\cdots,X^{(m)}\} \tag{8-1}$$

其中每个采样点包括 n 个过程变量。然后对数据进行计算及变换，得到相关统计信息，包括方差矩阵、协方差矩阵 A、负荷矩阵 U 等，以便建立 PCA 模型。其中协方差矩阵 A 如下：

$$A = X^{\mathrm{T}} X \tag{8-2}$$

对 A 进行特征分解可以得到特征值 $\lambda_1, \lambda_2, \cdots, \lambda_m$ 以及每个特征值相对应的特征向量 $V_1, V_2, \cdots, V_m$。负荷矩阵 U 由特征向量组成，这些特征向量的数量为 k，是协方差矩阵 A 的前 k 个特征向量，每一个特征向量为该数据的一个主成分。负荷矩阵 U 与得分向量关系如下：

$$y^{(i)} = U^{\mathrm{T}} X^{(i)} \tag{8-3}$$

式中，$y^{(i)}$ 为得分向量。

用数学模型可对 PCA 进行描述：假设如下一个含有 n 个拥有 p 维变量样本的原始数据集 X:

$$X = \begin{bmatrix} x_{11} & x_{12} & \cdots & x_{1p} \\ x_{21} & x_{22} & \cdots & x_{2p} \\ \vdots & \vdots & & \vdots \\ x_{n1} & x_{n2} & \cdots & x_{np} \end{bmatrix} = [x_1, x_2, \cdots, x_p] \tag{8-4}$$

式中，

$$x_i = (x_{1i}, x_{2i}, \cdots, x_{ni})^{\mathrm{T}} \tag{8-5}$$

其中，$i = 1, 2, \cdots, p$。

经过 PCA 处理，得到 p 个新变量，如下：

$$\begin{cases} F_1 = w_{11}x_1 + w_{21}x_2 + \cdots + w_{p1}x_p \\ F_2 = w_{12}x_1 + w_{22}x_2 + \cdots + w_{p2}x_p \\ \qquad \cdots \\ F_p = w_{1p}x_1 + w_{2p}x_2 + \cdots + w_{pp}x_p \end{cases} \tag{8-6}$$

式（8-6）可简写为

$$F_i = w_{1i}x_1 + w_{2i}x_2 + \cdots + w_{pi}x_p \tag{8-7}$$

式中，$i = 1, 2, \cdots, p$; $w_{k1}^2 + w_{k2}^2 + \cdots + w_{kp}^2 = 1, k = 1, 2, \cdots, p$；$F_1$ 为第一主成分，F_2 为第二主成分，F_p 为第 p 主成分，x_i 和 F_i 均为 n 维向量。

此时，可以得到这一数据集的变换矩阵 W：

$$W = \begin{bmatrix} w_{11} & w_{12} & \cdots & w_{1p} \\ w_{21} & w_{22} & \cdots & w_{2p} \\ \vdots & \vdots & & \vdots \\ w_{p1} & w_{p2} & \cdots & w_{pp} \end{bmatrix} \tag{8-8}$$

使

$$F = [F_1, F_2, \cdots, F_p] = W^{\mathrm{T}} X \tag{8-9}$$

主成分的累计方差贡献率 Z 用来表示变换后主成分包含原始数据集中相关信息的含量。因此，通过 Z 来确定主成分个数。对于单个主成分来说，其贡献率表明其对于原始数据的表达量，贡献率越高说明表达原始数据的能力越强。对前 $k(k<m)$ 个主成分来说，其累计方差贡献率如下：

$$Z=\left(\frac{\sum_{i=1}^{k}\lambda_i}{\sum_{i=1}^{m}\lambda_i}\right)\times 100\% \tag{8-10}$$

式中，Z 在一般情况下大于等于 85%，通过主成分的选取，降低数据维度，从而实现数据特征提取。

8.1.3 核方法基本原理

在对数据进行处理时常常需要面对非线性问题的处理，领域先验知识常常对处理过程具有很大影响，当缺乏领域先验知识时处理过程往往存在很多缺陷，并且在计算时消耗较大。20 世纪末期，神经网络常常用来解决这一类问题，但计算依旧较为复杂；21 世纪以来，随着核方法的应用，非线性问题有了新的解决方式。

核方法常用于处理非线性问题。核方法是一系列使用核映射的处理数据方法的总称。它能有效处理符合 Mercer 条件的非线性问题。

运用核方法解决问题的基本思路是使用核函数 $\psi(x)$ 将非线性数据映射到高维空间，即利用非线性函数 ψ 将数据由原始空间 X 映射至高维空间 F，如图 8-3 所示。

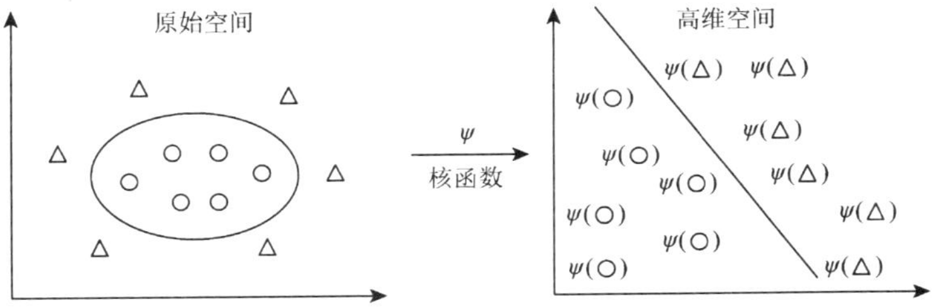

图 8-3 数据经核函数从原始空间向高维空间的变换

其中，$X=[x_1,x_2,\cdots,x_N]^{\mathrm{T}}$；$F=[\psi(x_1),\psi(x_2),\cdots,\psi(x_N)]^{\mathrm{T}}$。

通常情况下，低维空间中的非线性情况往往是高维线性的，故而通过核映射将低维非线性问题转化为高维线性问题。

在进行核映射时，核函数需要满足 Mercer 条件，即对于任意对称函数 $K(x,y)$，其在某一特征空间中进行内积运算的充要条件为，对任意 $g(x)$，有

$$\iint K(x,y)g(x)g(y)\mathrm{d}x\mathrm{d}y \geqslant 0 \tag{8-11}$$

式中，$g(x)$ 不恒为 0，且 $\int g(x)^2\mathrm{d}x < \infty$。

常见的核函数包括 p 阶多项式核函数、多层感知器（multilayer perceptron，MLP）核函数、高斯径向基核函数和线性核函数。

（1）p 阶多项式核函数：

$$K(x,x_i)=[(x,x_i)+1]^p \tag{8-12}$$

（2）MLP 核函数：

$$K(x,x_i)=\tanh[v(x,x_i)+c] \tag{8-13}$$

（3）高斯径向基核函数：

$$K(x,x_i)=\exp\left(-\frac{\|x-x_i\|}{\sigma^2}\right) \tag{8-14}$$

（4）线性核函数：

$$K(x,x_i)=x\cdot x_i \tag{8-15}$$

在使用核方法进行运算处理时，往往需要首先利用核函数计算新的核函数矩阵，然后对核函数矩阵进行分析处理。由于核函数矩阵是一个较小的矩阵，其计算复杂度较低。

8.1.4 KPCA 方法简介

通常 PCA 方法只能在线性变化的数据集中得到有效正确的结果，当数据具有非线性性质时，可以将数据映射到合适的高维空间中，在高维空间中，这一组非线性数据集得到线性化，能够使用 PCA 方法进行处理。根据 Cover 定理可知，具有非线性数据结构的输入空间可以通过高维映射将其数据内部关系转为线性关系。

通过以上原理，考虑使用核函数处理具有非线性关系的捣固车捣固装置故障数据，使用 KPCA 方法进行特征提取。

KPCA 方法中的核函数需要满足 Mercer 条件。通过核函数将原始数据矩阵转化为核函数矩阵，即将对含有非线性因素的原始数据矩阵进行 PCA 处理问题转化为对线性的核函数矩阵进行 PCA 处理问题。

映射后的协方差矩阵如下：

$$C^F=\frac{i}{N}\sum_{i=1}^{N}\psi(x_i)\psi^{\mathrm{T}}(x_i) \tag{8-16}$$

对该协方差矩阵进行特征分解可以得到其特征值 $\lambda_1,\lambda_2,\cdots,\lambda_m$ 及其对应特征向量 $V_1,V_2,\cdots,V_m$。在特征空间中关系如下：

$$\lambda V=C^F V \tag{8-17}$$

则特征向量 V 可表示为

$$V=\sum_{i=1}^{N}a_i\psi(x_i) \tag{8-18}$$

式中，a_i 为相关系数。

通过计算高维空间中映射的数据在特征向量上的投影，即特征向量与其在高维空间中样本的点积来计算主成分，故而第 k 个主成分如下：

$$h_k=(V^k\cdot\psi(x))=\sum_{i=1}^{n}a_i^k C^{\mathrm{T}}(x_i,x) \tag{8-19}$$

与 PCA 方法相似，利用计算累计方差贡献率来确定主成分数量，实现数据降维。

KPCA 方法的分析步骤如下：

（1）对核函数进行选择，并计算核函数矩阵以及去均值的核函数矩阵；

（2）计算特征向量；

（3）将特征值按大小依次排序，计算其中最大的几个对应的特征向量；

（4）计算映射后数据特征量方向投影，得到非线性主成分。

8.1.5 基于 KPCA 的故障数据提取方法

基于 KPCA 的计算方法与基于 PCA 的计算方法相似。将核函数矩阵代入原始数据矩阵中，然后在新的特征空间中求解。T^2 用来检测在 KPCA 模型中的变化，计算方法如下：

$$T^2 = t^{\mathrm{T}} \Lambda^{-1} t = [t_1, t_2, \cdots, t_p] \Lambda^{-1} [t_1, t_2, \cdots, t_p]^{\mathrm{T}} \tag{8-20}$$

式中，$t_k (k = 1, 2, \cdots, p)$ 为样本矢量在特征空间中所表征的主成分。

F 分布用来计算 T^2 的控制线，计算方法如下：

$$T^2_{p,N,a} \sim \frac{p(N-1)}{N-p} F_{p,N-p,a} \tag{8-21}$$

式中，N 和 p 分别为样本个数和主成分个数。

通过 Q 统计方法（又名平方预估计误差方法）检测模型对于样本的表现程度。特征空间平方预测误差（squared prediction error，SPE）定义如下：

$$\mathrm{SPE} = | F(x) - \hat{F}_p |^2 \tag{8-22}$$

式中，当 $p = n$ 时，$F(x) = \hat{F}_n(x) = \sum_{k-1}^{n} t_k v_k$。此时 SPE 计算方法如下：

$$\begin{aligned}
\mathrm{SPE} &= | F(x) - \hat{F}_p(x) |^2 = | F_n(x) - \hat{F}_p(x) |^2 \\
&= \hat{F}_n(x)^{\mathrm{T}} \hat{F}_n(x) - 2\hat{F}_n(x)^{\mathrm{T}} \hat{F}_p(x) + \hat{F}_p(x)^{\mathrm{T}} \hat{F}_p(x) \\
&= \sum_{j=1}^{n} t_j v_j^{\mathrm{T}} \sum_{k=1}^{n} t_k v_k - 2\sum_{j=1}^{n} t_j v_j^{\mathrm{T}} \sum_{k=1}^{p} t_k v_k + \sum_{j=1}^{p} t_j v_j^{\mathrm{T}} \sum_{k=1}^{p} t_k v_k \\
&= \sum_{j=1}^{n} t_j^2 - 2\sum_{j=1}^{p} t_j^2 + \sum_{j=1}^{p} t_j^2 \\
&= \sum_{j=1}^{n} t_j^2 - \sum_{j=1}^{p} t_j^2
\end{aligned} \tag{8-23}$$

式中，当 j 与 k 不相等时，$v_j^{\mathrm{T}} v_k = 0$；若相等，则 $v_j^{\mathrm{T}} v_k = 1$。

随机选择一组捣固车捣固装置的 10 个样本数据进行特征降维实验，分别使用 PCA 方法和基于多项式核函数的 KPCA 方法进行比较，得到如表 8-1 所示的结果，其中核函数参数 p 取 0.01。通过计算两种方法的主成分累计贡献率，并将结果进行对比，可以明显看出两种方法对特征压缩的情况，如图 8-4 所示。

表 8-1　PCA 方法及 KPCA 方法的主成分贡献率及主成分累计贡献率比较（单位：%）

序号	PCA 方法		KPCA 方法（多项式，$p=0.01$）	
	贡献率	累计贡献率	贡献率	累计贡献率
1	50.13	50.13	75.88	75.88
2	12.75	62.88	5.68	81.56
3	5.35	68.23	3.09	84.65
4	4.12	72.35	1.93	86.58
5	3.47	75.82	1.37	87.95
6	3.06	78.88	1.01	88.96
7	2.79	81.67	0.97	89.93
8	2.12	83.79	0.89	90.82
9	1.77	85.56	0.77	91.59
10	1.50	87.06	0.69	92.28

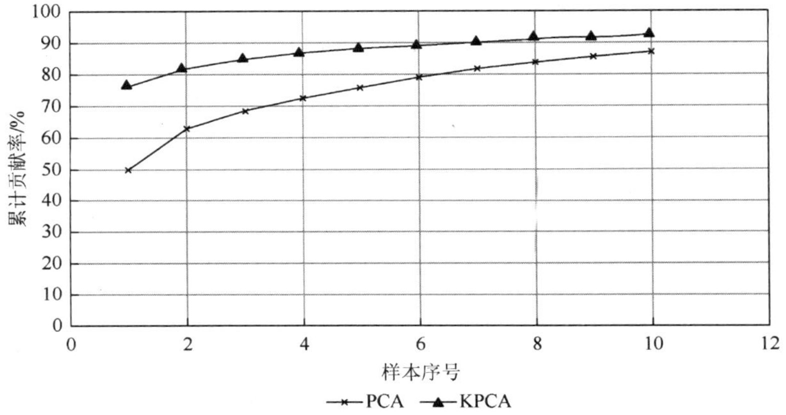

图 8-4　PCA 方法与 KPCA 方法的主成分累计贡献率比较

从这一实验结果可以看出，无论是对 PCA 方法还是对 KPCA 方法来说，在经过处理后，第一主成分都可以很大程度上表达原始数据，而随着主成分数量的增加，累计贡献率的增加量逐渐减小并趋于平稳，也就是说原始数据的大部分内容可以由前几个主成分来进行表达，而后几个主成分对原始数据信息包含量很少，并且包括噪声等无效干扰信息，因此可以舍去，只保留原始数据中的大部分信息即可。通过这个结果可以看出，PCA 方法是一种有效的降维方法。

将 PCA 方法和 KPCA 方法对比可以看出，在使用 PCA 方法时，第一主成分的贡献率为 50.13%，即只能表达原始数据中 1/2 的内容，当累计贡献率达到 85%时需要使用前 9 个主成分，即将原始数据降至 9 维数据，维度还是有些高，后续计算仍较为复杂，计算时间仍较久；而在使用 KPCA 方法时，第一主成分可以表达原始数据中 75.88%的信息，前 3 个主成分的累计贡献率已接近 85%，即只需要使用前 3 个主成分就可以表达原始数据的大部分内容，故而可以将原始数据降至 3 维数据后进行计算，这将大大降低后续计算复杂度，减少时间消耗。通过这一实验结果可以看出，KPCA 方法在对特征主成分选择上具有更好的性能。

本节对捣固车、捣固车捣固装置及其常见问题进行了介绍，同时介绍了一种降维算法——PCA 方法，并且将核方法应用于 PCA 方法，介绍了其理论，之后将 KPCA 方法与 PCA 方法进行了对比，说明了 KPCA 方法的优越性。

8.2　故障识别分类技术

在使用机器学习算法解决模式识别问题时，通常会将该算法分为两类：一类为有监督学习（supervised learning）算法；另一类为无监督学习（unsupervised learning）算法。无监督学习算法通常称为聚类算法，是一种在类型不确定时使用的识别算法，常见算法包括 K 均值（K-means）聚类算法、高斯混合模型（Gaussian mixture model，GMM）聚类算法等；有监督学习算法通常为分类算法，是一种在类型已知时使用的识别算法，常见的算法包括 ANN、SVM 等算法。在本节所讨论的故障识别问题中，针对已知问题，在问题出现时对其进行识别反馈，由于故障类型已知，使用有监督学习算法对故障进行识别。

8.2.1　分类问题

解决分类问题的基本思路是使用数据和每个数据所对应的样本类型名对分类器进行训练，之后使用训练好的分类器对新的数据进行分类，实现分类问题的解决。训练数据和其所对应的样本类型名所组成的数据集合是分类器训练时的训练样本集。一组数据和其所对应的样本类型名组成训练样本集中的一个训练样本。在本节所讨论的故障诊断问题中，数据为通过特征提取后的故障信号，其所对应的样本类型名为其所对应的故障类型。

因此，在本节所涉及的数据中，训练样本集的属性（attribution）为特征提取得到的故障信号，类型标记（class label）为故障类型。在使用训练好的分类器进行分类时，待分类数据与训练样本集中的一个属性具有相同的维度特征，将其作为分类过程的输入，通过分类器计算，将其与一个类型标记进行匹配，这一类型标记作为分类器输出，即完成分类过程。

用数学的方式来表达，以二元问题为例，当存在两种类型 A_1 和 A_2 时，对 A_1 和 A_2 进行分类训练后得到如下训练样本集：

$$T=\{(x_1,y_1)(x_2,y_2)\cdots(x_n,y_n)\} \tag{8-24}$$

式中，$x_n\in R^M$，$y_n\in\{1,-1\}$，1 和−1 分别代表二元分类中的两个类型，当 y_n 和 y_{n+m} $(1\leqslant n\leqslant n+m)$ 分别等于 1 和−1 时，其对应的属性 x_n 分别为 A_1 和 A_2。

构建分类器的过程可以看作寻找一个能将属性和类型标记相对应的映射函数 $g(x)$，在识别中，有如下关系：

$$\begin{cases} g(x)>0, & x\in C_1 \\ g(x)<0, & x\in C_2 \end{cases} \tag{8-25}$$

或

$$\begin{cases} \operatorname{sgn}(x)=1, & x\in C_1 \\ \operatorname{sgn}(x)=-1, & x\in C_2 \end{cases} \tag{8-26}$$

这一映射函数成为这一分类问题的分类函数，分类器是否为线性分类器取决于分类函数是线性或非线性函数。

8.2.2　SVM 方法基本原理

SVM 方法是一种基于统计学习理论的最小化结构风险的机器学习算法。SVM 方法的核心理论由 Boser 等在 20 世纪 90 年代提出，由于其具有优秀的实用性而受到很大关注，并已成功应用在文本识别、生物信息学等领域。

在线性可分的条件下，SVM 方法的思路在于找出两个线性分类中最大线性可分间隔，通过这一间隔构造一个超平面最优分类面，位于分类面边缘的样本即支持向量。

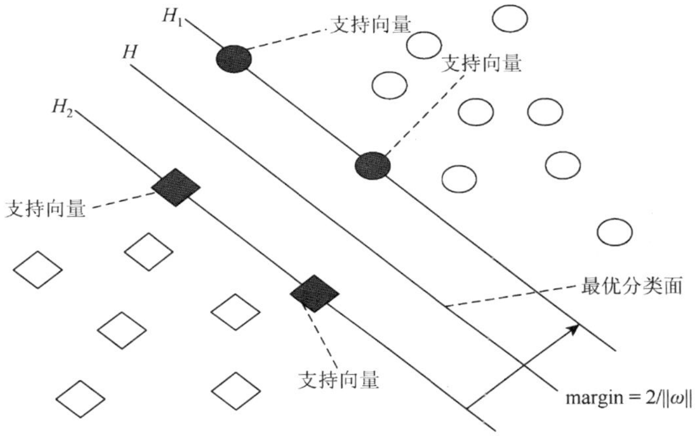

图 8-5　SVM 方法的基本原理

ω 为最优分类面到对应类别最近样本点之间的距离；margin 为最大化边界

这一超平面定义如下：

$$f(x)=\langle w,x\rangle+b=0 \tag{8-27}$$

相对应的分类函数如下：

$$f(x,w,b)=\operatorname{sign}(\langle w,x\rangle+b) \tag{8-28}$$

式中，w 为该 n 维空间 R^n 的法向量；sign( ) 为符号函数，对任意不属于超平面的样本来说，二分类的结果分别用 +1、−1 表示。

针对训练样本集 D 的约束条件如下：

$$\begin{cases} w\cdot x_i+b\geqslant +1, & y_i=+1 \\ w\cdot x_i+b\leqslant -1, & y_i=-1 \end{cases} \tag{8-29}$$

合并后得

$$y_i[(w\cdot x_i)+b]-1\geqslant 0,\quad i=1,2,\cdots,n \tag{8-30}$$

通过所提及的约束条件，可以得到建立超平面的条件，从而得到

$$\min_{w,b}\frac{1}{2}\|w\|^2=\min_{w,b}\frac{1}{2}w^{\mathrm{T}}w$$
$$\text{s.t.}\quad y_i[(w\cdot x_i)+b]-1\geqslant 0,\ i=1,2,\cdots,n \tag{8-31}$$

通过式（8-31）可以建立样本分类的超平面，之后依据式（8-31）可以对后续数据进行计算。根据计算结果，得到对数据的分类结果，实现对数据样本的分类识别。由于式（8-31）分属于二次规划求解方程，可以使用拉格朗日公式来计算，其中拉格朗日公式如下：

$$L(w,b,\alpha)=\frac{1}{2}\|w\|^2-\sum_{i=1}^{n}\alpha_i[y_i(w\cdot x_i+b)-1] \tag{8-32}$$

式中，$\alpha_i\geqslant 0$ 为拉格朗日乘子。

对 w 及 b 同时求偏导并将其赋值为 0，可以得到

$$\frac{\partial L}{\partial w}=0\Rightarrow w=\sum_{i=1}^{n}\alpha_i y_i x_i$$
$$\frac{\partial L}{\partial b}=0\Rightarrow w=\sum_{i=1}^{n}\alpha_i y_i=0 \tag{8-33}$$
$$\frac{\partial L}{\partial \alpha_i}=0\Rightarrow \alpha_i[y_i(w\cdot x_i+b)-1]=0$$

式（8-33）使得对拉格朗日函数对偶形式的数值解更易求得，将超平面的求解公式转换为求解优化的对偶二次规划公式，从而实现对最优超平面的计算，得到结果如下：

$$\max_{\alpha}\sum_{i=1}^{n}\alpha_i-\frac{1}{2}\sum_{i=1}^{n}\sum_{j=1}^{n}\alpha_i\alpha_j y_i y_j(x_i\cdot x_j)$$
$$\text{s.t.}\ \alpha_i\geqslant 0,\ i=1,2,\cdots,n \tag{8-34}$$
$$\sum_{i=1}^{n}\alpha_i y_i=0$$

式（8-34）具有唯一解，这个唯一解便是这一分类问题的超平面。能得到唯一解的原因是这是一个有不等式约束的凸二次规划优化问题，以此得到

$$w^*=\sum_{i=1}^{n}\alpha_i^* y_i x_i \tag{8-35}$$

式中，α_i^* 为最优解。

在对最优超平面的权重因子计算时，可以将其描述为训练样本的特征向量分别与某一标量相乘之后得到的结果之和，加上最优化理论中的 KKT（Karush-Kuhn-Tucker）条件的限制，即需要满足：

$$\alpha_i^*[y_i(w^*\cdot x_i+b^*)-1]=0,\quad i=1,2,\cdots,n \tag{8-36}$$

将 α_i^* 代入式（8-36），得到分类阈值 b^*，其中 α_i^* 不为 0。

因此，通过满足上述条件，将利用计算得到的最优超平面进行分类，这一分类函数如下：

$$f(x)=\mathrm{sgn}\{(w^*\cdot x)+b^*\}=\mathrm{sgn}\left\{\sum_{i=1}^{n}\alpha_i^* y_i(x_i\cdot x)+b^*\right\} \tag{8-37}$$

8.2.3　RVM 方法基本原理

RVM 方法是一种基于贝叶斯模型的机器学习算法，这一方法是在 SVM 方法的理论基础上演变而来的。在解决分类问题时，这两种方法的基本分类方式都属于线性分类；在解决实际问题时，常需要引入核函数以实现准确分类。

相比于 SVM 方法，RVM 方法使用在模型权重上加入先验概率的全概率框架，并具有在选择核函数时可以不满足 Mercer 条件的优点。

1. RVM 回归模型

RVM 回归模型是基于以下过程进行计算的。RVM 输入假设为 $\{x_i\}_{i=1}^N$，目标函数如下：

$$t_i = y(x_i, w) + \varepsilon_i \tag{8-38}$$

式中，$t=[t_1,t_2,\cdots,t_N]^{\mathrm{T}}$ 为决策目标；ε_i 为噪声，是一个独立变量。

在 RVM 回归模型下的噪声变量服从期望为 0 的高斯概率分布：

$$\varepsilon \in N(0,\sigma^2) \tag{8-39}$$

式中，σ^2 为方差。

因此，用概率表达这一函数：

$$p(t_i \mid x) = N(t_i \mid y(x_i,w),\sigma^2) \tag{8-40}$$

式中，t_i 服从高斯分布。

函数 $y(x,w)$ 的定义如下：

$$y(x,w) = \sum_{i=1}^{N} w_i K(x,x_i) + w_0 \tag{8-41}$$

式中，$K(x,x_i)$ 为核函数；N 为样本数；w_i 为模型权重。

在已知 $\{w_i\}_{i=1}^N$ 与 σ^2，目标量 $t=[t_1,t_2,\cdots,t_N]^{\mathrm{T}}$ 彼此独立且随机分布时，t 的似然概率分布如下：

$$\begin{aligned} p(t \mid w,\sigma^2) &= \prod_{i=2}^{N} N(t_i \mid y(x_i,w),\sigma^2) \\ &= (2\pi\sigma^2)^{-\frac{N}{2}} \exp\left(-\frac{\| t-\Phi w \|^2}{2\sigma^2}\right) \end{aligned} \tag{8-42}$$

式中，向量 w 由 w_i 组成；Φ 为一个 $N \times (N+1)$ 的核函数矩阵，其中，

$$w = [w_0, w_1, w_2, \cdots, w_N]^{\mathrm{T}}$$

$$\Phi = \begin{Bmatrix} 1 & K(x_1,x_1) & K(x_1,x_2) & \cdots & K(x_1,x_N) \\ 1 & K(x_2,x_1) & K(x_2,x_2) & \cdots & K(x_2,x_N) \\ \vdots & \vdots & \vdots & & \vdots \\ 1 & K(x_N,x_1) & K(x_N,x_2) & \cdots & K(x_N,x_N) \end{Bmatrix}$$

此时若直接使用最大似然法求解 w 会造成过学习现象，相关向量会超出预期。为了避免这一问题，在 RVM 理论计算中为其假设了先决条件，权重的概率分布定义如下：

$$
\begin{aligned}
p(w|\alpha) &= \prod_{i=1}^{N} N(w_i|0,\alpha_i^{-1}) \\
&= \prod_{i=1}^{N} \frac{\alpha_i}{\sqrt{2\pi}} \exp\left(-\frac{\alpha_i w_i^2}{2}\right)
\end{aligned}
\tag{8-43}
$$

这是一个方差为0的高斯分布等式，其中$\alpha=[\alpha_0,\alpha_1,\cdots,\alpha_N]^{\mathrm{T}}$为一个$N+1$维的超参数向量。

每一个权重对应一个独立的超参数，这一步保证了 RVM 模型的稀疏性。

RVM 模型参数之间的相互关系如图 8-6 所示。

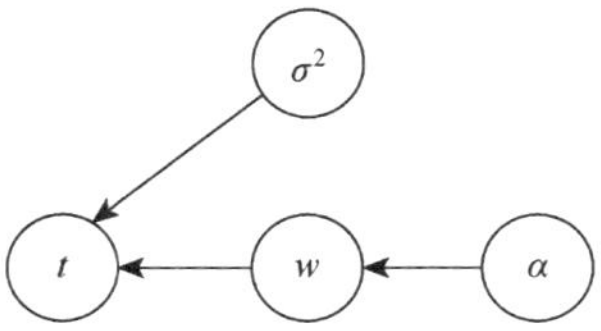

图 8-6　RVM 模型参数之间相互关系

将先验概率定义后，根据贝叶斯基本理论，可以通过计算得到后验概率：

$$
p(w,\alpha,\sigma^2|t) = \frac{p(t|w,\alpha,\sigma^2)p(w,\alpha,\sigma^2)}{p(t)} \tag{8-44}
$$

假设某个测试点x_*的预测目标值为t_*，那么t_*的概率推断如下：

$$
p(t_*|t) = \iiint p(t_*|w,\alpha,\sigma^2)p(w,\alpha,\sigma^2|t)\mathrm{d}w\mathrm{d}\alpha\mathrm{d}\sigma \tag{8-45}
$$

为了求得积分，根据贝叶斯定理，可将式（8-45）进行拆分整理，得到

$$
p(w,\alpha,\sigma^2|t) = \frac{p(w,\alpha,\sigma^2,t)}{p(t)} = p(w|t,\alpha,\sigma^2)p(\alpha,\sigma^2|t) \tag{8-46}
$$

式中，权重后验概率如下：

$$
\begin{aligned}
p(w|t,\alpha,\sigma^2) &= \frac{p(w,t,\alpha,\sigma^2)}{p(t,\alpha,\sigma^2)} \\
&= \frac{p(t|w,\alpha,\sigma^2)p(w,\alpha,\sigma^2)}{p(t|\alpha,\sigma^2)p(\alpha,\sigma^2)} \\
&= \frac{p(t|w,\sigma^2)p(w|\alpha)}{p(t|\alpha,\sigma^2)} \\
&= (2\pi)^{-(N+1)/2}|\Sigma|^{-\frac{1}{2}} \exp\left\{-\frac{1}{2}(w-\mu)^{\mathrm{T}}\Sigma^{-1}(w-\mu)\right\}
\end{aligned}
\tag{8-47}
$$

其中，$\Sigma=(\sigma^{-2}\Phi^{\mathrm{T}}\Phi+A)^{-1}$；$\mu=\sigma^{-2}\Sigma\Phi^{\mathrm{T}}t$；$A=\mathrm{diag}(\alpha_0,\alpha_1,\cdots,\alpha_N)$。

根据贝叶斯定理可知：

$$
p(t|\alpha,\sigma^2) = \int p(t|w,\sigma^2)p(w|\alpha)\mathrm{d}w \tag{8-48}
$$

因此简化得到

$$
p(t|\alpha,\sigma^2) = (2\pi)^{-\frac{N}{2}}|\Omega|^{-\frac{1}{2}} \exp\left(-\frac{t^{\mathrm{T}}\Omega^{-1}t}{2}\right) \tag{8-49}
$$

式中，$\Omega=\sigma^2 I+\Phi A^{-1}\Phi^{\mathrm{T}}$。代换后$t_*$的概率预测如下：

$$
p(t_*|t) = \iiint p(t_*|w,\alpha,\sigma^2)p(w|t,\alpha,\sigma^2)p(\alpha,\sigma^2|t)\mathrm{d}w\mathrm{d}\alpha\mathrm{d}\sigma \tag{8-50}
$$

通过 $p(\alpha,\sigma^2|t)=\dfrac{p(t|\alpha,\sigma^2)p(\alpha)p(\sigma^2)}{p(t)}$ 可以知道， $p(\alpha,\sigma^2|t)\in p(t|\alpha,\sigma^2)p(\alpha)p(\sigma^2)$ 。根据最大似然概率思想，利用参数 α_{MP} 和 σ_{MP}^2 近似代替，即

$$(\alpha_{\mathrm{MP}},\sigma_{\mathrm{MP}}^2)=\arg\max_{\alpha,\sigma^2}(\alpha,\sigma^2|t) \tag{8-51}$$

得到近似解如下：

$$p(t_*|t)=\int p(t_*|w,\alpha_{\mathrm{MP}},\sigma_{\mathrm{MP}}^2)p(w|t,\alpha_{\mathrm{MP}},\sigma_{\mathrm{MP}}^2)\mathrm{d}w \tag{8-52}$$

由于式（8-52）为高斯分布，整理后得到

$$p(t_*|t)=N(t_*|y_*,\sigma_*^2) \tag{8-53}$$

式中，

$$y_*=\Phi(x_*)\mu \tag{8-54}$$

$$\sigma_*^2=\sigma_{\mathrm{MP}}^2+\Phi(x_*)^{\mathrm{T}}\Sigma\Phi(x_*) \tag{8-55}$$

将式（8-56）对 α 和 σ^2 偏微分后求等于 0 的解：

$$p(t|\alpha,\sigma^2)=(2\pi)^{-\frac{N}{2}}|\Omega|^{-\frac{1}{2}}\exp\left(-\frac{t^{\mathrm{T}}\Omega^{-1}t}{2}\right) \tag{8-56}$$

此时得到 α_{MP} 和 σ_{MP}^2 ：

$$\alpha_i^{\mathrm{new}}=\frac{\gamma_i}{\mu_i^2} \tag{8-57}$$

$$(\sigma^2)^{\mathrm{new}}=\frac{\|t-\Phi\mu\|^2}{N-\sum_{i=0}^{N}\gamma_i} \tag{8-58}$$

$$\gamma_i=1-\alpha_i\Sigma_{ii} \tag{8-59}$$

式中， Σ_{ii} 为 Σ 矩阵对角线上第 i 项。

首先对 α 和 σ^2 进行猜测，给出一个猜测值，然后通过式（8-57）和式（8-58）不断对其值进行更新，使其向 α_{MP} 和 σ_{MP}^2 逼近，重复这一步骤，直到其能够满足收敛要求。在多次迭代更新之后，会得到 α_i 趋于无穷大，同时相应的 w_i 无限接近零的结果。这时剩余的 α_i 趋于有限值，并且相应权重不为 0，相应的 x_i 即这一 RVM 的相关向量。

2. RVM 分类模型

基本 RVM 分类模型与 SVM 模型一样，属于二分类模型，对训练样本集 $\{t_n,x_n\}$ ，其目标值 t_n 与输入样本 x_n 之间的关系如下：

$$t_n=y(x_n,w)+\varepsilon_n \tag{8-60}$$

式中， t_n 为独立分布； x_n 为独立分布； ε_n 为噪声，但在分类问题中不考虑。

RVM 分类函数如下：

$$y(x,w)=\sum_{i=1}^{N}w_iK(x,x_i)+w_0 \tag{8-61}$$

式中， w_i 为模型权重； $K(x,x_i)$ 为核函数。似然估计概率如下：

$$p(t|w)=\prod_{n=1}^{N}\sigma\{y(x_n,w)\}^{t_n}[1-\sigma\{y(x_n,w)\}]^{1-t_n} \tag{8-62}$$

式中，$t=(t_1,\cdots,t_N)^{\mathrm{T}}$，$w=(w_0,\cdots,w_N)^{\mathrm{T}}$。这一方法使得在求最优 w 时将经验风险最小化，但同时存在过学习的可能性。此时利用稀疏贝叶斯方法对权重使用高斯先验概率分布来进行约束，以避免过学习现象的出现，如下：

$$p(w|a)=\prod_{i=0}^{N}N(w_i|0,a_i^{-1}) \tag{8-63}$$

式中，a 为具有 $N+1$ 维的超参数。

对于 RVM 分类模型，常常用 Laplace 理论近似计算权重后验概率。步骤如下：首先确定 a，为求得此时最大 w_{MP}，利用二阶牛顿法计算式（8-64）：

$$\lg\{p(t|w)p(w|a)\}=\sum_{n=1}^{N}[t_n\lg y_n+(1-t_n)\lg(1-y_n)]-\frac{1}{2}w^{\mathrm{T}}Aw \tag{8-64}$$

然后使用 Laplace 方法二次逼近，对式（8-64）进行二次求导，得到

$$\nabla_w\nabla_w\lg p(w|t,a)|w_{\mathrm{MP}}=-(\Phi^{\mathrm{T}}B\Phi+A) \tag{8-65}$$

式中，

$$\Phi=[\Phi(x_1),\Phi(x_2),\cdots,\Phi(x_N)]^{\mathrm{T}}$$

$$\Phi(x_n)=[1,K(x_n,x_1),K(x_n,x_2),\cdots,K(x_n,x_N)]^{\mathrm{T}}$$

$$B=\mathrm{diag}(\beta_1,\beta_2,\cdots,\beta_N)$$

$$\beta_n=\sigma\{y(x_n)\}[1-\sigma\{y(x_n)\}]$$

最后通过式（8-66）更新超参数 a：

$$a_i^{\mathrm{new}}=\frac{r_i}{w_{\mathrm{MP}}^2} \tag{8-66}$$

式中，

$$r_i=1-a_i\Sigma_{ii}$$

$$\Sigma=(\Phi^{\mathrm{T}}B\Phi+A)^{-1}$$

$$w_{\mathrm{MP}}=\Sigma\Phi B$$

3. 核函数的选择

常用核函数除线性核函数、多项式核函数、径向基核函数以外还有 sigmoid 核函数，但这一核函数使用率较低，使用情况较少，仍处于研究阶段。RVM 的核函数选择对其性能有非常重要的影响。通常采用以下四种方法选择核函数。

（1）利用相关经验直接选择。

（2）交叉验证不同核函数，对其性能进行比较，寻找相对性能最优核函数。

（3）选择某一核函数，再对其最优超参数进行计算选择。

（4）利用多种核函数的组合，实现更好的性能。

8.2.4　RVM 的多分类模型

SVM 和 RVM 都是用来解决二分类问题的分类器，但在现实应用中，解决一个问题时常需要对多种类型进行分类识别或回归预测。例如，本章的故障诊断案例需要对包括正常状态在内的五种状态进行分类识别。此时就需要使用多个二分类器来解决一个多分类问题，常见的组合分类方法包括 OAR 法、OAO 法、二叉树法和 DAG 法，其中 OAO 法使用最为广泛，OAR 法是最早被提出使用的。下面将对 RVM 的几种多分类方法进行介绍。

1. OAR 法

OAR 法将一个种类与其他多类进行比较。简单来看，这种分类方法的基本思想是对于含有 k 个种类的问题来说，一个 RVM 分类器就是将除去类型 A_1 的其他多种类型看作一个类型 A_2，在这两个类型间构建一个超平面并进行二分类判断，根据多次的二分类结果来判断样本所属类型。这一分类模型由 k–1 个 RVM 分类器组成，对第 i 个 RVM 分类器的优化问题如下：

$$\begin{aligned}&\min_{w_i,b_i,\xi_i}\frac{1}{2}\|w_i\|^2+C\sum_{j=1}^{l}\xi_{i,j}\\&\text{s.t. }\langle w_i,x_j\rangle+b_i\geqslant 1-\xi_i,\ \text{如果}y_i=i\\&\xi_i\geqslant 0,\ j=1,2,\cdots,l\end{aligned}\tag{8-67}$$

共包含 k 个决策函数，其决策函数如下：

$$f_i(x)=\text{sign}(\langle w_i,x\rangle+b_i)\tag{8-68}$$

式中，$1\leqslant i\leqslant k$。

在对样本 x 进行分类时，将其代入式（8-68），从 1 开始进行 k 次计算，对得到的值进行比较，取其中最大的类型为其样本类型，如下：

$$\text{Class}(x)=\arg\max_{i=1,\cdots,k}(\langle w_i,x\rangle+b_i)\tag{8-69}$$

这一分类方法的优势是分类器数量相对较少，故而速度较快；缺点在于每次分类都要对所有数据进行训练，所以训练时间较长、计算较慢，得到样本分类结果可能同时属于某几类或不属于任何一类的结果。

2. OAO 法

OAO 法是在任意两种类型中一对一进行分类，根据每一次的分类结果，使用投票的方法，决定最终分类结论，故而也称为投票法。对含有 k 个种类的分类问题，在每两个类型之间构建一个 RVM 分类器，共需要 $k(k-1)/2$ 个分类器，每个分类器只对待分类样本在自己所能分类的两类之间进行计算判断，之后对结果进行投票，综合所有分类器的投票结果，得到最终分类结果。OAO 分类模型如图 8-7 所示。

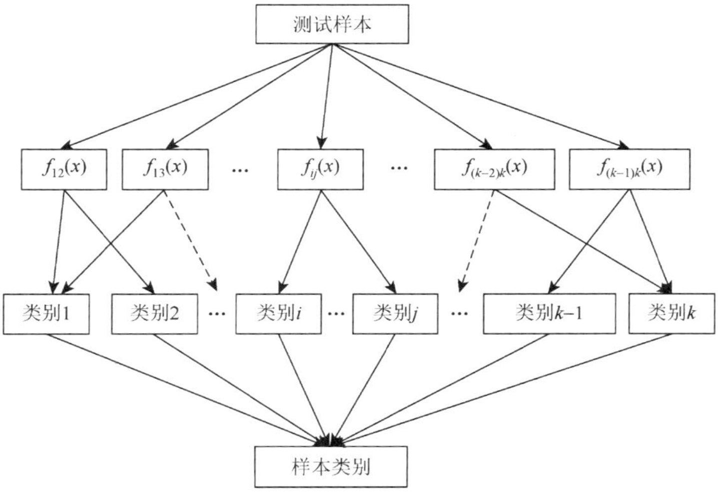

图 8-7 OAO 分类模型

图 8-7 中第 1 层表示输入，第 2 层表示将输入样本依次代入各分类器进行计算，第 3 层表示根据第 2 层计算结果分别为每一类进行投票，第 4 层表示将得票数最多的类作为分类结果，输出样本类型。这种方法的优势在于分类精度高、错误率低，故而应用领域广泛；劣势在于计算复杂、耗时较久。

3. 二叉树法

在使用决策树方法进行分类时，最常见的方法是使用二叉树法。这种方法将所有类型进行二分类，然后对每一个子类继续进行二分类，如此循环，直至划分出的子类只包含一个类型。这些只包含一个类型的子类为二叉树的叶节点。在二叉树分类模型中，对于 k 个类型的问题来说，需要构建 $k-1$ 个二分类器。

二叉树法可以构建出两种二叉树结构来进行分类：一种是在每个节点处构建一个类与剩余其他类的分类；另一种是在每个节点处构建多个类与多个类的分类。所选择构建的二叉树结构对最终分类结果的分类精度有很大影响，其中二叉树的均衡性越高，分类精度越高。

二叉树法的缺点是二叉树的结构在运行时会带来错误累积的问题，即将上一层的错误分类结果带到下一层；优点在于分类速度快。

4. DAG 法

DAG 法可以理解为将 OAO 法与二叉树法相结合，是一种将图论与一对一组合过程相结合的方法。DAG 法将多个 OAO 子分类器组合成一个分类器，而这一新组成的分类器是一个多元分类器，可以进行多元分类。在这一分类模型中，对于 k 个类型的问题来说，需要构建 $k(k-1)/2$ 个二分类器，这些分类器分别分布于图中的 k 层结构中。第 1 层为根节点，只有 1 个节点，第 2 层有 2 个节点，第 3 层有 3 个节点……底层即第 k 层有 k 个节点。

8.2.5 SVM 和 RVM 对比分析

为了对比验证 SVM 和 RVM 的性能，将降维方法使用在一组正常运行状态和一组故障状态中，进行正常或故障的二分类实验，其中核函数选择为径向基核函数，核函数参数 $\sigma=1$，通过实验得到如 8-2 所示的结果。

表 8-2 针对两种类型的 SVM 和 RVM 诊断结果比较

运行状态	训练样本/个	测试样本/个	准确率/%	
			SVM	RVM
正常	25	25	85	90
故障	25	25	85	87

从实验结果可以看到，RVM 的分类准确率略高于 SVM 的分类准确率。

本节对故障分类识别方法进行了论述，介绍了 SVM 原理，并在此基础上对 RVM 进行了介绍；对故障识别的理论方法进行了研究，并对 SVM 和 RVM 在实际分类时的分类结果进行了实验，得到了 RVM 分类性能略优于 SVM 的结果，为故障诊断模型选择提供了依据。

8.3 利用 KPCA-RVM 实现捣固车捣固装置的故障诊断

8.3.1 故障诊断模型及故障类型

结合捣固车捣固装置故障诊断的实际需求及前面所述理论基础，本节提出一种基于 KPCA-RVM 的故障诊断模型。

首先，将获取的捣固装置信号整理为故障数据集，将获取的不同运行状态（正常或故障）的故障信息进行 KPCA 降维，在经过 KPCA 计算后得到按相关性降序排列的数据矩阵。为减少维度，根据主成分累计方差贡献率取 k，得到新的 k 维数据作为后续分类处理的样本。然后，进行故障识别分类。将经过处理的各类故障状态和正常状态的特征选取适当数量样本作为训练样本，使用这些样本对 RVM 进行训练，训练结束后，该已被训练好的 RVM 即可对新得到的数据进行故障辨识，最终得到诊断结果。

捣固装置润滑油系统的主要功能在于：

（1）通过减轻零件之间的摩擦，降低磨损和噪声；

（2）通过润滑油流动带走零件表面污垢和热量，保证零件温度和清洁；

（3）通过油膜隔离空气等，提高零件间密封效果并避免锈蚀。

润滑油系统主要由油箱、油泵、油道、阀件、通气系统、过滤器、冷却器以及一些用以对其状态进行监控的传感器组合组成。润滑油系统故障数据主要表现在润滑油压力和温度上，当故障发生时往往存在油温上升、压力下降的运行参数变化，因而在进行故障诊断时主要对相关温度和压力信号进行分析。

主要针对油泵损坏故障、油气排气管堵塞故障、离心通风器故障以及放油开关故障这四种故障状态进行研究。针对这四种故障状态的特点，主要选择通过传感器获得润滑油温度、压力、流量等信息并对其进行分析，其中润滑油进入分油接头后将会由油管送往各润滑点进行润滑等工作，进入分油接头之前的压力称为润滑油压力。

四种故障状态加上正常运行状态，一共五种类型，每种类型取 60 个样本，共 300 个样本组成故障样本集，以 K 折交叉验证方法为基础将样本集分成训练样本集和测试样本集，并分别用 F_1、F_2、F_3、F_4 及 F_5 表示，如表 8-3 所示。

表 8-3　故障类型及样本量

类型	训练样本数/个	测试样本数/个	类型标记
正常运行	30	30	F_1
油泵损坏故障	30	30	F_2
油气排气管堵塞故障	30	30	F_3
离心通风器故障	30	30	F_4
放油开关故障	30	30	F_5

8.3.2　KPCA 的核函数选择

由于样本数据维度较大，包含一定量的冗余信息，在对其进行处理时会耗费大量计算时间，并且实际上冗余信息并不是十分重要的，可以经过降维处理去掉这些信息，这对后续识别处理几乎不造成影响，故而使用降维的方法提取主要特征信息。通过计算，将主成分方差累计贡献率的最小值设为 85%，将样本分别使用 PCA 方法和 KPCA 方法进行降维处理，其中核函数分别使用多项式核函数、径向基核函数以及 MLP 核函数，多项式核函数参数 $p=0.01$，径向基核函数参数 $\sigma=10000$，MLP 核函数参数 $c=4$，$v=10^{-3}$，随机选择其中一组数据，将其经过降维运算后的主成分累计贡献率进行展示，如表 8-4 和图 8-8 所示。

表 8-4　PCA 方法与不同核函数的 KPCA 方法主成分贡献率及累计贡献率比较（单位：%）

序号	PCA 方法		KPCA 方法（多项式核函数）	
	贡献率	累计贡献率	贡献率	累计贡献率
1	50.13	50.13	75.88	75.88
2	12.75	62.88	5.68	81.56
3	5.35	68.23	3.09	84.65
4	4.12	72.35	1.93	86.58
5	3.47	75.82	1.37	87.95
6	3.06	78.88	1.01	88.96
7	2.79	81.67	0.97	89.93
8	2.12	83.79	0.89	90.82
9	1.77	85.56	0.77	91.59
10	1.50	87.06	0.69	92.28

续表

序号	KPCA 方法（径向基核函数）		KPCA 方法（MLP 核函数）	
	贡献率	累计贡献率	贡献率	累计贡献率
1	68.98	68.98	70.89	70.89
2	6.29	75.27	6.53	77.42
3	3.72	78.99	3.39	80.81
4	3.28	82.27	2.87	83.68
5	2.81	85.08	1.89	85.57
6	2.24	87.32	1.62	87.19
7	1.78	89.10	1.52	88.71
8	1.59	90.69	1.29	90.00
9	1.53	92.22	1.21	91.21
10	1.29	93.51	1.16	92.37

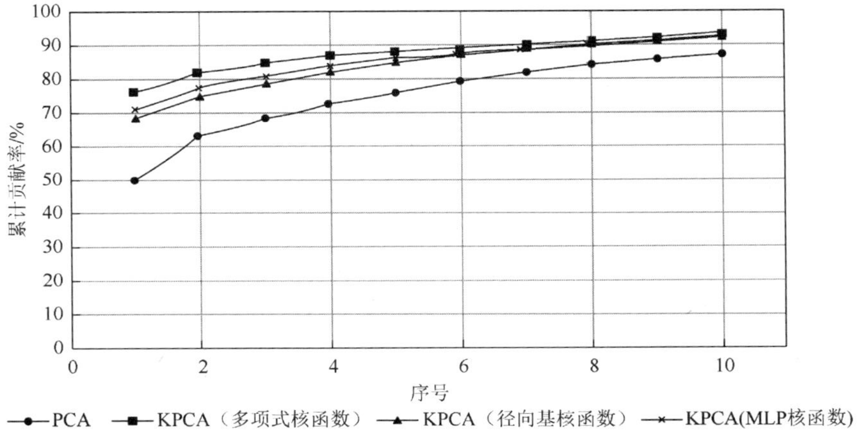

图 8-8　PCA 方法与不同核函数的 KPCA 方法主成分累计贡献率比较

通过实验结果可以看出，对于数据表达，KPCA 方法的性能普遍优于 PCA 方法，PCA 方法的第一主成分只能表达大约 1/2 的原始数据信息，而 KPCA 方法的第一主成分最少能表达 68%的原始数据信息，其中基于多项式核函数的 KPCA 方法表现最为优异，第一主成分可以表达超过 75%的原始数据，并在第三主成分时累计贡献率接近 85%，基于径向基核函数和基于 MLP 核函数的主成分累计贡献率达到约 85%时需要用到前 5 个主成分，而性能相对最差的 PCA 方法需要使用前 9 主成分才能表达约 85%的原始数据信息。也就是说，本节在对数据进行处理时，PCA 方法可以将数据降至 9 维，基于多项式核函数的 KPCA 方法可以将数据降至 3 维，基于径向基核函数的 KPCA 方法和基于 MLP 核函数的 KPCA 方法可以将数据降至 5 维。此处，选择维度最小的基于多项式核函数的 KPCA 方法进行降维计算。

使用上述 KPCA 方法对特征降维后的故障数据样本如表 8-5 所示，其中每种类型仅列出了 4 个。

表 8-5　经过 KPCA 降维后的特征

类型	序号	特征
F_1	1	（0.6523，0.3012，–0.1629）
	2	（0.6809，0.3101，–0.1776）
	3	（0.6257，0.2998，–0.1274）
	4	（0.6973，0.3381，–0.1713）
F_2	1	（–0.5033，0.1012，0.0913）
	2	（–0.4489，–0.0229，0.1317）
	3	（–0.5525，0.0878，0.1011）
	4	（–0.5184，0.0845，0.2371）
F_3	1	（–0.5275，0.1601，0.1912）
	2	（–0.5275，0.1614，0.1891）
	3	（–0.5118，0.1293，0.1801）
	4	（–0.5103，0.1117，0.1774）
F_4	1	（0.0172，–0.1614，–0.3734）
	2	（0.0403，–0.1440，–0.3939）
	3	（0.0171，–0.1655，–0.3923）
	4	（0.0336，–0.1505，–0.3318）
F_5	1	（–0.3594，–0.1408，–0.0423）
	2	（–0.3534，–0.1658，–0.0600）
	3	（–0.3629，–0.1408，–0.0582）
	4	（–0.3645，–0.1463，–0.0494）

8.3.3　改进 OAO-RVM 多分类方法

在多类的类型识别中，因为要依靠各分类器的识别结果，所以每个分类器的识别时间对于整体系统的识别时间具有显著影响。因此，在分类器识别时间不变的前提下，减少分类器的数量将会使得整体识别系统的识别时间缩短。通过这一思路，对 OAO 法进行改进。OAO 法的识别流程如图 8-9 所示。

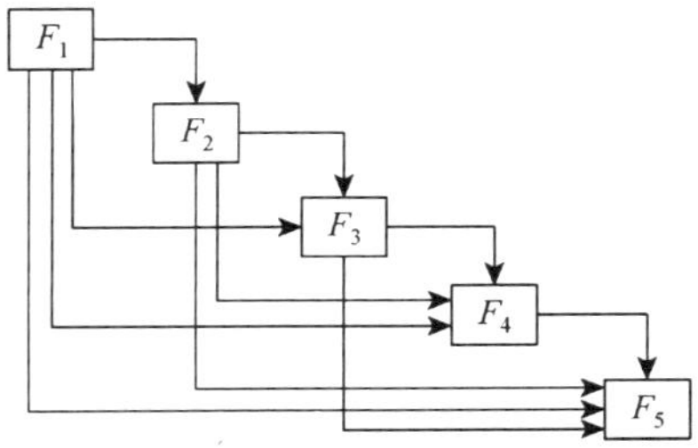

图 8-9　OAO 法对 5 种类型的识别流程

以减少分类器个数为思路的改进OAO法将各类排成一行，不再对所有类型都进行两两之间的比较，而是仅仅对相邻两个类之间进行比较，此时可以将分类器数量由 $k(k-1)/2$ 个下降。在每一轮识别过程中，比较所有类型的得票数，只淘汰当时得票数最少的一个类型，然后进行下一轮识别。通过使用这种逐步淘汰的方法，解决识别次数减少而造成的精度降低的问题。这一方法大大减少了分类器的数量和运行时间。新的分类结构在对五种类型进行故障识别时需要经过四轮识别。改进 OAO 法的识别流程如图 8-10～图 8-13 所示。

将数据输入后，第一轮识别中将 5 种类型排成一排，依次进行两两对比，每种与其相邻的两个类型进行比较。假设这一次识别结果中 F_3 为得票数最少的类型。

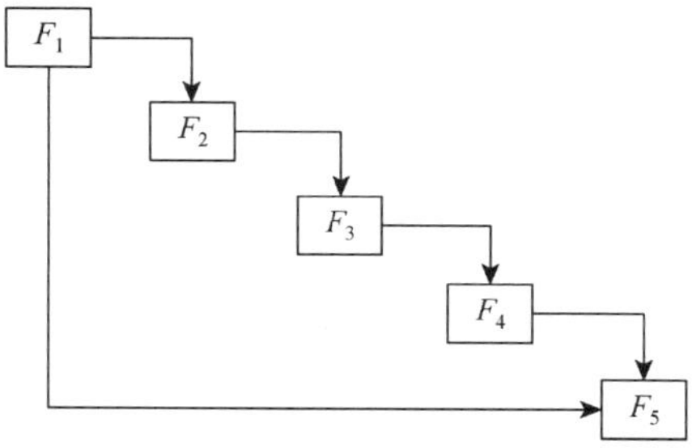

图 8-10　改进 OAO 法对 5 种类型的第一轮识别

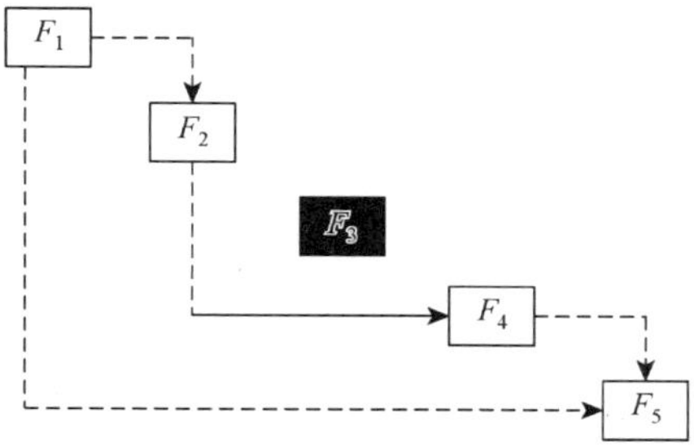

图 8-11　改进 OAO 法对 5 种类型的第二轮识别

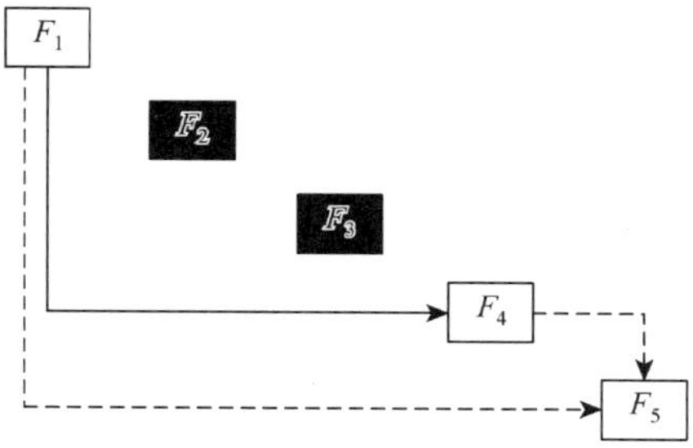

图 8-12　改进 OAO 法对 5 种类型的第三轮识别

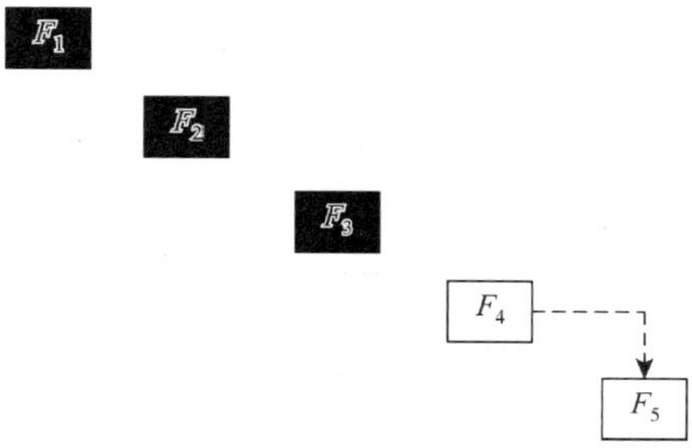

图 8-13　改进 OAO 法对 5 种类型的第四轮识别

第二轮识别时排除上一轮得票数最少的类型，再将相邻的两个类型进行比较，其余类型依旧使用上一轮识别结果。假设这一轮识别结果中 F_2 的得票数最少。

第三轮识别中排除 F_2 和 F_3，将相邻的 F_1 和 F_4 相比较，其余依旧按上一轮识别结果计算。假设这一轮识别结果中 F_1 的得票数最少。

在第四轮识别中，由于只剩下两种类型，且这两种类型之前已经比较过，不再需要比较，直接比较两者得票数，得票数多者为此次识别结果。

可以看出，这一个识别 5 种类型的例子在完成一次识别时只需要 7 个二分类器进行计算，即便加上识别不确定性可能导致需要 8 个二分类器，仍低于 OAO 法需要的二分类器数量（10 个）。这一方法有效减少了二分类器，提高了整体运行速度。

随机选择本节实验数据，结合 RVM 对改进 OAO 法进行检验，与 OAO 法进行对比，得到如表 8-6 所示的结果。

表 8-6　OAO 法和改进 OAO 法的识别时间及准确率比较

方法	识别时间/s	准确率/%
OAO 法	0.065	93
改进 OAO 法	0.021	90

从表 8-6 中可以看出，改进 OAO 法对识别时间进行了缩短，但是识别次数减少导致准确率略有下降，不过仍属于较高的准确率，对分类结果准确率不造成明显影响。尤其是在进行大量数据的实时运算中，在准确率一定的情况下，对时间进行节约的效果将更为显著，能更快地得出结论，故而这一方法具有实际应用价值。

8.3.4　故障类型识别

使用特征数据对 RVM 分类器进行训练，在 RVM 分类器的训练中使用径向基核函数作为核函数，其中核函数参数 $\sigma=1$，当训练结束后使用测试样本进行测试。在这一测试中，每个样本的实际状态已知，通过对比实际状态和测试结果计算准确率，以验证该分类器的准确率是否达到要求。准确率的计算方法如下：

$$\mathrm{Acc}=\frac{\mathrm{TP}+\mathrm{TN}}{\mathrm{TP}+\mathrm{FP}+\mathrm{TN}+\mathrm{FN}}=\frac{\mathrm{TP}+\mathrm{TN}}{P+N} \tag{8-70}$$

式中，以某一种类型为例，P 代表识别为该类型；N 代表识别为非该类型；TP 代表实际为该类型的被识别为该类型；FP 代表实际不为该类型的被识别为该类型；TN 代表实际不为该类型的被识别为非该类型；FN 代表实际为该类型的被识别为非该类型。

通过将测试样本进行测试，该分类器的准确率为 90.4%，具体每一类测试结果及混淆矩阵如表 8-7 和表 8-8 所示。

表 8-7　类型识别测试结果

实际类型	准确率/%
F_1	93.3
F_2	97.3
F_3	86.7
F_4	86.7
F_5	88

表 8-8　测试结果混淆矩阵

	F_1	F_2	F_3	F_4	F_5
F_1	25	2	1	0	2
F_2	0	28	1	1	0
F_3	3	5	20	0	2
F_4	1	0	3	20	6
F_5	2	0	4	3	21

诊断结果表明，通过这一方法得到的诊断结果准确率良好，可以投入实际应用。为了进一步验证本节故障诊断模型的优越性，将实验数据和现有常用方法所得数据进行对比测试，测试结果如表 8-9 所示。

表 8-9　不同诊断模型下耗时及准确率对比

模型	提取特征耗时/s	训练耗时/s	分类耗时/s	准确率/%
KPCA-RVM	0.112	0.008	0.010	90.4
PCA-SVM	0.089	0.015	0.022	86.7
PCA-RVM	0.092	0.026	0.010	88
KPCA-SVM	0.111	0.016	0.017	88

通过对比可以看出，相较于其他模型，KPCA-RVM 模型的准确率最高。在特征提取方面，KPCA 方法的耗时比 PCA 方法长，但通过 KPCA 方法降维后的数据识别准确率会稍高于 PCA 方法，说明使用核函数对非线性情况进行处理会提高降维准确率，更有利于对特征量的识别分类。与 SVM 相比，RVM 训练耗时区别不太明显，但分类耗时短。总体来说，仍以 KPCA-RVM 模型为最佳。

本节对捣固车捣固装置故障进行了实验，使用基于多项式核函数的 KPCA 方法将特征降至 3 维，对 OAO 法进行改进，并在实际诊断中取得了良好的应用效果。之后，将其与相似诊断模型进行比较，结果表明该模型性能较优，并且具有实用性。

8.4　本 章 小 结

在现代交通运输事业中，铁路运输占据非常重要的地位。在解决铁路行车安全问题方面，大型养路机械发挥着非常重要的作用。它通过对铁轨进行作业，调整因使用而脱离标准的铁轨高度，从而保障列车的平稳行驶。在捣固车运行过程中，由于作业环境较为恶劣，或者由于工作时间过长等，捣固装置难免会出现故障，从而影响捣固车的正常作业，产生安全隐患。为了保障捣固装置的正常运作，需要建立捣固车捣固装置故障诊断模型，以及时发现故障从而使故障能够得到及时整修，避免事故的发生。

针对故障诊断的重要性，本章对捣固车捣固装置故障诊断模型进行了研究，主要完成工作如下。

（1）对捣固车、捣固车捣固装置、捣固装置主要故障现象及原理进行了研究。

（2）在故障信息提取方面，由于不同数据描述相同一个系统，数据之间难免有所关联，同时由于捣固车工作环境复杂，收集的信息难免受到噪声信号的影响。为了尽可能消除噪声，并降低信号成分间相关性，本章使用 PCA 方法进行降维运算，并根据故障信号的非线性特点，使用多项式核函数，以提高 PCA 方法运算结果的准确性和效率。此外，使用实验数据对此进行检验，对比确定了 KPCA 方法的优越性。

（3）在模式识别分类方面，SVM 和 RVM 均在小样本情况下表现优异。与传统统计学需要依靠大量数据不同，SVM 和 RVM 能更快实现数据分析，通过对比，选择 RVM 作为分类器。

（4）通过利用传感器得到的故障数据，选择 PCA 方法来完成数据去噪降维；通过改进 OAO 法实现 RVM 的多分类，完成多个故障类型的分类；通过比较得出本章的故障诊断模型性能良好，适合实际应用。

通过实验结果可以看出，该故障诊断模型在捣固车捣固装置故障诊断问题上切实可行并具有较高的准确率。该故障诊断模型可以提高故障诊断的效率，满足故障的及时发现和处理需求，大大减少在故障发生时不能及时发现而造成不良后果的情况。

参 考 文 献

蔡自兴. 1998. 智能控制——基础与应用[M]. 北京：国防工业出版社.

陈佳德. 2009. 模糊支持向量机在人脸识别的应用研究[D]. 无锡：江南大学.

陈金水，孙优贤. 1995. 控制系统传感器增益故障的一种鲁棒诊断方法[J]. 信息与控制，26（4）：321-325.

陈进. 1999. 机械设备振动监测与故障诊断[M]. 上海：上海交通大学出版社.

陈佩. 2014. 主成分分析法研究及其在特征提取中的应用[D]. 西安：陕西师范大学.

陈章位，路甬祥. 1995. 液压设备状态监测和故障诊断技术[J]. 液压与气动，（2）：3-7.

戴连奎，马龙华，李晓东. 1998. 多层前向网络的随机学习新算法及其工业应用[J]. 自动化学报，24：133-135.

邓丽，王爱萍，王海宽，等. 2015. 模糊支持向量机在印刷机故障诊断中的应用研究[J]. 自动化仪表，36（3）：9-12.

邓敏华，林中达. 2010. 模糊识别在电厂送风机故障诊断中的应用[J]. 风机技术，（6）：77-80.

董炜，陈卫征，徐晓滨，等. 2012. 基于模糊区间优化的模糊推理故障诊断方法[J]. 北京工业大学学报，38（12）：151-158.

董选明，裘丽华，王占林. 1996. 故障诊断神经网络系统的专家知识表达方法[J]. 北京航空航天大学学报，22（1）：27-32.

鄂加强，龚金科，王耀南，等. 2005. 特种车辆柴油发动机故障诊断专家系统推理机设计[J]. 湖南大学学报：自然科学版，32（5）：46-51.

费忠华，刘振凯. 2000. 智能混合系统研究综述[J]. 信息与控制，29（1）：59-64.

冯永新，夏松波，黄文虎. 1997. 并发性诊断问题求解的图论方法[J]. 哈尔滨工业大学学报，29（1）：14-18.

冯永新. 1996. 基于模型的故障诊断技术研究及其在航天器中的应用[D]. 哈尔滨：哈尔滨工业大学.

凤寿湃，翁伟纲，董樑. 1985. “Fuzzy 推理”系统在飞机液压系统故障诊断中的应用[J]. 数学的实践与认识，12（2）：18-22.

高绪伟. 2009. 核 PCA 特征提取方法及其应用研究[D]. 南京：南京航空航天大学.

高英杰. 2001. 轧机 AGC 液压系统故障诊断技术的研究[D]. 秦皇岛：燕山大学.

何新贵. 1990. 知识处理与专家系统[M]. 北京：国防工业出版社.

贺晓，刘景宁，李淑霞. 2004. 基于灰色关联理论的案例推理在故障智能诊断系统中的应用[J]. 中国机械工程，15（22）：2022-2026.

侯立华，朱小燕，王信义. 2000. 模糊推理算法在 FMS 故障诊断与维修系统中的应用[J]. 北京理工大学学报，20（3）：281-285.

侯雄. 2000. 运载火箭控制系统故障诊断系统[J]. 航天控制，（1）：67-72.

胡峰，孙国基. 1999. 过程监控与容错处理的现状及展望[J]. 测控技术，18（12）：1-5.

胡恒章，闻新，周露. 1995. 大系统的故障诊断方法研究[J]. 哈尔滨工业大学学报，27（5）：66-71.

黄风华. 2014. 云环境下基于并行支持向量机的高光谱影像分类研究[D]. 福州：福建师范大学.

黄胜忠. 2011. 遗传支持向量机在液压泵轴承故障的预测与应用[J]. 煤矿机械，32（9）：258-260.

黄苏南，邵惠鹤. 1995. 基于信息的专家系统理论及应用[J]. 控制与决策，10（2）：119-126.

黄席樾，熊庆宇，石为人，等. 1998. 冶金连铸工业过程实时专家控制系统的设计与实现[J]. 自动化学报，24（3）：405-409.

姜万录，王益群，孔祥东. 1998. 液压系统故障检测与诊断技术的新进展[J]. 中国机械工程，9（9）：58-60.
姜云春，邱静，刘冠军. 2007. 基于最小二乘支持向量机建模的电液伺服系统故障检测方法[J]. 机床与液压，35（1）：229-231.
蒋慰孙，赵捧. 1995. 对过程监测系统的若干看法[J]. 化工自动化及仪表，22（3）：3-7.
蒋慰孙. 1999. 对专家规则控制的若干看法[J]. 化工自动化及仪表，26（5）：1-4.
李红莲，焦瑞莉，范京. 2008. 支持向量机多分类方法的精度分析[J]. 北京机械工业学院院报，20（2）：32-35.
李俭，孙才新. 2003. 灰色聚类与模糊聚类集成诊断变压器内部故障的方法研究[J]. 中国电机工程学报，13（2）：112-115.
李渭华，萧德云，方崇智. 1992. 基于模型的故障检测与分离技术[J]. 控制与决策，7（6）：401-408.
李渭华，萧德云，方崇智. 1996. 一种基于自适应滑动窗格形滤波算法的故障检测器[J]. 自动化学报，22（2）：251-253.
李渭华. 1994. 基于自适应信息处理的非模型故障诊断方法[D]. 北京：清华大学.
梁建军. 2013. 浅谈捣固车常见故障的应急处理[J]. 西铁科技，（2）：40-42.
刘德军. 2012. 基于参数法的液压系统故障诊断[J]. 机床与液压，40（16）：114-116.
刘冠军，苏永定，潘才华. 2009. 基于综合型模糊支持向量机的故障诊断方法及应用[J]. 仪器仪表学报，30（7）：1363-1367.
刘金琨. 1996. 人工智能在高炉炉况判断中的理论与应用研究[D]. 沈阳：东北大学.
刘思远，姜万录. 2008. 粗糙集在液压泵故障诊断研究中的应用[J]. 机床与液压，36（10）：196-198.
刘勇. 2015. 基于 RVM 的滚动轴承故障诊断方法研究[D]. 沈阳：沈阳航空航天大学.
柳长源. 2013. 相关向量机多分类算法的研究与应用[D]. 哈尔滨：哈尔滨工程大学.
罗智中，司徒忠，彭细正. 1999. 车辆发动机故障诊断专家系统的模糊化研究[J]. 农业机械学报，30（6）：97-101.
吕翠英，徐亦方，沈复，等. 1995. 一种用于建造多塔精馏过程故障诊断专家系统知识库的方法[J]. 计算机与应用化学，12（1）：7-10.
马登武，范庚，张继军. 2013. 相关向量机及其在故障诊断与预测中的作用[J]. 海军航空工程学院学报，28（2）：154-160
马军，马绍汉. 1995. 新型专家系统设计[J]. 高技术通讯，（2）：3-6.
牛培峰，马云鹏，张京，等. 2016. 基于相关向量机的电站锅炉 NO_x 燃烧优化[J]. 计量学报，37（2）：191-196.
齐磊，王海瑞，李荣远. 2017. 基于 IAGA-SVM 的捣固车液压系统故障诊断研究[J]. 计算机应用与软件，34（10）：164-169.
钱华明. 1999. 冗余技术在惯性组合导航系统中的应用研究[J]. 中国惯性技术学报，7（1）：9-16.
覃祖旭. 1995. 智能、信息融合及其在导航系统中的应用[D]. 北京：北京航空航天大学.
司马莉萍，舒乃秋，左靖，等. 2012. 基于灰关联和模糊支持向量机的变压器油中溶解气体浓度的预测[J]. 电力系统保护与控制，40（19）：41-46.
宋耀文. 2015. 基于振动信号分析的滚动轴承故障特征提取与诊断研究[D]. 北京：中国矿业大学.
谭民. 1989. 控制系统故障检测与诊断技术及其可靠性问题研究[D]. 北京：中国科学院自动化研究所.
谭政华，胡光锐. 1999. 计算智能在故障诊断专家系统中的应用[J]. 计算机工程与应用，（6）：7-9.
唐立力，吕福起. 2015. 基于遗传算法的 BP 神经网络滚动轴承故障诊断[J]. 机械设计与制造工程，（3）：65-68.
陶加贵. 2009. 基于聚类和模糊支持向量机的变压器故障诊断研究[D]. 成都：西华大学.
陶新民，徐晶，杜宝祥. 2008. 基于相空间 RVM 的轴承故障检测方法[J]. 振动与冲击，27（10）：6-10.
万维汉，万百五，杨金义. 1999. 闪速炉的神经网络冰镍质量模型与稳态优化控制研究[J]. 自动化学报，

25（6）：800-803.
王道平，张义忠. 2001. 故障智能诊断系统的理论与方法[M]. 北京：冶金工业出版社.
王培红，朱玉娜，贾俊颖，等. 1999. 模糊模式识别在凝汽器故障诊断中的应用[J]. 中国电机工程学报，19（10）：46-49.
王群仙，李少远，李俊芳. 2000. 小波分析及其在控制中的应用[J]. 控制与决策，15（4）：385-389.
王睿，白宝兴. 2009. 一种改进阈值函数在一维信号去噪中的应用[J]. 长春理工大学学报（自然科学版），32（3）：487-489.
王旭东，邵惠鹤. 1998. 基于神经网络的通用软测量技术[J]. 自动化学报，24（5）：702-706.
王雪，李军旗，史铁林，等. 1994. 基于知识的机械设备故障诊断的解释学习问题[J]. 华中理工大学学报，22（7）：15-18.
王雪. 2017. 基于多小波分析的捣固车滚动轴承故障诊断的研究[D]. 昆明：昆明理工大学.
王耀南，王辉，彭建春，等. 1999. 复杂工业过程的综合集成智能控制[J]. 信息与控制，28（4）：298-304.
王勇，王海瑞，李宇芳，等. 2016. 基于 CEEMD 模糊熵的捣固车液压系统故障特征提取[J]. 计算机与数字工程，44（12）：2407-2410.
王勇. 2016. 基于模糊支持向量机的捣固车液压系统故障诊断研究[D]. 昆明：昆明理工大学.
闻新，张洪锁，周露. 1998. 控制系统的故障诊断和容错控制[M]. 北京：机械工业出版社.
闻新，周露，张洪锁. 1998. 控制系统故障的智能诊断技术[J]. 火力与指挥控制，23（4）：1-9.
闻新，周露. 2000. 神经网络故障诊断技术的可实现性[J]. 导弹与航天运载技术，（2）：17-22.
闻新. 1995. 故障系统的智能容错控制理论研究及应用[D]. 哈尔滨：哈尔滨工业大学.
吴今培，肖健华. 1997. 智能故障诊断与专家系统[M]. 北京：科学出版社.
夏常弟，万百五. 1998. 连续系统的一种新颖故障诊断方法[J]. 控制与决策，13（4）：322-326.
肖健华，樊可清，吴今培. 2001. 应用于故障诊断的 SVM 理论研究[J]. 振动、测试与诊断，21（4）：258-262.
萧德云，李渭华，方崇智. 1995. 一种适用于故障检测的归一化滑动窗协方差格形滤波器[J]. 控制理论与应用，12（2）：230-235.
萧德云，李渭华. 1998. 双通道自适应 Lattice 滤波器及其在故障检测中的应用[J]. 控制与决策，13（3）：277-280.
徐常胜，张耀清. 1995. 一种基于目标的自学习机制及应用[J]. 煤矿自动化，（4）：32-35.
徐常胜，周兆英，刘思行，等. 1995. 基于神经网络和专家系统的故障诊断[J]. 控制理论与应用，10（4）：342-346.
许德昌，袁胜发. 2004. 基于支持向量机的离心泵故障诊断方法研究[J]. 液压与气动，（12）：64-65.
许益民. 1999. 基于两级 BP 网络伺服阀故障诊断专家系统的研究与应用[J]. 中国机械工程，10（5）：545-548.
许长江，宋文忠. 1997. 基于小波变换估计传递函数[J]. 自动化学报，23（6）：835-838.
颜东. 1995. 导航、制导系统状态估计方法及容错理论研究[D]. 北京：北京航空航天大学.
阳春华，沈德耀，吴敏，等. 2000. 焦炉配煤专家系统的定性定量综合设计方法[J]. 自动化学报，26（2）：226-232.
阳同光，桂卫华. 2016. 基于 KPCA 与 RVM 感应电机故障研究[J]. 电机与控制学报，20（9）：89-95.
杨福生. 1999. 小波变换的工程分析与应用[M]. 北京：科学出版社.
杨光琴. 2003. 多传感器航空液压系统信息融合故障诊断研究[D]. 北京：北京航空航天大学.
姚明海. 2013. 改进的遗传算法在优化 BP 网络权值中的应用[J]. 计算机工程与应用，49（24）：49-54.
姚志红，陈铁军，冯冬青. 1997. 火电厂生产过程故障诊断神经网络专家系统[J]. 控制与决策，12（3）：252-255.
叶昊，王桂增，方崇智. 1997. 小波变换在故障检测中的应用[J]. 自动化学报，23（6）：736-741.

叶昊，王桂增，方崇智，等. 1998. 一种基于小波变换的导弹运输车辆故障诊断方法[J]. 自动化学报，24（3）：301-306.
叶文，吕勇哉，沈平. 1994. 时态覆盖集诊断模型 TGSC[J]. 计算机学报，17（5）：347-353.
叶昊. 1995. 小波变换和系统辨识在故障诊断中的应用[D]. 北京：清华大学.
叶银忠，潘日芳，蒋慰孙. 1985. 动态系统的故障检测与诊断方法[J]. 信息与控制，14（6）：27-34.
尹海. 2013. 离心式压缩机轴心轨迹自动识别及其故障诊断系统[D]. 杭州：浙江大学.
于达仁，毛志伟，徐基豫. 1999. 基于信息冗余的 DEH 系统传感器故障检测[J]. 动力工程，19（6）：455-459.
于金涛，赵树延，王祁. 2011. 基于经验模态分解和小波变换声发射信号去噪[J]. 哈尔滨工业大学学报，43（10）：88-92.
虞和济. 1989. 故障诊断的基本原理[M]. 北京：冶金工业出版社.
湛从昌，李芳，付连东. 2004. 液压故障的模糊诊断原则与方法[J]. 中国机械工程，15（22）：1983-1985.
曾树青. 1995. 利用神经网络从例子中提取规则[J]. 模式识别与人工智能，8（1）：82-85.
张聪，许晓慧，孙海顺，等. 2014. 基于自适应遗传算法的规模化电动汽车智能充电策略研究[J]. 电力系统保护与控制，42（14）：19-24.
张定会，戴曙光. 2000. 混合故障诊断专家系统[J]. 模式识别与人工智能，13（1）：276-279.
张汉国，张洪锁. 1989. 大系统中的故障诊断[J]. 控制与决策，8（4）：315-319.
张汉国. 1991. 分散化估计方法及其在容错组合导航系统中的应用[D]. 北京：北京航空航天大学.
张建华，王占林. 1997. 基于模糊神经网络的故障诊断方法的研究[J]. 北京航空航天大学学报，23（4）：502-506.
张清. 2011. 基于模糊支持向量机的变压器远程故障诊断研究[D]. 北京：北京交通大学.
张若青. 2003. 基于神经网络的液压余度舵机系统故障诊断[D]. 北京：北京航空航天大学.
张霆，张友鹏. 2013. 基于 EMD 小波包和 ANFIS 的滚动轴承故障诊断[J]. 计算机工程与应用，49（21）：230-234.
张义忠，冯振声. 2000. 基于神经网络的复杂电子装备故障诊断系统[J]. 计算机工程与应用，（3）：159-161.
张毅，罗明伟，罗元. 2012. 脑电信号的小波变换和样本熵特征提取方法[J]. 智能系统学报，7（4）：339-344.
赵韩，张彦，方艮海，等. 2005. 灰色关联分析法在汽车零部件故障分析中的应用[J]. 农业机械学报，36（8）：125-128.
赵四军，王少萍，吴柯锐. 2010. 基于粗糙集和支持向量机的航空液压泵故障诊断[J]. 中北大学学报（自然科学版），31（3）：238-242.
赵文龙，阮艳凤，谢敏，等. 2012. 遗传算法在智能车控制器参数寻优中的应用[J]. 计算机仿真，29（10）：259-262.
钟秉林，黄仁. 1997. 机械故障诊断学[M]. 北京：机械工业出版社.
周东华，Ding X. 2000. 容错控制理论及其应用[J]. 自动化学报，26（6）：788-797.
周东华，孙优贤. 1994. 控制系统的故障检测与诊断技术[M]. 北京：清华大学出版社.
周东华，王桂增. 1998. 故障诊断技术综述 E[]J]. 化工自动化及仪表，25（1）：58-62.
周东华，王庆林. 1995. 控制系统故障检测与诊断技术的最新进展[J]. 自动化学报，21（2）：244-248.
周东华，席裕庚，张钟俊. 1991. 故障检测与诊断技术[J]. 控制理论与应用，8（1）：1-10.
周东华，席裕庚，张钟俊. 1993. 一类非线性系统参数偏差型故障的实时检测与诊断[J]. 自动化学报，9（2）：184-189.
周东华，叶银忠. 2000. 现代故障诊断与容错控制[M]. 北京：清华大学出版社.
周东华. 1990. 一类非线性系统故障诊断的滤波器方法[D]. 上海：上海交通大学.
An L，Sepehri N. 2005. Hydraulic actuator leakage fault detection using extended Kalman filter[J]. International Journal of Fluid Power，6（1）：41-51.

Benkhedda H，Patton R J. 1996. BSP line network integrated qualitative and quantitative fault detection[C]. SanFrancisco：Proc of IFAC World Congress：163-168.

Bishop C M. 2006. Pattern Recognition and Machine Learning[M]. Berlin：Springer.

Boudraa A O，Cexus J C. 2007. EMD-based signal filtering[J]. IEEE Transactions on Instrumentation and Measurement，56（6）：2196-2202.

Chen H X，Chua P S K，Lim G H. 2006. Feature extraction，optimization and classification by second generation wavelet and support vector machine for fault diagnosis of water hydraulic power system[J]. International Journal of Fluid Power，7（2）：39-52.

Chen J，Patton R J，Zhang H Y. 1996. Design of unknown input observers and robust fault detection filters[J]. Int J Control，63（1）：85-105.

Chen J，Patton R J，Liu G P. 1996. Optimal residual design for fault diagnosis using multi-objective optimization and genetic algorithms[J]. International Journal of System Science，27（6）：567-576.

Chen S M，Hsiao W H. 2000. Bidirectional approximate reasoning for rule-based systems using internal-valued fuzzy sets[J]. Fuzzy Sets & Systems，113（2）：185-203.

Cheng B，Lu H，Huang Y，et al. 2017. An improved particle swarm optimization algorithm based on Cauchy operator and 3-opt for TSP[C]. Guangzhou：International Conference on Parallel and Distributed Computing，Applications and Technologies：177-182.

Clerc M. 2010. Particle Swarm Optimization[M]. Hoboken：John Wiley & Sons.

Crowther W J，Edge K A，Burrows C R，et al. 1998. Fault diagnosis of a hydraulic actuator circuit using neural networks—An output vector space classification approach[J]. Proceedings of the Institution of Mechanical Engineers，Part I：Journal of Systems and Control Engineering，212（1）：57-68.

Daubechiesl. 1990. The wavelet transform，time frequency localization and signal analysis[J]. IEEE Trans on IT，36（5）：961-1005.

Delyon B，Juditsky A，Benveniste A. 1995. Accuracy analysis for wavelet approximation[J]. IEEE Trans on NN，6（2）：332-348.

Dong S，Xu X，Chen R. 2015. Application of fuzzy C-means method and classification model of optimized K-nearest neighbor for fault diagnosis of bearing[J]. Journal of the Brazilian Society of Mechanical Sciences & Engineering，38（8）：1-9.

Donoho D L，Johnstone I M. 1995. Adapting to unknown smoothness via wavelet shrinkage[J]. Journal of the American Statistical Association，90（432）：1200-1224.

García E A，Frank P M. 1997. Deterministic nonlinear observe-based approaches to fault diagnosis：A survey[J]. Control Engineering Practice，5（5）：663-670.

Edelmayer A，Boko R J，Szigeti F，et al. 1997. Robust detection filter design in the presence of time varying system perturbations[J]. Automatics，33（3）：471-475.

Frank P M. 1996. Analytical and qualitative model-based fault diagnosis—A survey and some new results[J]. European Journal of Control，2（1）：6-28.

Frank P M，Birgit K S. 1997. New developments using AI in fault diagnosis[J]. Engineering Application of Artificial Intelligence，10（1）：3-14.

Frank P M，Ding X. 1997. Survey of robust residual generation and evaluation methods in observer based fault detection systems[J]. Journal of Process Control，7（6）：403-424.

Gaddouna B O，Ouladsine M. 1997. Fault diagnosis in a hydraulic process using unknown input observers[C]. Hartford：Proceedings of the 1997 IEEE International Conference on Control Applications：490-495.

Garciaea E A，Frank P M. 1996. On the relationship between observer and parameter identification based approaches to fault detection[C]. San Francisco：Proc of IFAC World Congress：25-29.

Ge W，Fang C Z. 1988. Detection of faulty components via robust observation[J]. Int J Control，47（2）：581-599.

Gertler J. 1995. Diagnosing parametric faults from parameter estimation to parity relations[C]. Seattle：American Control Conference：1615-1620.

Gomm J B. 1996. On-line learning for fault classification using an adaptive neuro-fuzzy network[C]. San Francisco：Proc of IFAC World Congress：175-180.

Harish N，Mandal S，Rao S，et al. 2015. Particle swarm optimization based support vector machine for damage level prediction of non-reshaped berm breakwater[J]. Applied Soft Computing，27：313-321.

Hibey J L，Charalambos D C. 1998. Conditional densities for continuous-time nonlinear hybrid systems with applications to fault detection[C]. IEEE Trans on AC，44（11）：2164-2169.

Hu H，Li Y，Liu M，et al. 2014. Classification of defects in steel strip surface based on multiclass support vector machine[J]. Multimethod Tools Application，69：199-216.

Isermann R. 1984. Process fault detection based on modeling and estimation methods—A survey[J]. Automatica，20：387-404.

Jain V，Pillai G N，Gupta I. 2011. Fault diagnosis in analog circuits using multiclass relevance vector machine[C]. Nagercoil：2011 International Conference on Emerging Trends in Electrical and Computer Technology：641-643.

Jiang J，Jia F. 1995. A robust fault diagnosis scheme based on signal modal estimation[J]. Int J Control，62（2）：461-475.

Kennedy J. 2011. Particle swarm optimization[M]//Encyclopedia of Machine Learning. Berlin：Springer：760-766.

Kugarajah T，Zhang Q. 1995. Multi-dimensional wavelet frames[J]. IEEE Trans On NN，6（6）：1552-1556.

Kumamaru K，Hu J，Inoue K，et al. 1996. Robust fault detection using index of kullback discrimination information[C]. San Francisco：IFAC Proceedings Volumes：205-210.

Kumar Y，Dewal M L，Anand R S. 2012. Features extraction of EEG signals using approximate and sample entropy[C]. Bhopal：2012 IEEE Students' Conference on Electrical, Electronics and Computer Science：1-5.

Lee J M，Yoo C K，Sang W C，et al. 2004. Nonlinear process monitoring using kernel principal component analysis[J]. Chemical Engineering Science，59（1）：223-234.

Linaric D，Koroman V. 2003. Fault diagnosis of a hydraulic actuator using neural network[C]. Maribor, Slovenia：IEEE International Conference on Industrial Technology, 2003：108-111.

Liu B，Si J. 1997. Fault isolation filter design for linear time invariant systems[J]. IEEE Trans on AC，42（5）：704-707.

Liu Y，Wang G，Chen H，et al. 2011. An improved particle swarm optimization for feature selection[J]. Journal of Bionic Engineering，8（2）：191-200.

Lou J，Ya-Qin L I. 2015. EMD-based multi-feature parameter and RVM for rolling bearing fault diagnosis[J]. Journal of Xi'an University of Arts and Science(Natural Science Edition)，18（2）：28-32.

Magni J F，Mouyo N P. 1994. On residual generation by observer and parity space approaches[J]. IEEE Trans on AC，39（2）：441-447.

Mallat S. 1989a. A theory of multi resolution signal decomposition：The wavelets transform[J]. IEEE Trans on PAMI，11（7）：674-693.

Mallat S. 1989b. Multi resolution approximation and wavelet orthonormal bases of I2[J]. Transactions of the

American Mathematical Society, 315：69-87.

Medvedev A. 1998. State estimation and fault detection by a bank of continuous finite memory filters[J]. Int J Control，69（4）：499-517.

Mollazade K，Ahmadi H，Omid M，et al. 2009. An intelligent model based on data mining and fuzzy logic for fault diagnosis of external gear hydraulic pumps[J]. Insight-Non-Destructive Testing and Condition Monitoring，51（11）：594-600.

Patton R J，Chen J，Siew T M. 1994. Fault diagnosis in nonlinear dynamic systems via neural networks[C]. Coventry：1994 International Conference on Control - Control '94：1346-1351.

Patton R J，Hou M. 1998. Design of fault detection and isolation observers：A matrix pencil approach[J]. Automatics，34（9）：1135-1140.

Patton R J，Frank P M，Clark R N. 1998. Fault Diagnosis in Dynamic Systems：Theory and Applications[M]. Englewood Cliffs：Prentice Hall.

Pollmeier K，Burrows C R，Edge K A. 2004. Condition monitoring of an electrohydraulic position control system using artificial neural networks[C]. Chicago：ASME 2004 International Mechanical Engineering Congress and Exposition：137-146.

Saludes S，Fuente M J. 1999. Neural-networks-based fault detection and accommodation in a chemical reactor[C]. Bejing：IFAC 14th World Congress：169-174.

Sepasi M，Sassani F. 2010. On-line fault diagnosis of hydraulic systems using unscented Kalman filter[J]. International Journal of Control，Automation and Systems，8（1）：149-156.

Srinivasan D，Cheu R L，Poh Y P，et al. 2000. Automated fault detection in power distribution networks using a hybrid fuzzy-genetic algorithm approach[J]. Engineering Applications of Artificial Intelligence，13（4）：407-418.

Tipping M E，Faul A C. 2003. Fast marginal likelihood maximisation for sparse Bayesian models[C]. Key West：Proceedings of the Ninth International Workshop on Artificial Intelligence and Statistics：3-6.

Tipping M E. 2001. Sparse Bayesian learning and the relevance vector machine[J]. Journal of Machine Learning Research，1（3）：211-244.

Tsange C C，Wang X Z，Yeung D S. 2000. Improving learning accuracy of fuzzy decision trees by hybrid neural networks[J]. IEEE Transon Fuzzy Systems，8（5）：601-614.

Ukte A，Kizilkaya A，Elbi M D. 2014. Statistical multirate high-resolution signal reconstruction using the empirical mode decomposition based denoising approach[C]. Jinan：Applied Electronics，2015 International Conference on. IEEE：303-306.

Vapnik W N. 2000. 统计学习理论的本质[M]. 张学工，译. 北京：清华大学出版社.

Wang B，Liu S L，Jiang C，et al. 2015. Rolling bearings' intelligent fault diagnosis based on RVM optimized with quantum genetic algorithm[J]. Journal of Vibration & Shock，34（17）：207-212.

Wang B，Liu S，Zhang H. 2017. Fault feature extraction for rolling bearings based on generalized S transformation optimized with quantum genetic algorithm[J]. Journal of Vibration & Shock，36（5）：108-113，119.

Wang H R，Xie W，Li Y. 2012. Genetic algorithm and fuzzy based combustion temperature control model of MSW incinerators[J]. Measuring Technology and Mechatronics Automation in Electrical Engineering，135：243-250.

Wang H，Daley S. 1996. Actuator fault diagnosis：An adaptive observer based technique[J]. IEEE Trans on AC，41（7）：1073-1078.

Wang H，Huang Z J，Daley S. 1997. On the use of adaptive updating rules for actuator and sensor fault diagnosis[J]. Automatics，33（2）：217-225.

Wang X，Ye M，Duanmu C J. 2009. Classification of data form electronic nose using relevance vector machines[J]. Sensors and Actuators B Chemical，140（1）：143-148.

Watton J，Lucca-Negro O，Stewart J C. 1994. An on-line approach to fault diagnosis of fluid power cylinder drive systems[J]. Proceedings of the Institution of Mechanical Engineers，Part I：Journal of Systems and Control Engineering，208（4）：249-262.

Yadav S K，Sinha R，Bora P K. 2015. Electrocardiogram signal denoising using non-local wavelet transform domain filtering[J]. Signal Processing，IET，9（1）：88-96.

Yogameena B，Lakshmi S V，Archana M，et al. 2010. Human behavior classification using multi-class relevance vector machine[J]. Journal of Computer Science，6（9）：1013-1018.

Yuan H J，Qi J，Li H M，et al. 2014. A rolling bear fault diagnosis method based on improved LMD and order analysis[J]. Applied Mechanics & Materials，530-531：256-260.

Zadeh L A. 1965. Fuzzy sets[J]. Information and Control，8（3）：338-353.

Zarei J. 2012. Induction motors bearing fault detection using pattern recognition techniques[J]. Expert Systems with Applications，(39)：68-73.

Zhang J，Gilbert G，Waltery M，et al. 1995. Wavelet neural networks for function learning[J]. IEEE Trans On Signal Processing，43（6）：1485-1497.

Zhang J，Morris A J，Martin E B. 1996. Robust process fault detection and diagnosis using neuro-fuzzy networks[C]. San Francisco：Proc of IFAC World Congress：169-174.

Zhou J，Bennett S. 1998. Adaptive error compensation for robust fault detection[J]. International Journal of System Science，29（1）：57-64.